浙江省哲学社会科学重点研究基地（浙江省海洋文化与经济研究中心）课题成果：
浙江"一带一路"跨文化沟通障碍应对体系研究（编号 16JDGH042）

"一带一路"跨文化沟通障碍应对体系研究

朱 雷 著

海洋出版社

2018年·北京

图书在版编目（CIP）数据

"一带一路"跨文化沟通障碍应对体系研究 / 朱雷著.
—北京：海洋出版社，2018.10
ISBN 978-7-5210-0229-4

Ⅰ.①—… Ⅱ.①朱… Ⅲ.①文化交流-研究 Ⅳ.①G115

中国版本图书馆 CIP 数据核字(2018)第 240375 号

责任编辑：赵 武 黄新峰
排　　版：海洋计算机图书输出中心 晓阳
责任印制：赵麟苏

出版发行：海洋出版社
地　　址：北京市海淀区大慧寺路8号
　　　　　100081
技术支持：（010）62100052
发 行 部：（010）62132549（传真）（010）62173651
　　　　　（010）62100077（邮购）（010）68038093
网　　址：www.oceanpress.com.cn
承　　印：北京朝阳印刷厂有限责任公司
版　　次：2018年10月第1版第1次印刷
开　　本：787mm×1092mm　1/16
印　　张：12.75
字　　数：220千字
定　　价：68.00元

前　言

"丝绸之路"交流源远流长。自汉武帝时期,中国就与丝路国家开始友好交往。经过两千多年的交往历史,中国与丝路国家在政治、经济、贸易和文化等领域建立了全方位的合作关系。"一带一路"倡议的提出更是为中国与沿线国家文化相互交流、互学互鉴提供了重大契机。中国与沿线国家文化交流将有力推动人类命运共同体建设。

党的十九大报告中提出,坚持和平发展道路,推动构建人类命运共同体。呼吁各国人民同心协力,建设持久和平、普遍安全、共同繁荣、开放包容、清洁美丽的世界。人类命运共同体是新时代应对全球性问题和挑战,推动全球治理体系变革,连接中国梦和世界梦,实现人类共同美好未来的思想指南。人类命运共同体超越国家、民族和文化的藩篱,构筑基于共同背景、共同挑战和共同理想的人类美好家园。政治、安全、经济、文化和生态五位一体,构成了人类命运共同体的丰富内涵。以上五个方面相辅相成,不可分割,形成一个有机整体。全面协调推进构建人类命运共同体,文化交流是应有之义,也是重要的推动力。

"一带一路"倡议的提出为中国与沿线国家文化相互交流、互学互鉴提供了新的重大契机。文化交流是不同国家、民族、地区之间人民的情感、思想和智慧的交流。民心相通是"一带一路"倡议的社会根基,文化交流则是民心相通的关键所在。实践证明跨文化之间的文化交流与对话,促进了双边和多边的经贸合作与政治互信,会重塑"丝绸之路"历史辉煌,推进"一带一路"倡议的稳步实施。20世纪,中国与丝路国家各自经历了深刻的变革和复杂的转型,中国与沿线国家文化交流也曾步入低谷,伴随着中国崛起和全球化发展,中国与沿线国家的联系和交流与日俱增。

"一带一路"倡议的提出,使得中外文化交流的意义凸显。中国与沿线国家在经贸、科技、学术、旅游、民俗、出版传媒、广播影视、饮食等领域，开创了文化交流全面合作的新局面，促进了中国和沿线国家构建互相尊重、广泛交流、深度合作、互利共赢、共同发展的良好合作关系。伴随"一带一路"建设的推进，双边经贸及文化交流日趋频繁，各种文化交流活动持续开展。

与沿线国家进行跨文化交流过程中，文化差异性值得关注。首先文化上的差异性体现了文化的传承性和多样性，是多元文化的内生动力。"丝绸之路"连通世界，四大发明对世界各个文明产生了重大影响；中国在与丝路沿线国家的长期交往中，中国语言文字得到了一定程度的传播。而各沿线国家的文化、思想等也对中国社会进步与文化发展产生了积极作用；一些定居中国的丝路国家人民对中国的思想、文化、科技也产生影响，同时促进自然科学和社会科学领域的进步与发展。

历史上中国与丝路沿线人民在维护民族尊严、捍卫主权的斗争中相互支持，在实现民族振兴的努力中相互帮助，在深化人文交流、繁荣民族文化的事业中相互借鉴，开放包容、互学互鉴。世界格局朝多极化方向发展，包括中国和丝路沿线国家发挥着重要作用。经过双方多年的共同努力，中国与沿线国家之间在文化交流领域不断加深。中国与丝路沿线国文化交流领域不断拓宽，内容更加丰富，互动日趋频繁，活动数量大幅增加，涉及范围逐步扩大，活动质量不断提升，层次不断提升，效果更加突出，地位不断攀升。

然而中国与沿线国家文化互通存在障碍，严重影响文化交流。首先中国与沿线国家文化差异较大文化认同度较低。官方交流活动居多，民间文化交流乏力。依靠政府部门推动，双方民间的参与度不高，民间的态度不积极；其次中国和沿线国家人民在人生观、价值观和世界观方面存在不小的差异。受生活习惯和社会发展水平的影响，民众间的价值取向和思维方式，也对双方深入开展文化交流造成一定困扰；第三是由于缺乏及时有效的沟通渠道，媒体在文化交流方面作用有限，且民众对彼此文化内涵缺乏了解，致使彼此的文化认同陷入困境；第四是由于"一带一路"语言人才、国别研究人才储备严重不足，导致语言互通不畅，文化误解与冲突时有发生。

解决"一带一路"文化互通问题关键在于形成机制，构建体系，充分调动和运用各类资源。该体系要秉承人类命运共同体共商、共建、共享的精神内核。构建文化互通体系首先要对"一带一路"倡议和文化互通的意义有深入的了解，要对与文化互通影响深刻的地缘文化、国家语言能力、全球化等关键要素深入分析了解。探讨古今中外应对"一带一路"语言文化互通实践经验和理论成果。在以上研究的基础上形成"一带一路"文化互通体系，以文化互通促进民心相通。

构建"一带一路"跨文化障碍沟通应对体系目的在于真正实现民心相通，民心相通是"一带一路"的民意基础和社会根基。习近平同志指出："'一带一路'建设要以文明交流超越文明隔阂、文明互鉴超越文明冲突、文明共存超越文明优越，推动各国相互理解、相互尊重、相互信任。""一带一路"不仅是一条经济发展之路，也是一条文明交流之路。研究跨文化沟通障碍应对体系有利于将各个文明更加紧密地联系在一起，推动人类文明创新，把"一带一路"打造成为构建人类命运共同体的文明之路。

作　者

目　录

第一章　"一带一路"倡议的背景与战略意义 1
　　第一节　"一带一路"倡议形成的历史背景 1
　　第二节　"一带一路"倡议形成的当代背景 3
　　第三节　"一带一路"倡议的形成过程 6
　　第四节　"一带一路"倡议对冲"逆全球化" 7
　　第五节　"一带一路"倡议的现实价值 11
　　第六节　"一带一路"建设的战略意义 14

第二章　"一带一路"倡议与全球化 16
　　第一节　全球化的理论解释框架——世界历史理论 16
　　第二节　全球化的影响与困境 20
　　第三节　从新自由主义全球化的理论剖析 28
　　第四节　人类命运共同体的中国特色 32
　　第五节　"一带一路"倡议引领新全球化 36

第三章　"一带一路"的实践与再认识 41
　　第一节　"一带一路"的实践历程 41
　　第二节　"一带一路"的实施历程 42
　　第三节　"一带一路"建设实践 43
　　第四节　"一带一路"的战略价值与前景 49
　　第五节　地缘经济与政治的重构——"一带一路"再认识 53
　　第六节　"一带一路"与中国崛起 59
　　第七节　中国与"一带一路"沿线国家的新型国际关系 67

第四章　"一带一路"文化互通中的冲突与融合 69
　　第一节　构建"一带一路"文化带 69
　　第二节　异质文化的融合案例分析 70
　　第三节　中国文化特质分析 75

第四节　文化互通与文化自信... 80
　　　第五节　"一带一路"文化互通建设方略................................. 83

第五章　地缘文化与文化互通... 86
　　　第一节　"一带一路"倡议与地缘文化................................. 86
　　　第二节　地缘文化理论概述... 89
　　　第三节　"一带一路"地缘文化互通体系............................. 97
　　　第四节　"一带一路"地缘文化互通实体体系构建............. 111

第六章　国家语言能力与"一带一路"文化互通....................... 118
　　　第一节　语言互通与文化互通... 118
　　　第二节　国家语言能力构建... 119
　　　第三节　国家语言能力建设镜鉴....................................... 121
　　　第四节　"一带一路"语言规划体系构建......................... 124

第七章　"一带一路"文化互通概论... 130
　　　第一节　文化互通内涵分析... 130
　　　第二节　"一带一路"文化互通与国际舆论塑造............. 136
　　　第三节　"一带一路"文化互通的主体对象..................... 139
　　　第四节　"一带一路"的实施对象..................................... 142
　　　第五节　"一带一路"文化互通的战略内涵..................... 143
　　　第六节　"一带一路"文化互通的目标任务..................... 146
　　　第七节　"一带一路"文化互通的核心理念..................... 148
　　　第八节　"一带一路"文化互通的条件............................. 149
　　　第九节　"一带一路"文化互通的具体实践..................... 151
　　　第十节　国外文化互通发展的经验与启示....................... 154
　　　第十一节　"一带一路"文化互通的国内影响因素......... 159
　　　第十二节　影响文化互通的国外因素............................... 162

第八章　"一带一路"跨文化沟通障碍应对体系的构建........... 165
　　　第一节　"一带一路"跨文化沟通障碍应对体系的架构............. 165
　　　第二节　"一带一路"跨文化沟通障碍应对体系的策略安排..... 171
　　　第三节　"一带一路"跨文化沟通障碍应对体系的形式选择..... 180
　　　第四节　"一带一路"话语体系构建................................. 188

第一章
"一带一路"倡议的背景与战略意义

第一节 "一带一路"倡议形成的历史背景

"一带一路"倡议是习近平同志深刻思考人类前途命运以及中国和世界发展大势,为促进全球共同繁荣、打造人类命运共同体所提出的宏伟构想和中国方案,是习近平新时代中国特色社会主义思想的有机组成部分,开辟了我国参与和引领全球开放合作的新境界。习近平同志在党的十九大报告中指出:"要以'一带一路'建设为重点,坚持引进来和走出去并重,遵循共商共建共享原则,加强创新能力开放合作,形成陆海内外联动、东西双向互济的开放格局。"这标志着"一带一路"建设将在新时代继续发挥开放引领作用,为实现"两个一百年"奋斗目标和中华民族伟大复兴的中国梦作出新贡献。

古有"丝绸之路",今有"一带一路"。古代"丝绸之路"是古代中国连接亚洲、非洲和欧洲的商业贸易路线。分为陆上丝绸之路和海上丝绸之路。"陆上丝绸之路"连接中国、西亚、中东直到欧洲,同时连接南亚、东南亚和东北亚,是东方与西方之间经济、政治、文化进行交流的主要道路。汉武帝派张骞出使西域形成其基本干道。最初作用是运输中国古代的丝绸,并将欧洲、中东、西亚的商品输入中国;很快也成为这些国家间进行文化交流,特别是宗教交流的渠道。"海上丝绸之路"是古代中国与外国交通贸易和文化交往的海上通道,以南海为中心。海上丝绸之路形成于秦汉,三国至隋得到发展,唐宋繁荣,转变于明清,是已知的最早的海上航线。

古丝绸之路起源于 20 世纪,由德国地理学家、地质学家李希霍芬专著《中国亲程旅行记》中首先提出。李希霍芬将中国与中亚的阿姆河与锡尔河之间地带以丝绸为主的商业交通路线和中国与印度之间的古代骆驼商队所走的道路统称作"丝绸之路"。"丝绸之路"就是以丝绸贸易为主的商业之路。1910年，赫尔曼在《中国与叙利亚之间的古代丝绸之路》一书中将"丝绸之路"的概念进一步扩展，"丝绸之路"扩展到叙利亚，因为叙利亚是中国主要的丝绸市场之一。赫尔曼的观点得到了西欧汉学家的支持和阐述。

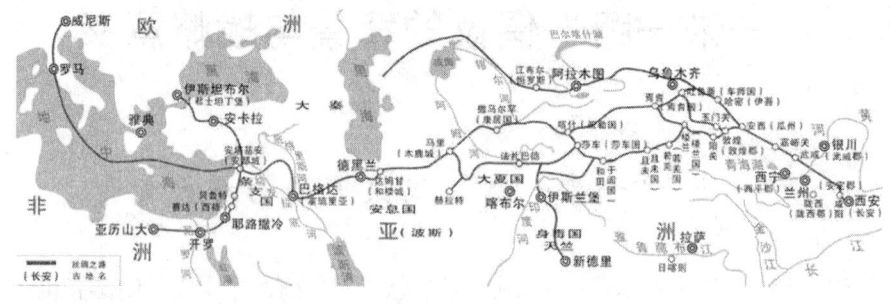

（古代陆上丝绸之路）

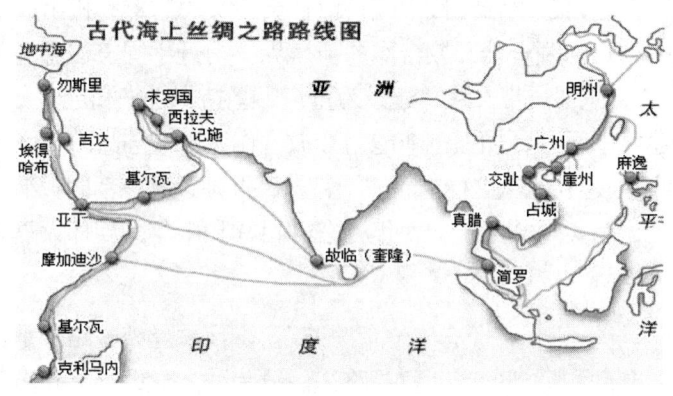

（古代海上丝绸之路）

19世纪末20世纪初，很多西方的探险家、考古学家从中国的西北地区，途经中亚、西亚、东欧、中欧，一直到西欧，向南拐向非洲，发现了中国古代与亚、欧、非等友好交往的许多遗址和遗物，以实物证实了丝绸之路的存在。1900年，斯文赫定在新疆发现了楼兰古城，激励大批学者和探险家对丝绸之路进行研究。美国的亨廷顿、华尔纳，俄国的柯兹洛夫、奥布鲁切，英国的斯坦因，法国的伯希和等，在他们的著作中广泛地使用"丝绸之路"。"丝绸之路"的含义由贸易扩大到经济、文化交流诸多领域。在20世纪40年代，为配合侵华战争，日本政府鼓励本国学者研究中国问题，日本有了丝绸之路学的研究。日本人研究"丝绸之路"的目的是为了侵略战争。关于中国对外贸易的交通线路，还有如"毛皮之路""草原之路""瓷器之路""西南丝绸之路""西北丝绸之路""海上丝绸之路"等称呼。直到20世纪50年代，中国学者采用"丝绸之路"这一名词才出现于《中国与拜占庭帝国的关系》一书。

第二节 "一带一路"倡议形成的当代背景

一、全球经济逆全球化趋势明显

世界经济发展史中，出现三次经济全球化。全球化推动了第二次和第三次工业革命，推动世界贸易自由化和投资便利化，推动全球经济快速增长。"二战"后东西方两大阵营展开了两大市场内部的跨国分工与合作，建立了联合国、世界贸易组织、世界银行、国际货币基金组织等一系列全球性机构，促进了世界经济和贸易复苏。第三次经济全球化第一阶段截至2008年国际金融危机爆发前。伴随第三次工业革命，广大发展中国家越来越深入地参与到经济全球化进程中，跨国公司成为驱动经济全球化的重要力量，世界经济和贸易迅猛发展。2008年以后世界进入第二阶段。一方面，科技革命和产业变革，国际交流合作前景广阔；另一方面，全球经济复苏乏力，出现逆全球化。

全球化是一把"双刃剑"。一方面，为世界经济增长提供了强劲动力，促进了商品和资本流动、科技和文明进步、各国人民交往；另一方面，它也存在问题。这些问题，在世界经济繁荣期被掩盖，在世界经济下行期则明显地暴露出来。2008年国际金融危机后，"全球化"进入深度调整期，全球需求的萎缩和增长低迷导致全球存量市场资源进一步收缩。整个世界经济增长面临新旧周期转换，老的增长周期已经结束，新的增长周期还没有启动，核心问题则是支撑新周期的新动力没有形成。全球性不平等加剧造成了全球性消费收缩，贸易下降，导致全球总供求总量失衡结构失衡。在经过全球化和全球贸易推动的经济增长之后，各国政府越来越多地寻求保护本土产业。各种形式的保护主义、分离主义在内的"逆全球化"，甚至是"去全球化"的现象，不仅影响了经济全球化的深入发展与合作，也导致全球贸易增长受到重创。逆全球化诱发因素有三个：

（1）全球化进程中，发达国家与发展中国家发展不平衡。同时，一些国家内部利益分配不均衡、贫富差距悬殊，中小企业和社会中下层人群在全球化中获得利益较少，从而出现了反分配不公和反财富鸿沟的逆全球化思潮。在现有全球产业链、价值链、供应链的分工布局下，全球生产和外包体系已经建立，劳动密集型制造业主要分布在广大发展中国家。发达国家内部利益分配不均衡、贫富差距悬殊，中小企业和社会中下层人群在经济全球化中获得利益较少，出现了反分配不公和反财富鸿沟的逆全球化思潮。

（2）世界经济低迷、发达国家发展停滞，是出现逆全球化思潮的根本原因。逆全球化思潮出现的大背景是世界经济处于下行期。面对世界经济复苏乏力、国际贸易和投资低迷以及发展中国家快速发展的新形势，长期以来支持自由主义国际秩序的美国开始逐步筑高贸易和投资壁垒，导致经济全球化和区域经济一体化进程横生波折；其国内日益频繁地出现民粹主义、孤立主义和保护主义现象。

（3）发达国家自身发展出了问题。发达国家把自身的债务危机、贫富差距悬殊、社会分裂等问题归咎于经济全球化，政治整体趋向保守、经济整体趋于内向，成为逆全球化思潮的发源地并波及世界。一些西方发达国家带头实行贸易保护主义，殃及世界各国。全球治理面临"领导力赤字"，谁来继续推动新一轮经济全球化成为焦点问题。

逆全球化表现为全球经济增长出现分化，不仅发达国家内部，而且发展中国家也出现了增长分化的格局；新兴市场国家除了印度和中国保持中高速增长以外，其他国家出现一定程度的下降。这种增长格局的分化，造成全球货币政策难以真正形成所谓的"货币政策集体行动"计划，使得全球经济共同治理面临新的难题，这个问题短期内难以协调。

逆全球化同时引发大国贸易保守主义的"溢出效应"。特朗普当选美国总统，其采取所谓的"美国优先"的行动路线并开始实施；这种大国政策的"溢出效应"对全球经济带来新的不确定性，对全球化资源配置方式产生深刻影响。逆全球化已经成为世界经济一个十分有害但却呈现上升趋势的"难题"和"顽疾"。

历史上每一次经济全球化中断都会带来经济和民生的倒退。当今世界经济走不出困境的根源是结构性矛盾，表现为全球经济增长的动力不足，旧动力减弱、新动力尚未形成；现行全球治理体系同世界经济格局不相适应；全球发展失衡的状况与人们对美好生活的期待不匹配。逆全球化不可能解决结构性矛盾，只会严重破坏世界自由贸易，侵蚀合作共赢的成果，给全球经济增长带来新的挑战。习近平同志深刻指出："保护主义政策如饮鸩止渴，看似短期内能缓解一国内部压力，但从长期看将给自身和世界经济造成难以弥补的伤害。"逆全球化意味着双输或多输，是短视又得不偿失。

二、国际政治中民粹主义蔓延

逆全球化会影响世界经济稳定增长、民粹主义导致全球化进程受挫、特朗普上任带来新的不确定性、美元加息加剧全球金融市场波动、投资贸易规则碎片化引发新的贸易保护主义、难民危机挑战世界经济增长。普遍出现的"眼睛向内""以我为主""自我利益至上"，搞"封闭经济"与世界经济发展的大趋势格格不入，使得世界经济各自封闭。贸易保护主义与世界经济的相互依存性规律和趋势相反，不利于世界经济长期繁荣和发展。

民粹主义抬头具有深厚的社会基础，民粹主义是全球经济社会发展诸多问题和背景的反映和表象。民粹主义反映对收入分配不公平、社会贫富差距扩大的不满，进而产生了对精英政治的不满和对社会治理的对抗，代表了"沉默的大多数"对经济社会现状的不满。而一旦形成民粹主义思潮，就会强调自我中心、自我保护，出现反建制、反移民、反精英的情绪，产生对全球化趋势的反抗并推行贸易保护主义。

民粹主义其背景是世界经济发展的失衡。其中最大的问题就与全球收入分配不平等有内在联系。几十年来，一方面经济全球化加快市场化和城市化迅速拉动经济增长，同时加剧全球不平等问题，美国、欧洲内部均出现收入和财富不平等加剧现象，新兴市场经济体也出现同样问题。全球性收入差距和不平等不仅造成需求收缩也引起社会公平公正缺失。

民粹主义兴起原因还包括全球人口老龄化加剧与劳动参与率下降引起失业增加，世界经济增长失衡和结构性困境，发达国家中产阶级比重下降，收入和财富两极分化，资源紧缺、生态恶化、精英腐败、地缘政治危机等，这些问题通过信息化媒介在全球传播，引起世界关注，促使民粹主义思潮抬头。民粹主义思潮的兴起，本质上是全球经济发展失衡，收入分配差距和不平等扩大所致，需要从全球不平等加剧视角认识和理解。民粹主义极容易在表面上迷惑人心，快速传播，后果很严重。

第三节 "一带一路"倡议的形成过程

2011年7月，美国前国务卿希拉里·克林顿在印度发表演讲时第一次明确提出"新丝绸之路"计划。美国政府的"新丝绸之路"计划源于弗雷德·斯塔的"新丝绸之路"构想和建议。他构想建设一个连接南亚、中亚和西亚的交通运输与经济发展网络，以阿富汗为中心，将中亚、西亚国家与印度，乃至东南亚、东亚连接起来，促进几大区域间的优势互补，推动以上地区国家的经济社会发展。弗雷德·斯塔教授的"新丝绸之路"主要限于亚洲地区经济建设。美国政府将弗雷德·斯塔教授的"新丝绸之路"构想上升为地缘政治经济战略，谋求美国在这一地区的主导权，与美国亚太地区再平衡战略相配合。美国的"新丝绸之路"计划是为了维持其全球霸权的需要。中国政府的"一带一路"目的是为了全球经济发展、贸易发展和文化交流。中国领导人习近平于2013年9月17日首次提出"一带一路"构想后，斯塔教授表示，"一带一路"构想与他的"新丝绸之路"构想完全可以并行不悖地推进，而且可以合作互补。2015年3月，中国国家发展改革委、外交部、商务部联合发布《推动共建丝绸之路经济带和21世纪海上丝绸之路的愿景与行动》，由中国出资400亿美元成立丝路基金，支持"一带一路"建设，并主导建议成立亚洲基础设施投资银行。目前，已经有60多个沿线国家和国际组织对参与"一带一路"建设表达了积极态度。

中共十八届三中全会明确指出，要推进"一带一路"建设，形成全方位开放格局，成为中国未来长期国际战略。我国发展正从"引进来"向"引进来"和"走出去"并重转变。习近平同志在《推进"一带一路"建设，努力拓展改革发展新空间》中指出："'一带一路'建设是我国在新的历史条件下实行全方位对外开放的重大举措、推行互利共赢的重要平台"。"一带一路"贯穿欧亚大陆，顺应时代要求和各国加快发展的愿望，提供包容性巨大的合作发展平台，把中国同各国的利益结合起来，形成命运共同体。实践证明，"一带一路"建设为我国改革开放和持续发展提供新动力，也为世界经济复苏和全球治理变革提供了中国方案。"一带一路"建设是新时代中国特色社会主义的伟大开放实践。我国以"一带一路"建设为统领，步入主动引领全球化的新开放时代。140多个国家和80多个国际组织积极支持和参与"一带一路"建设，联合国大会、联合国安理会等重要决议纳入相关内容。经贸合作扎实推进，2014—2016年中国对沿线国家投资累计超过500亿美元，同沿线国家的贸易总额超过3万亿美元。"一带一路"金融合作网络初具规模，互联互通项目规划实施，各领域人文合作深入开展。首届"一带一路"国际合作高峰论坛成功举办，成为推动全球发展合作的机制化新平台。实践证明，"一带一路"建设开创了中国特色社会主义开放发展新实践。

第四节 "一带一路"倡议对冲"逆全球化"

一、"一带一路"是全球化十字路口的方向标

经济全球化进程中出现的问题正呼唤新一轮经济全球化的到来。这就是"一带一路"宏大构想得以"应运而生"的历史起点。当前世界矛盾交织、冲突频发、不确定性上升。种种问题，归根结底，是全球范围生产力发展和治理体系滞后的矛盾产物。

从世界经济的长周期来看，发端于20世纪70年代的这一轮经济全球化已有四十年历史。经济全球化的广度、深度以及由于矛盾积聚而产生新动能的力度，都是空前的。一方面，全球生产力大发展，生产要素大规模流动，科技革命创造出新的生产力，新兴经济体进入世界市场体系改变着世界经济的基本格局。另一方面，在全球财富集中导致两极分化，虚拟经济失控、宏观调控失灵、公共品严重短缺，全球治理机制跟不上全球化步伐的问题凸显。40年经济全球化，40年经济大发展，40年问题大积累。如何对待经济全球化矛盾运动的两重性，在大国战略选择中，呈现出两条不同路线：一条是逆全球化路线，一条是人类命运共同体，把经济全球化经由一个过渡期而推向新一轮经济全球化的路线。

当前西方发达国家陷入困境，实质上是这些国家的改革发展长期停滞，内外政策不思进取的结果。他们看不到西方制度本身的问题，把这些问题归咎于新兴经济体崛起和开放的世界市场体系。企图从保护主义、排外主义去寻找政策工具，从意识形态对抗、军事遏制战略中寻找出路，只能是

走向绝路。正如习近平主席在 2017 年达沃斯论坛演讲中所指出的："想人为切断各国经济的资金流、技术流、产品流、产业流、人员流，让世界经济的大海退回到一个个孤立的小湖泊、小河流，是不可能的，也是不符合历史潮流的。"

面对历史转折的十字路口，习近平主席指出："正确的选择是，充分利用一切机遇，合作应对一切挑战，引导好经济全球化走向。"正是在"人类命运共同体"理念指引下，中国倡导一条促进而不是促退、开放而不是封闭、包容而不是排外的全球化路线。主张要通过社会生产力的合理布局，通过金融资本与实体经济结合，通过全球治理优化和经济政治秩序的改革，来深化利益交汇点，构建全方位利益共同体，推动新一轮经济全球化的发展。"一带一路"倡议应运而生。

二、"一带一路"倡议的时代条件

世界经济的发展走向，呈现发达经济体矛盾激化和发展中经济体共同和平崛起的新现象。发展中经济体的增速，快于发达经济体。新兴市场国家和发展中国家对世界经济增长的贡献率已经达到 80%。21 世纪第一个 10 年启动的世界经济重心转移，将在 21 世纪第四个 10 年的世界经济长周期大变动进程中，打开发展中经济体共同和平崛起广阔的道路。"一带一路"已经获得 100 多个国家和国际组织的响应和参与。发展中国家成为"一带一路"的支点，而发达国家也积极参与。"一带一路"倡议顺应了这个趋势。

"一带一路"的历史作用将从以下三个方面体现出来。一是通过数字信息技术和基础设施网络，强化发展中国家与世界市场之间的联结纽带；二是引导全球资金向实体经济方向流动；三是促进全球产业链和科技生产力的均衡化，促进世界经济由严重失衡转变为相对平衡。

"一带一路"的宏大构想就是通过长周期，通过新动能，大变动，并且通过发展中经济体和发达经济体的新协调，推动新一轮经济全球化，大步迈向海陆经济全面打通的全球化。

三、"一带一路"引领新一轮经济全球化

"一带一路"宏大构想的根本历史特点，就中国国内而言，标志着中国的东中西部经济联动发展；就世界而言，标志着经济全球化将由海洋经济

全球化，大步迈向海陆经济全面打通的这样一个人类历史上前所未有的新一轮经济全球化。

过去的经济全球化是海洋经济的全球化。目前内陆经济将在打开"一带一路"的建设中，以巨大体量成为经济全球化的新主体。"一带一路"整合了集装箱海运、高速公路、高速铁路、空运、互联网、现代网络金融产品等各类工具，全方位打通海洋经济和内陆经济，从而带动欧亚大陆的经济合作和发展，成为新一轮经济全球化的最大历史特点。

"一带一路"的实施将带动中国东中西部的经济跃升。过去四十年，中国在对外开放，整个东部沿海地区都获得了快速发展的机遇。中西部与东部沿海地区的差距很大。实施"一带一路"倡议，给中西部地区各省区市深度参与经济全球化，提供了难得的发展机遇。

"一带一路"宏大构想的本质是"合作"，是利益交汇点、利益共同体、命运共同体，是顺应新一轮经济全球化的时代潮流而提出的"合作共建"战略构想。中国40年来参与经济全球化的历史经验证明，一定要把事情建立在我们自己力量不断加强的基点上，一定要坚持同国际范围相关各方长期合作的清醒方针。在此基础上，以"五通"为特点的"一带一路"国际合作能够为推进新一轮经济全球化提供强劲动力。

中国正从经济全球化的参与者转变为贡献者和引领者，为国际社会提供更多公共产品，努力推动经济全球化进程更有活力、更加包容、更可持续。"一带一路"建设以互联互通和产能合作打通生产要素全球流动渠道。它努力打造富有活力的增长模式、开放共赢的合作模式、公正合理的治理模式、平衡普惠的发展模式，推动均衡、包容和普惠的全球化，为全球化打开新局面。

"一带一路"建设应秉持的核心理念：合作共赢。它植根于和平合作、开放包容、互学互鉴、互利共赢的丝路精神，秉持共商、共建、共享的基本原则，合作共赢是其最鲜明的特色。它提出了"三个共同体"的新意识，即共同打造政治互信、经济融合、文化包容的利益共同体、命运共同体和责任共同体。"三个共同体"的新意识植根于中华文明和中国特色社会主义建设实践，以责任共担、利益共享为基本原则，契合世界人民求和平、谋发展、促合作、要进步的真诚愿望和崇高追求。它提出了"五通"实施路径，促进各国实现联动增长、走向共同繁荣，推动经济全球化健康发展。"五通"成为联系世界各国的开放共赢的新合作模式。"一带一路"建设的核心理念、命运共同体意识和"五通"实施路径，有助于消解经济全球化的负面影响，更好惠及各个国家、各类人群。

"一带一路"倡议能够破解全球发展不平衡和不平等问题。经济全球化的触发因素就是发展的不平衡和分配的不平等。"一带一路"建设所有参与国家和地区的互利互惠，创造有效供给催生新的需求，实现世界经济再平衡，推动经济全球化持续发展。中国的优势产能和高端装备制造走出去，与沿线国家和地区的工业化需求形成互补，有利于创造有效供给，还带动发展中国家的工业化和技术进步，推动世界经济实现新平衡。一些发展中国家因为缺乏科技、运输等条件没有被纳入全球价值链。"一带一路"建设通过基础设施互联互通推进贸易投资便利化，使这些国家搭上经济全球化的列车，参与到世界经济分工中来，提高工业化水平，推动形成更高效的全球产业链，提升发展的公平性、有效性、协同性。"一带一路"建设促进参与国家和地区在许多领域开展广泛合作，形成经济合作圈，实施自由贸易政策，形成自由贸易区网络，促进区域经济一体化，为实现发展空间更平衡和收入分配更平等注入新动力。

"一带一路"倡议推动全球经济治理机制。目前，国际经济力量对比深刻变化，全球产业布局深刻调整，全球金融市场存在风险隐患，但全球治理体系、贸易投资规则以及全球金融治理机制变革滞后。机制封闭化、规则碎片化的问题十分突出，难以适应新需求、解决新问题，严重阻碍全球化健康发展。特别是2008年国际金融危机以来，发达国家主导全球经济治理机制作用在减弱。"一带一路"建设在推动全球经济治理中的作用不断上升。"一带一路"建设是对现有全球经济治理机制的补充与完善，推动沿线国家和地区实现发展战略相互对接、发展政策充分沟通，促进贸易投资、市场准入，从而实现优势互补，提升贸易投资自由化、便利化水平。"一带一路"建设让新兴市场国家和发展中国家有更多机会参与到全球经济治理，推动国际秩序更加公正合理，提升新兴市场国家的代表性和发言权。"一带一路"建设坚持多边主义，维护多边体制权威性和有效性，反对保护主义，通过支持国际贸易和投资，促进世界经济重新焕发活力，推动经济全球化蓬勃发展。

第五节 "一带一路"倡议的现实价值

"一带一路"建设是纵贯古今、统筹陆海、面向全球的世纪蓝图。实践证明，这一重大合作倡议从理念转化为行动、从愿景转变为现实，谱写了全球共同发展的时代篇章，具有十分重要和深远的意义。

一、"一带一路"建设是我国对外开放的重大举措和经济外交的顶层设计

在长期的革命、建设和改革实践中，我们党对开放规律的认识不断深化。党的十八大以来，中国特色社会主义进入新时代，开放型经济的基础和条件发生深刻变化，中国与世界的互动关系发生了历史性演变。"一带一路"倡议是习近平同志深刻洞察新时代特点、将我国发展置于更广阔国际空间来谋划的主动开放之举，标志着我们党的开放理论实现了从指导我国开放到推动世界各国共同开放的伟大历史转变，彰显了中国特色社会主义道路自信、理论自信、制度自信和文化自信。

二、"一带一路"建设是为破解人类发展难题提供的中国智慧和中国方案

2008年国际金融危机爆发后，世界经济深度调整、贫富分化加剧，反全球化、民粹主义等思潮抬头。其深层次根源，仍然是发展不平衡。"一带一路"建设致力于缩小发展鸿沟，从根本上化解造成冲突和矛盾的根源，

是习近平同志着眼于各国人民追求和平与发展的共同梦想提出的发展合作倡议，是为破解全球发展难题贡献的中国智慧、中国方案。

三、"一带一路"建设是探索全球经济治理新模式、构建人类命运共同体的新平台

进入新世纪以来，国际格局深度调整，全球治理体系变革处在历史转折点上。在这一背景下，"一带一路"建设作为中国为完善全球治理提出的重要公共产品应运而生。"一带一路"建设强调求同存异、兼容并蓄，给予各国平等参与全球事务的权利；坚持继承创新、主动作为，推动现有国际秩序、国际规则改革，受到国际社会高度评价。这些新主张、新倡议，顺应全球治理体系变革的内在诉求，彰显同舟共济、权责共担的人类命运共同体意识，为完善全球经济治理提供了新思路新方案。

四、"一带一路"是中国对外关系新的战略构想

"一带一路"是中国在全球形势深刻变化，统筹国内、国际两个大局的前提下，做出的重大战略部署。中国政府"一带一路"构想和建设本身具有强大经济建设的辐射作用和显著的包容性特征。历史上的丝绸之路是多路线的，促进了沿线各国的贸易发展、经济发展和文化交流。目前，中国政府"一带一路"的构想凭借高速铁路、高速公路、海洋运输、油气管道和互联网，对全球经济产生强大的辐射和延伸作用，将促进各国、各民族、各种文明间的交流，推动区域合作和全球合作，具有包容性特征，可实现合作共赢。

五、"一带一路"是实现合作共赢的新平台

习近平同志在《推进"一带一路"建设，努力拓展改革发展新空间》中指出："我国是'一带一路'的倡导者和推动者，但建设'一带一路'不是我们一家的事。""我们要在发展自身利益的同时，更多考虑和照顾其他国家利益。""一带一路"建设不是封闭的，而是开放包容的；不是中国一家的独奏，而是各参与国的合唱。"一带一路"建设强调共商、共建、共享原则，以合作共赢代替零和博弈，各国平等参与、协同推进，兼顾各方利益和诉求，发挥各方优势和潜能，形成新的合作优势；坚持互利共赢，推动经济全球化朝着更加开放、包容、普惠、平衡、共赢的方向发展。实践

证明,"一带一路"建设有利于整合各参与国的产能优势、技术优势、资金优势、资源优势、市场优势,推进各参与国的互利合作,在更大范围、更高水平、更深层次开展区域合作。

六、"一带一路"是沟通世界文明的新纽带

习近平同志指出:"'一带一路'建设要以文明交流超越文明隔阂、文明互鉴超越文明冲突、文明共存超越文明优越,推动各国相互理解、相互尊重、相互信任。""一带一路"不仅是一条经济发展之路,也是一条文明交流之路。它有利于将各个文明更加紧密地联系在一起,推动人类文明创新,从而成为构建人类命运共同体的文明之路。"两千多年的交往历史证明,只要坚持团结互信、平等互利、包容互鉴、合作共赢,不同种族、不同信仰、不同文化背景的国家完全可以共享和平,共同发展。这是古丝绸之路留给我们的宝贵启示。"这一包容性的、高瞻远瞩的宏观思维,是中国处理"一带一路"与"新丝绸之路"两者关系的指导原则和"一带一路"的宗旨。

中国经济与世界经济联系越来越紧密。"一带一路"是中国扩大和深化对外开放的需要,是加强和世界各国互利合作的需要。建设"一带一路"顺应经济全球化、文化多样化、全球信息一体化的潮流,维护了全球自由贸易体系和开放型世界经济的需要。建设"一带一路"有助于经济要素有序流动,资源高效配置,推动"一带一路"沿线各国实现经济政策协调发展,开展高水平国际间合作,共同打造全球经济合作新架构。建设"一带一路"符合国际社会的根本利益,是国际合作以及全球治理新模式的伟大探索,将为世界和平发展增添新活力。

"一带一路"建设以政策沟通、设施联通、贸易畅通、资金融通、民心相通为核心内容,顺应时代潮流,适应发展规律,符合各国人民利益。"一带一路"建设能进一步提高我国国际影响力,为世界和平与发展作出了新的重大贡献。"一带一路"建设是实现战略对接、优势互补,把中国发展同各参与国发展结合起来,把中国梦同各参与国人民的梦想结合起来。比如,"一带一路"建设同俄罗斯提出的欧亚经济联盟、土耳其提出的"中间走廊"、英国提出的"英格兰北方经济中心"等发展战略实现对接。

中国借用古代"丝绸之路"的历史文化符号,高举和平发展的旗帜,积极主动地发展与"一带一路"沿线国家的经济合作,加强伙伴关系,共

同打造政治上相互信任、经济上相互融合、文化上相互包容的利益共同体。"一带一路"是中国政府作为负责任的大国,对推动世界经济发展、维护世界持久和平提出的重大主张。

第六节 "一带一路"建设的战略意义

首先,"一带一路"的宏伟构想顺应和平、发展、合作、共赢的时代潮流。承载着"丝绸之路"沿途各国文化交流、贸易繁荣、经济发展的共同夙愿,赋予了古老丝绸之路崭新的时代内涵以及新的历史使命。当前,经济全球化深入发展,全球经济一体化加快推进。全球经济增长和贸易、投资格局正在发生着重大的变化,全世界都处于经济转型升级的关键阶段,需要激发发展活力与合作潜力。"一带一路"战略构想契合"一带一路"沿线国家的共同需求,为沿线国家优势互补、开放发展打开了新的机遇之门。

其次,"一带一路"建设是我国扩大对外开放的重大举措和经济外交的顶层设计。开放带来进步。党的十八大以来,中国特色社会主义进入新时代,中国与世界的互动关系也发生了历史性演变。"一带一路"建设是习近平同志深刻洞察这一新时代特点、将我国发展置于更广阔国际空间来谋划的主动开放之举,标志着我们党的开放理论实现了从指导我国开放到推动世界各国共同开放的伟大历史转变。

"一带一路"建设致力于缩小发展鸿沟,从根本上化解造成各种冲突和矛盾的根源,是为破解全球发展难题贡献的中国智慧、中国方案。"一带一路"建设是探索全球经济治理新模式、构建人类命运共同体的新平台。进入21世纪以来,国际格局深度调整,全球治理体系变革处在历史转折点上。"一带一路"建设作为中国为完善全球治理提出的重要公共产品应运而生。"一带一路"建设强调求同存异、兼容并蓄,给予各国平等参与全球事务的权利;坚持继承创新、主动作为,推动现有国际秩序、国际规则增量改革,受到国际社会高度评价。这些新主张、新倡议,顺应了全球治理体系变革的内在诉求,彰显了同舟共济、权责共担的人类命运共同体意识,为完善全球经济治理提供了新思路新方案。

第三,"一带一路"是国际合作的新突破。改革开放30多年来,我国取得了举世瞩目的伟大成就，但是受地理区位、资源环境、发展基础等因素的影响，呈现出东快西慢、海强陆弱的格局。"一带一路"将构筑新一轮对外开放的"一体两翼"，在提升向东开放水平的同时，也加快向西开放的脚步，推动内陆边境地区的对外开放。中国经济的发展，是从沿海地区向中西部内陆地区的不断推进，"一带一路"的建设将为全面深化改革和可持续发展道路创造前提条件，在区域合作的新格局中寻找未来发展的通路。中国经济的发展将拉动世界经济发展，拉动欧洲经济发展，特别是中国沿海地区的出口。陆上"丝绸之路"是世界上跨度最长最宽的经济大走廊，向西贯通中东、中亚、西亚乃至欧洲经济圈；向南连接东南亚经济圈；向北至北欧、俄罗斯，通过白令海峡到达美国的阿拉斯加、加拿大；再向南直达南美各国。无论是从文化交流、经济发展、民生改善角度，还是从应对金融危机、加快经济转型升级角度去分析，"一带一路"都将沿线各国的前途命运紧密地连接在一起。"一带一路"不仅是中国经济发展的战略构想，更是沿线各国的共同事业，有利于将政治互信、地缘毗邻、经济互补等优势转化为经济合作、文化交流，促进各国间的和平健康发展。

第二章
"一带一路"倡议与全球化

2018年3月22日美国总统特朗普签署总统备忘录,依据"301调查"结果,将对从中国进口的商品大规模征收关税,并限制中国企业对美投资并购。备忘录笔迹未干,中美贸易战已正式打响,其影响波及全世界。中美贸易战再次引发人们对诸如全球化是如何形成的?当前逆全球化会对世界造成什么样的影响?"一带一路"与全球化是什么样的关系?这样的宏观问题的深入思考。理清全球化、逆全球化,"一带一路"之间的关系有助于深刻理解"一带一路"倡议的内涵和现实意义。

第一节 全球化的理论解释框架——世界历史理论

一、世界历史理论概述

"全球化"的含义主要指向经济意义上的全球化,即包括商品、资金、劳动力等在内的生产要素跨国自由流动。早在19世纪马克思在用"世界历史"的概念来表达其全球化思想。马克思通过对世界市场、世界贸易等问题的讨论，从"世界历史"的独特视角，深刻地剖析了资本主义世界性扩张的实质，揭示了全球化的根源和基本驱动力，搭建起马克思全球化思想的理论大厦。在《德意志意识形态》中他论述到："生产力的这种发展之所以是绝对必要的实际前提，还因为如果没有这种发展，那就只会使贫困、极端贫困普遍化；其次，生产力的这种发展之所以是必需的实际前提，还因为，只有随着生产力的这种普遍发展，人们的普遍交往才能建立起来；最后，地域性的个人为世界历史性的经验上普遍的个人所替代"[1]。在《共产党宣言》中他写道："资产阶级，由于开拓了世界市场，使一切国家的生产和消费都成为世界性的了。使反动派大为惋惜的是，资产阶级还是挖掉了工业脚下的民族基础。古老的民族工业被消灭了，并且每天都还在被消灭。它们被新工业排挤掉了，新的工业的建立已经成为一切文明民族的生命攸关的问题；这些工业所加工的，已经不是本地的原料，而是来自极其遥远的地区的原料；它们的产品不仅供本国消费，而且同时供世界各地消费。旧的、靠本国产品来满足的需要，被新的、要靠极其遥远的国家和地带的产品来满足的需要所代替了。过去那种地方的和民族的自给自足和闭关自守状态，被各民族的各方面的互相往来和各方面的互相依赖所代替了"[2]。马克思的时代，全球化尚处于初始阶段，由于机械化的大工业取代了自给自足的小农生产，资本主义的市场经济排挤了小商品交换，世界市场超越了地方市场，生产方式的形态已发生了质的飞跃。出现了完全不同于以前的"世界历史性"的实践。一个显著特点是世界交往的普遍发展，个人的实践交往活动的社会性已克服了狭小的地区性和民族性局限。每一个群体的实践通过"世界市场"与整个"世界历史性"的实践紧密地联系起来。个人实践活动的独立外观被"扬弃"，更紧密地依赖于"世界历史性"的实践，"世界历史性"实践在"人们之间的普遍交往"中确立起来。

  马克思"世界历史"的重要思想，形成了全球化理论的基本雏形。马克思"世界历史"的理论架构基本包括两方面，一是"世界历史"产生的原因，二是"世界历史"的最终目标。

---

[1] 马克思恩格斯全集:第1卷[M].北京:人民出版社，1995年，第86页。
[2] 马克思恩格斯.马克思恩格斯选集:第1卷[M].北京:人民出版社，1995年，第276页。

二、全球化的演进过程

1. 全球化发端——地理大发现

全球化发端于 15 世纪中叶世界地理大发现。新大陆的发现和新航路的开辟，促进了世界贸易的发展，欧洲、美洲、非洲、亚洲相互之间的经济交往增多，人类的经济活动空间扩大，冲破了各个国家、民族原有的孤立、封闭的状态，促进了世界市场的形成，揭开了世界经济全球化的序幕。早期的全球化使世界贸易的中心由地中海区域转向大西洋区域，伴随而来的是世界贸易的方式和性质发生了根本性的变化。"世界贸易和世界市场 16 世纪揭开了资本的近代生活史[①]。"美洲的发现、绕过非洲的航行，给新兴资产阶级开辟了新的活动场所。东印度和中国的市场、美洲的殖民化、对殖民地的贸易、交换手段和一般的商品的增加，使商业、航海业和工业空前高涨[②]。马克思的论述清楚地阐述了 15—16 世纪的地理大发现作为"世界历史"的发端，使得早期的资本主义为实现其资本的原始积累而展开对全球范围的殖民掠夺与征服，用强制的手段建立起了世界市场体系。

2. 全球化发展的驱动力是生产力的发展

生产力和生产关系的矛盾、经济基础和上层建筑的矛盾是人类社会的两对基本矛盾，也是推动人类社会向前发展的根本动力。"世界历史"的驱动力是这两对社会基本矛盾的运动。在资本主义生产方式兴起以前，由于生产力水平低下，人的生产能力只是在狭窄的范围内和孤立的地点上发展着。这种人与自然界的狭隘关系制约着人们之间的关系，交往的规模和范围也相当狭小。世界历史作为历史发展的一个阶段，它是生产社会化的产物。大工业建立了由美洲的发现为其准备好的世界市场，由于扩大产品销路的需要，驱使资产阶级奔走于全球各地。自给自足和闭关自守状态，被各民族互相往来和各方面的互相依赖所代替了[③]。科学技术的进步使一国的生产向着国际化方向发展，促使各国、各地区发生日益广泛的经济联系，跨国进行商品生产和商品流通，从而迫使资产阶级寻求更广阔的产品市场，打破国家、民族的地域界限。

---

① 马克思.资本论:第 1 卷[M].北京:人民出版社，1975 年，第 167 页。
② 马克思.资本论:第 1 卷[M].北京:人民出版社，1975 年，第 26 页。
③ 马克思恩格斯选集:第 1 卷[M].北京:人民出版社，1995 年，第 26 页。

3. 全球化的根源是资本的扩张性要求

资本主义之所以必将造成全球化，是由资本的无限增殖和扩张本性所决定的。资本作为能够带来剩余价值的价值，其本性就是唯利是图。"资本害怕没有利润或利润太少，就像自然界害怕真空一样。一旦有适当的利润，资本就胆大起来。"[1]因此，当一国资源、市场满足不了资本最大限度地追逐利润的时候，资本就必然会突破国内市场的狭隘界限，超越国家的范围，到全球寻找新的投资机会，去开拓新的世界市场。资本一方面要夺得全球市场，另一方面，它又力求把商品从一个地方转移到另一个地方。资本越发展，越是力求在空间上更加扩大市场，力求用时间去更多地消灭空间[2]。全球化的本质就是资本的全球化。马克思不但科学地预见到了资本全球化的趋势，而且从商品经济和资本运动的规律性揭示了资本全球化的根源。

4. 全球化的原始推动主体是资产阶级

马克思充分强调资本主义在全球化过程中所拥有的重要历史地位和所起到的革命作用。"资产阶级，由于一切生产工具的迅速改进，由于交通的极其便利，把一切民族甚至是最野蛮的民族都卷到文明中来了……它迫使一切民族——如果它们不想灭亡的话——采用资产阶级的生产方式；它迫使它们在自己那里推行所谓文明的制度，即变成资产者。它按照自己的面貌为自己创造出一个世界[3]。"

资本主义消灭了各国以往自然形成的闭关自守的状态，所以，马克思强调"资产阶级在它不到一百年的阶级统治中所创造的生产力，比过去一切世代创造的全部生产力还要多、还要大"[4]。资本主义的发展使物质生产和精神生产都成为世界性的，所有这一切表明人类发展的历史开始转变为"世界历史"。这样，西方近代资本主义开启了全球化进程，每一个民族和每一个人都深深地卷到"世界历史"的巨流中，在这个意义上，资本主义开创了人类历史新时代[5]。

---

[1] 马克思.资本论:第 1 卷[M].北京:人民出版社，1975 年，第 829 页。
[2] 马克思恩格斯全集:第 46 卷（下）[M].北京:人民出版社，1980 年，第 33 页。
[3] 马克思恩格斯选集:第 1 卷[M].北京:人民出版社，1995 年，第 276 页。
[4] 马克思恩格斯选集:第 1 卷[M].北京:人民出版社，1995 年，第 276 页。
[5] 赵兴良.马克思的全球化思想[J].求实，2000（9）.

5. 全球化发展的最终目标——共产主义

马克思清晰地把握全球化的特点并对它的发展趋势作了前瞻性的预测，认为全球化发展的结果是资本主义制度"推行"到整个世界，但全球化的最终指向却是共产主义，即世界历史发展的最终目标只能是共产主义。他精辟地阐述了全球化由经济到政治的发展轨迹，预见了全球化的发展趋势。在马克思看来，资本主义在全球化过程中起了重要的推动作用，但是随着历史车轮的前进，全球化充分展开的结果就是冲破资本主义制度本身，把人类推向共产主义，用共产主义的全球化取代资本主义的全球化。

马克思的世界历史理论揭示世界历史的动因、条件、进程及趋势，其主要内容包括：①世界历史形成的内在的、根本的原因是生产力的发展；②世界历史是资本主义发展到一定阶段的必然产物；③世界市场是世界历史形成的重要标志，普遍交往是世界历史发展的基本特征；④资本主义是世界历史的起点，但不是终点；⑤共产主义是人类社会发展的必然趋势。在共产主义社会中，真正普遍的世界历史才得以完成。今天，在新技术革命的推动下，人类历史由传统的机器工业社会开始过渡到信息社会、知识经济社会，经济全球化的基本历史趋势仍在沿着其固有的运行轨迹继续向前发展，使"世界历史性"的水平和程度得到了大大提高。

第二节 全球化的影响与困境

一、全球化的影响

"全球化是人类社会发展到一定阶段，市场机制成为世界经济运行的主导规律时，世界各国走向紧密合作、相互依存的一种必然趋势。企业组织呈现出集团化、规模化和跨国化的发展，有力地促进了封闭的国家经济体系向着开放型全球经济体系的过渡和演化。主权国家都在主动参与全球化活动，顺应社会发展潮流[①]。"人类社会走向世界历史的过程与全球化是同一个历史过程，后者是前者的进一步和更高的发展阶段，马克思的唯物史观，特别是他分析世界历史时代的方法，是我们认识和分析全球化问题最

[①] 叶险明：《马克思世界历史理论的特性与世界历史理论基本问题——马克思主义世界历史理论在当代发展的一个重要逻辑环节》，《马克思主义研究》2010（1）。

重要的工具之一。

当今全球化的性质是资本主义的全球化。从近代世界历史来看，世界历史转变的发展趋势是由资本主义的生产和生产关系开辟的。"二战"以后，资本主义国家借鉴社会主义国家的经验，调整了国内的阶级矛盾和社会关系，加上科学技术的发展，使得资本主义国家在五十多年中有了很大、很快的发展。全球化有以下主要特点：其一，以高新科技的迅猛发展和巨大成果为先导，引发了社会生产力持续高速的发展。其二，由于世界市场和普遍交往的发展，导致了信息、资源、资金、技术、人才等在世界范围的大流动，出现了资本高度集中的趋势。其三，由于经济的全球化，必然对国家政权和社会制度带来重大影响。首先国家的部分职能被现在的跨国公司、国际组织和国际金融机构所取代了。其次是社会制度的变化愈来愈受到经济全球化的影响。其四，信息和网络技术在全球范围迅速扩展和运用，突破促进了各国之间的文化交流和相互渗透，使得民族的、国家的文化愈来愈成为世界性的。

二、全球化困境分析

全球化是当今世界最显著的特征，是全球经济增长的强大动力，也是世界社会主义发展的时代背景和新兴国家群体崛起的广阔舞台。2008年金融危机后，全球化遭遇重大波折，贸易保护主义不断抬头，发达国家内顾自保倾向明显，民粹主义盛行更是推波助澜，"逆全球化"思潮甚嚣尘上。经济上保护主义、政治上民粹主义、社会上排外主义、外交上孤立主义一致将矛头对准了全球化。

首先，全球化是不可逆转的。这一历史进程源于生产力发展，始于世界市场形成。马克思从生产力的普遍提高解释世界历史的成因，认为大工业化与世界市场的形成，使"历史完全转变为世界历史"，并指出，"由于开拓了世界市场，使一切国家的生产和消费都成为世界性的了……过去那种地方的和民族的自给自足和闭关自守状态，被各民族的各方面的相互往来和各方面的相互依赖所代替"，"各民族之间的相互关系取决于每一个民族的生产力、分工和内部交往的发展程度"。马克思世界历史形成的逻辑路径是：生产力发展——工业化大生产和分工——世界市场形成——人类交往扩大——相互往来、相互依赖增强——世界联成一体，形成"统一的政府、统一的法律、统一的民族利益和统一的关税的统一的民族"。世界历史是人类历史发展到资本主义阶段的必然产物，这是由生产力发展决定的、不以人的意志为转移的历史进程——客观性是全球化的本质属性。习近平在达沃斯论坛发表主旨演讲时说："全球化是社会生产力发展的客观要求和科技进步的必然结果，不是哪些人、哪些国家人为造出来的，因此也不是谁可以随便中止的。经济全球化为世界经济增长提供了强劲动力，促进了商品和资本流动、科技和文明进步、各国人民交往①。"

其次，全球化是双刃剑，利弊得失本是常态。世界历史的进程是由资产阶级开拓的，资产阶级是世界历史的主体力量。"资产阶级使农村屈服于城市的统治……它使未开化和半开化的国家从属于文明的国家，使农民的民族从属于资产阶级的民族，使东方从属于西方②。"资本的本性是逐利，资本主义的初衷是掠夺，资产阶级的活动是开疆拓土，在这样的全球化进程中，资产阶级是长期唯一的受益者。社会历史就是在这样的资赢他输、资得他失的利益格局中开启向世界历史转变的。

三、逆全球化探析

---

① 丰子义、杨学功：《马克思的"世界历史"理论与全球化》，人民出版社 2002 年版，第 216 页。
② 马克思恩格斯选集：第 1 卷，人民出版社 2012 年版，第 45 页。

1. 逆全球化的表现

以特朗普当选美国总统、英国全民公投脱离欧盟、中美贸易战等重大事件为标志,逆全球化已成为世界关注的焦点。有关逆全球化担忧的不仅仅是经济一体化的停滞或倒退,更是国际政治经济秩序本身的存续安危。弗朗西斯·福山撰文认为:主导性的自由秩序可能被另一种"充满竞争而愤怒的民族主义世界"所取代;该风险的重大意义堪与20世纪90年代冷战的终结相提并论[1]。全球化不仅是各种生产要素跨国流动的"结构性过程",同样也是一种"制度性的过程"。全球化同时包含着两个层面的含义。首先,它指向纯粹经济意义上的、生产要素的跨国流动(及其停滞或倒退);其次,它还指向支持和推动(阻碍或禁止)生产要素跨国流动的政治进程。"全球化"或"逆全球化"既是经济现象,亦是政治进程。

经济层面看:首先逆全球化贸易、金融乃至投资等诸多领域的全球化均出现了程度不一的停滞甚至收缩。就贸易而言50年间的绝大多数年份,世界贸易增速都要高于国内生产总值增速。但是2008年金融危机彻底改变了这一状况:危机后的贸易增速已经持续数年落后于全球产出增速[2][3]。再次,投资领域的全球化同样不容乐观。世界经济始终处于复苏乏力的状态,以直接投资、进出口占GDP比重来衡量的全球化从2010年起就时断时续,各种形式的投资都滞后不前[4]。

政治层面上发达国家在贸易等议题上的政策态度明显趋于保守,贸易保守主义浪潮兴起。2016年的总统竞选中,无论美国民主党还是共和党候选人,均明确表现出限制自由贸易的政策主张和倾向。从2008年11月至2016年5月,美国已实施636项歧视性措施,是所有G20成员国之中使用歧视性措施最为频繁的国家。2018年3月22日美国总统特朗普签署总统备忘录,依据"301调查"结果,将对从中国进口的商品大规模征收关税,并限制中国企业对美投资并购。特朗普在白宫签字前对媒体说,涉及征税的中国商品规模可达600亿美元。根据当天签署的备忘录,美国贸易代表办

---

[1] Francis Fukuyama, "US against the world? Trump's America and the new global order," Financial Times, November 11, 2016, p.176
[2] Sebastian Mallaby, "Globalization Resets," Finance and Development, Vol.53, No.4, 2016, p.9
[3] Susan Lund, Toos Daruvalak, Richard Dobbs, Philipp H rle, Ju-Hon Kwek and Ricardo Falcón, "Financial globaliza-tion: Retreat or reset?" McKinsey Global Institute, March 2013, pp.3-4.
[4] 加里·克莱德·赫夫鲍尔:《为什么全球化是有代价的》,《国际经济评论》2016(5)。

公室将在 15 天内制定对中国商品征收关税的具体方案。同时，美国贸易代表办公室还将就相关问题向世界贸易组织起诉中国。此外，美国财政部将在 60 天内出台方案，限制中国企业投资并购美国企业。当天早些时候，白宫官员在吹风会上说，涉及征税的中国商品价值大约 500 亿美元，除此之外美国对欧盟、日本等国也计划开征钢铝关税。中美贸易大战是贸易保守主义的新阶段。

除了贸易保守主义，我们还要关注在全球呈现蔓延之势的分离主义。分离主义是指处于一国内部或者跨越国境的某一地区，在强烈的独立意识和排他性社会需求基础上的思想体系和行为。当前的分离主义活动主要有民主政治、暴力恐怖和武装斗争等三种形式。分离主义产生尽管原因比较复杂，但是经济因素是不容忽视的重要因素。经济地位的不平等往往会激化某一族群与当地主要族群的政治关系，形成分离势力。西方世界的分离主义主要体现在英国于 2016 年宣布脱离欧盟，苏格兰、加泰罗尼亚公投；而在其他地区则表现为暴力恐怖和武装斗争形式，例如西班牙的巴斯克独立运动，也门的胡塞武装崛起，叙利亚内战，巴基斯坦的俾路支分离运动等。

2. 逆全球化的特征

逆全球化蕴含着两项重要特征。第一，逆全球化的起源地和重镇并非发展中国家，而恰恰是此前数十年间不遗余力推动全球化进程的主要发达国家。发达国家反对全球化成为新现象。"二战"以来，对自由贸易及其积极作用的认可一直是西方多数国家的共识；如今这种共识却已濒临解体。发达国家对全球化的失望情绪与日俱增，保护主义、本土主义在欧美各地吸引着越来越多的支持者。目前美国已打响反对自由贸易第一枪，逆全球化的速度不断加剧。第二，逆全球化在发达国家有着相当坚实的民意基础，而决非只是个别政治家或极少数边缘群体促成的偶发现象。调查显示：2016 年，美国 49% 的普通民众对本国参与全球经济持负面态度，认为它在拉低工资水平的同时，还减少了就业机会；与之相反，对参与全球经济持正面态度的民众只有 46%[①]。在英国公投中，那些受国外竞争影响、工作岗位大量流失的地区，以压倒性多数选择退出欧盟。这些事实无不揭示着一种意

---

① Jacob Poushter,"American Public,Foreign Policy Experts Sharply Disagree over Involvement in Global Economy,"PewResearch Center,October 28.

义深远的转变,即主要发达国家民众对自由国际经济秩序的态度,愈来愈从支持转向怀疑甚至抵触。

3. 逆全球化的诱发因素

逆全球化思潮诱发因素有三个:一是全球贫富差距拉大。在经济全球化进程中,发达国家与发展中国家发展不平衡,自由贸易的果实大部分被发达国家和大型跨国公司所享有。一些国家内部利益分配不均衡、贫富差距悬殊,中小企业和社会中下层人群在经济全球化中获得利益较少,从而出现了反分配不公和反财富鸿沟的逆全球化思潮。二是失业问题凸显。在现有全球产业链、价值链、供应链的分工布局下,全球生产和外包体系已经建立,劳动密集型制造业主要分布在广大发展中国家。这导致欧、美、日等发达国家制造业部门的失业工人增加。失业工人成为反全球化的主要群体。三是发达国家自身发展出了问题。发达国家把自身发展遇到的债务危机、贫富差距悬殊、社会分裂等问题以及面临的难民危机、恐怖袭击等难题统统归咎于经济全球化,使得政治整体趋向保守、经济整体趋于内向,进而成为逆全球化思潮的主要发源地,并波及世界。全球治理面临"领导力赤字",谁来继续推动新一轮经济全球化成为焦点问题。

4. 逆全球化的政治经济根源

有两个问题对于理解逆全球化至关重要。其一涉及逆全球化进程的行为主体;更具体地说,谁是逆全球化的主要支持者?其动因何在?其二涉及逆全球化进程的发生时点,即为何它在2008年全球金融危机后渐成声势、乃至近年来发展为席卷各主要发达国家的强大思潮?

第一个问题:全球化就是资本在全球范围内追逐利益的过程。伴随着第三次科技革命的兴起,制造业资本纷纷流向新兴国家而金融资本、科技资本聚会于美、英等具有雄厚基础的西方国家。简单的说就是西方发达国家发展金融和科技,新兴国家则主要从事制造业。一些发展中国家(比如中国、印度)在承接西方制造业转移过程中自身得到了发展,没有制造业承接能力的国家发展停滞,西方发达国家通过垄断世界金融和科技获取最大利益,造成国家发展极端不平衡。从国内层面看,占据人口绝对少数的金融和科技资本家和从业者却攫取大量的财富,形成极端贫富差距。因此,逆全球化的关键主体是其国内因全球化而利益受损的社会群体,美国等发达国家的中产阶级、尤其中下阶层是全球化的主要受损者,他们直接承受着自由贸易、开放经济所导致的绝大多数负面影响。相形之下,资本所有者、高技能劳动力是全球化无可争议的主要受益者。两类群体际遇之间的巨大反差,促使前者投身政治进程、掀起逆全球化的潮流。

有学者指出,自由贸易不仅意味着资源的重新配置,导致部分工人失业甚至某些行业的萎缩,还意味着国内收入分配的不平等状况可能出现恶化。作为其后果,美国已连续多年出现制造业部门的萎缩、就业人数的下降。同时,发达国家的中位工资收入长期停滞,劳动报酬在GDP所占比重甚至持续下跌[1]。克鲁格曼指出,美国的生产效率实际上远高于一代人之前,但普通民众却未能从中受益;总体经济增长与普通民众的生活境遇之间存在严重的脱节[2]。

与美国中下阶层境况形成鲜明对比的,是资本所有者从全球化进程中获取的高额利润。国际货币基金组织(IMF)前首席经济学家西蒙·约翰逊指出:1973—1985年,金融部门在美国企业利润总量中的份额从未超过16%;到了20世纪90年代,这一比例已经上升至21%到30%之间;及至21世纪第一个十年,该数字达到了惊人的41%。金融部门从业者的平均薪酬也在近三十余年间出现了迅猛增长,到2007年已经是其他行业平均水平的1.81倍之多[3]。鉴于过去25年间,有一半以上的美国家庭并未享受到经济增长带来的好处,有充分理由认为:获利甚丰的受益者只是美国民众之中的一小部分。

由此产生的后果就是:全球化输家无从得到弥补,与赢家之间的对立愈发难以调和。最终,逆全球化在愈来愈多不满群体的推动下应运而兴。由于多数国家不能或不愿采取有力措施,以保障全球化红利在民众之间得到广泛和公平的分享,受损群体成为阻止全球化进程的根本动力。以美国为例,许多选民对工资停滞、收入差距深怀不满,如今则更加担心贸易会威胁到自身的就业机会。大选过程及结果已经表明:美国国内反对全球化群体的普遍支持,是特朗普得以胜出的重要原因。那些认为自身利益受到自由贸易损害的中产阶级、中下阶层,既是反全球化态度最为激烈的群体,

---

[1] Maurice Obstfeld,"Get on Track with Trade,p.14.
[2] 保罗·克鲁格曼:《美国怎么了?一个自由主义者的良知》,中信出版社2008年版,第14页。
[3] Simon Johnson,"The Quiet Coup,"The Atlantic,Vol.303,Iss.4,2009,p.49.

也是特朗普的关键支持者。

第二个问题：面对全球化冲击之时，受影响群体有两种可选方案，其一是向内求解：即诉诸再分配环节。其二是向外求解：即在无法获得再分配的情况下，受影响群体不再寻求补偿，转而全力反对自由化进程本身。金融危机加剧了为数众多的中低收入阶层民众的不利处境。在2008年危机中，美国精英们设计的自由金融市场迅速崩溃，其导致的代价却更多地由普通民众承担。与其他发达国家相比，美国劳动者在面对经济衰退甚至萧条等负面冲击时往往更加脆弱、忍耐度更低。美国中产阶级是受金融危机影响最严重的群体：该群体的失业率和债务负担持续上升，累计失业人数超过800万，因无力支付房贷而失去住所的家庭超过200万户[①]。在特朗普的支持者之中，更是有压倒性多数67%的民众认为自贸协定将对美国造成损害。逆全球化的民意基础，就是在全球化进程中受损、又因金融危机而处境愈发艰难的普通民众。

5. 逆全球化的风险

全球化会让世界经济结构产生颠覆性变化，这些变化能够对不同社会群体产生不同影响。尤其是基于发达国家与发展中国家国际分工的不同，全球化进程会产生"利益分配"不均的情况。在全球化进程中出现了利益"受益群体"和"受损群体"，两者之间的矛盾一旦不可调和，就会为全球化逆转提供重要推手。近年，以美国等为首的西方国家出于对自身利益的考量，出台了大量不同形式的贸易保护政策和与分离主义相关的"不合作"措施，"逆全球化"甚至"去全球化"的趋势越来越明显。这不但在很大程度上影响了经济全球化的进一步深入合作和繁荣，也让基于全球市场的国际贸易增长遭受重创。如不进行深刻的、革命性的调整和变革，当前全球化进程势必会遭遇沉重打击，其已有的发展模式将无以为继。比如，在最近几年内，全球货物与服务贸易增速出现持续下滑的趋势，显著低于世界经济增速预期，这说明全球化进程已经呈现出逐年放缓的迹象。在英国脱欧、特朗普执政、法国大选结束等因素的影响下，贸易保护主义逐渐抬头，这让已经构建起来的全球化框架在部分关键位置出现了局部性系统坍塌的状况。

---

① 周淼：《日益扩大的全球贫富鸿沟与未来全球局势的演变》，《红旗文稿》2015年第7期，第34页。

世界经济的不均衡发展会让大国之间的冲突风险不断提升。"逆全球化"让已有的全球化进程减速甚至停滞。当前，发达国家在"逆全球化"的风潮中表现得最为积极，也是最为强劲的区域。发达经济体在世界经济、国际贸易与全球市场中的占比已经超过了50%，在国际金融市场上也处于主导地位。一旦这些国家放弃全球化的进程，即便新兴经济体与发展中国家能够在全球经济体系中产生较大影响力，也难以真正替代发达国家的作用。在"逆全球化"的作用下，全球化会朝着扭曲和碎片化的方向畸形发展，由此而产生的风险会不断加大。"逆全球化"会让贸易保护主义在全球范围内演化成不同形式的"障碍"，对世界经济尤其是发展中国家和落后国家的经济造成重创。这种畸形化的发展范式势必会增加国家和国家之间的矛盾与冲突，这对世界人民福祉的提升有百害而无一利。

第三节 从新自由主义全球化的理论剖析

一、全球化的新自由主义方案

自20世纪70年代以来，全球化的深入发展全面冲击了以民族国家为边界的经济政治和文化领域，导致在全球层面的利益权力和文化的分化与整合，世界各地国家与国家之间、民族和民族之间以及个人之间相互影响、相互作用和依赖，在交通通信和信息等技术的推动下，人们的生活空间被压缩，社会学家吉登斯指出，全球化是一种我们面临的生活时空转变的现实。新自由主义者试图借全球化的力量把西方的国内秩序国际化，提出一种全球主义的观念，德国社会学家贝克山把全球主义描述为世界市场，即世界市场统治思想，新自由主义思想，排挤或代替政治行动的思想观点，这种思想强调单一的经济因果关系，把多重领域的全球化简化为单一经济领域的全球化，同时这一领域是单向发展的，如果人们谈到生态文化政治以及文明社会等其他领域的全球化，也是把它们放到世界市场体系的总框架中探讨。以新自由主义来诠释全球主义，就是相信自由市场产生的自发世界秩序，全球主义者声称每个人都能从全球化中获得好处，并且认为全球化最终能促进自由民主在世界的普及。全球化尤其是经济全球化，按照新自由主义者的观点会使世界上所有人都能享受其带来的利益；但是这一承诺至今没有兑现，反而导致全球贫富差距进一步扩大，世界贫困人口有增无减。全球化的后果是多面的，既有积极的一面，也有消极的风险后果，而且消极后果又有极大的不确定性。

二、世界体系理论——旧全球化结果的解释分析模型

西方主导的全球化最终形成了沃勒斯坦的所谓世界体系模式。沃勒斯坦认为，世界经济一旦形成，便围绕两个对立关系运行：一是阶级，即无产阶级和资产阶级；二是经济发展程度不同的地理空间的相对位置，即核心区域和边缘区域，而"不等价交换"和"资本积累"则是这个体系运行的动力。资本积累过程中不等价交换不仅存在于无产阶级和资产阶级之间，而且，也存在于核心区域和边缘区域之间。世界范围内的劳动分工将世界分为三个地带，即核心区域、半边缘区域和边缘区域。"核心区域"和"边缘区域"之间的"不等价交换"是资本主义运转的基础。"资本主义世界经济体是以世界范围的劳动分工为基础而建立的，在这种分工中，世界经济体的不同区域（我们名之为中心区域、半边缘区域和边缘区域）被派定承担特定的经济角色，发展出不同的阶级结构，因而使不同的劳动控制方式从世界经济体系的运转中获利也就不平等"。发源于西欧的世界体系，扩张到全世界的过程也是"融入"和"边缘化"的过程。融入是世界体系之外的国家进入体系的行为，边缘化则是世界体系对新的国家的包容。随着世界体系"边缘化"的深入，被边缘化的国家不断加入整个世界经济的"商品链"之中。

沃勒斯坦世界体系的核心—边缘学说和阶级对立学说能够较好的解释全球化的后果。依据核心—边缘学说，由于西方发达国家控制了商业链条最上端金融和科技产业，形成了全球化的核心区域。凭借资金和技术优势可以通过不等价交换从半边缘和边缘区域攫取工业产品和资源。长期的不等价交换和资源掠夺造成欠发达国家与发达国家之间极端的贫富差距。依据阶级对立学说无论是发达国家还是欠发达国家都存在资产阶级和无产阶级（西方的中产阶级），伴随着全球化的不断推进，在每个国家国内形成了占有巨额财富的少数资产阶级和处于相对贫困的无产阶级。在欧美表现为金融和科技等资本的少数人口与中低收入人口的对立，在欠发达国家往往表现为掌握资源命脉的资产阶级与贫苦人口之间的对立。经济上的不平等导致政治上的动荡。在西方国家表现为保守主义人士获得中低层选民支持

登上权力舞台,造成保守主义兴起。在一些国家因经济问题引发少数族裔寻求自治独立的分离运动。在边缘区域国家经济贫困与失衡和民族、宗教矛盾叠加形成分裂主义运动并进一步扩大为武装冲突甚至局部战争。

然而世界体系理论却无法对中国的高速发展和崛起提供较为合理的解释。如果把中国划分为半边缘化国家则不符合当今中国的国际地位。如果把中国的成功归结于对边缘区域国家不平等的经贸关系也不符合中国对外经贸的具体实践。同样经历了几十年的全球化进程中国并没有形成像美国国内一样激烈的阶级或阶层对立,尽管遭遇过两次经济危机中国仍旧能在经济上保持高速发展。针对所谓"中国发展"之谜,面对世界发展的"十字路口",习近平在理论和实践上给出了"中国方案",即"人类命运共同体"。

三、人类命运共同体——引领新全球化的理论体系构建

1. 人类命运共同体的形成过程

习近平在2013年3月的莫斯科国际关系学院演讲中指出:这个世界,各国相互联系相互依存的程度空前加深,人类生活在同一个地球村里,生活在历史和现实交汇的同一个时空里,越来越成为你中有我我中有你的命运共同体[①]。人类命运共同体,中国共产党在十八大报告中的广义界定是,在追求本国利益时兼顾他国合理关切,在谋求本国发展中促进各国共同发展。这里的人类命运共同体主要表达的是一种立足国内,放眼世界的战略含义。它表明,在国际体系中各个国家的基本行为逻辑,既是国家利益的延伸,也是国际利益的延伸,分享合作共赢包容是人类命运共同体理念的内核。这一广义界定也反映出人类命运共同体理念实际具有工具理性和价值理性两个层次的内涵。国际社会联盟也曾给人类命运共同体下过一个定义,人类命运共同体是强调人类在追求自身利益时兼顾他方合理关切,在谋求自身发展中促进人类共同发展。人类只有一个地球,共处一个世界,应以人类命运共同体意识促进国家间、民族间、地区间、企业间、家庭间、个人间的和谐、互助、共生、共利、共荣,以人类文明幸福发展的可持续为使命,建立起社会利益互惠机制。人类命运共同体是人们在共同条件下

---

① 习近平. 顺应时代前进潮流 促进世界和平发展——在莫斯科国际关系学院的演讲[N]. 中国青年报,2013—03—24(02)

结成的最具同心力的集体，也是人类获得文明幸福及可持续发展的保障。人类命运共同体的建构层次范围强调在多样化社会制度总体和平并存，其核心理念是和平发展合作共赢，其理论原则是新型义利观，其建构方式是结伴而不结盟，其实践归宿是增进世界人民的共同利益、整体利益和长远利益。

人类命运共同体的基本前提是国际体系层次的命运与共。人类共处于一个相互依存又相互竞争的社会体系中，有着共同生存的命运。这种命运与共的特性是近现代社会的产物，确切的说，是资本主义生产和价值的双重全球化导致的普遍异化使人类在国际体系层次上遇到了同命相连的潜在威胁，一些世界性问题的解决已经超出了某个阶级或某类国家的能力范围，必须依靠世界各国人民同舟共济才能减缓和化解。

2. 人类命运共同体兼具国际主义的工具理性和价值理性

人类命运共同体，倡导每一个国家在追求本国利益时兼顾他国合理关切，在谋求本国发展中促进各国共同发展。人类命运共同体实际要打造的是利本国和利他国相统一的利益共同体，是本国安全也是他国安全的安全共同体，是考虑当代人发展也不危及后代人可持续发展的发展共同体，这样的共同体不排斥工具理性，但坚持价值理性的引导作用。

中国欢迎其他国家搭乘中国经济高速增长的便车，尤其对发展中国家和不发达国家更是如此，当然更希望世界各国的人民能够同舟共济、权责共担，能够基于价值理性共同护佑世界和平与人类社会发展，共同应对地区性与全球性危机，共同分享社会进步的福利与利益。正因为人类命运共同体兼具低层次的工具理性国际主义和高层次的价值理性国际主义，才使得它的倡导国在短短三年时间里结成了越来越大的朋友圈。

3. 人类命运共同体内涵

人类命运共同体内涵包括平等互信的新型权力观，义利相兼的新型义利观，包容互鉴的新型文明观，结伴不结盟的新型交往观。平等互信的新型权力观强调和平、合作、共赢。义利相兼的新型义利观强调大国之间相处，要不冲突，不对抗，相互尊重、合作共赢。大国与小国相处，义利相兼，义重于利。包容互鉴的新型文明观强调不同文明之间的关系，唯有在竞争比较中取长补短，在交流互鉴中共同发展，才能成为增进各国人民友谊的桥梁，推动人类社会进步的动力、维护世界和平的纽带。结伴不结盟的新型交往观，强调人类命运共同体是一个基于双赢互利的共同体，而不是基于零和自利的共同体。各国都要建立平等相待、互商互谅的伙伴关系，能够基于自愿自觉形成一种自然聚合。新型权力观，新型义利观，新型文明观和新型交往观，为建构人类命运共同体提供了基本的价值观基础，它们共同指向世界人民的共同利益、整体利益与长远利益。

第四节 人类命运共同体的中国特色

中国倡导的人类命运共同体国际主义思想就其理论来源和价值目标来看，是将马克思恩格斯共同体性质的国际主义思想与中国历史文化传统中的天下主义和合主义相结合，在新世纪的中国土壤中生长起来的中国特色的国际主义。

一、人类命运共同体基于社会主义性质建构共同体

人类命运共同体强调建构真实的平等的互利的共同体，国与国之间的是平行结构伙伴关系，不是中心边缘结构的剥削链条关系。其核心理念是结伴而不结盟，强调基于利益攸关，同命相连，其理念既高于建立世界政府的自由制度主义，更高于一切强调自利自助权力与自身安全的丛林法则，代表着人类社会未来的发展方向。这种历史发展方向正随着生产力的发展和人类文明提高，随着世界交往范围和深度的扩展，在日益表现为一种现实具象。

二、人类命运共同体基于中国传统和合主义文化争取国际认同

人类命运共同体的国际主义思想，在资本主义世界体系主导格局下，不仅难以争取国际认同，甚至可能被冠以意识形态输出的罪名。国际社会更多是基于中国传统和合文化而对其表示国际认同。可以说，一种古老的千年文明的历史积淀，最具有说服力。习近平总书记对中国天下主义与和合主义精粹思想的阐释，包括中国传统文化中和而不同兼容并蓄的外交伦理原则，协合万邦的外交目标与文化自觉，也包括中国国际交往所彰显出

来的大国责任本质。和合主义所追求的就是要创造一种体现类价值的国际交往行为，其理性原则是社会共有权利、共享和平、共处价值共创这种伦理原则和价值范式。20世纪50年代中国提出了和平共处五项原则，又进一步提出并完善了国际新安全观；党的十八大以来，虽然仍处于实现伟大复兴的历史征程中，中国又勇于担当地倡导人类命运共同体意识，这些都是中国传统大同与和合文化的延续。习近平说，中国这头巨狮醒了，但这是一头和平文明可亲的狮子，这是对中国所具有的大国和合主义本质的最好诠释，中国倡导人类命运共同体国际主义思想有这样的中华历史文明积淀才能获得广泛的国际认同。

三、人类命运共同体基于当代中国以大国责任牵引共同体生长

国家的国际威信来源于世界贡献与特殊责任。国际特殊责任是积极的国际利他主义，习近平总书记在多个场合将中国的国际特殊责任诠释为世界梦，他说中国梦是和平发展合作共赢的梦，是奉献世界的。世界梦的本质是使命与责任，中国正通过务实行动为世界人民在筑就这个梦想。习近平总书记提出打造"一带一路"命运共同体，并为此投资成立丝路基金，发起成立亚洲基础设施投资银行，推动互联互通建设。

四、人类命运共同体入宪法的战略意义

党的十九大报告提出：倡导构建人类命运共同体，促进全球治理体系变革；统筹国内国际两个大局，始终不渝走和平发展道路，推动构建人类命运共同体，始终做世界和平的建设者，全球发展的贡献者，国际秩序的维护者。2018年宪法修正案在宪法序言第十二自然段将"发展同各国的外交关系和经济、文化的交流"修改为"发展同各国的外交关系和经济、文化交流，推动构建人类命运共同体"。人类命运共同体正式写入宪法。人类命运共同体入宪是习近平新时代社会主义思想在依法治国中的重要实践，具有深远的战略意义。

首先，人类命运共同体入宪标志着中国对外开放总体思路的转变。从以往重视西方，强调经济利益的开放模式转变为面向与世界各国尤其是欠发达国家的全面开放；强调义利并举。对外开放的深度和广度不断加强。

其次，人类命运共同体入宪为世界经济发展的"中国方案"顺利实施

提供了法理依据和支撑，有助于中国引领世界经济，消除世界范围内的两极分化，走出目前全球化遭遇的困境。

第三，人类命运共同体入宪有助于构建世界政治新秩序。构建国际政治秩序需要全球性结构性和法理性的国际法治。国际法治和国内法治相互关联。国际法是国家统一的结果，国家承担有约必守这项国际习惯法义务，国家通过互动解释和适用将国际法规范内化入国内法律框架中，这包括对于公认的国际法原则的认同，对于国际条约义务和国际习惯法一般法律原则的接受和遵守，还包括通过国内立法的方式，为国际规则的制定提供思路与借鉴，将规则制定的话语权从内传达到外，从而实现国内法治促进国际法治。国家是推动法治中国和国际法治的根本纽带和动力，法治中国是国际法治的组成部分，国内法治是人类命运共同体构建的续航器。人类命运共同体入宪有助于推动国际法的内化，实现国际政治新秩序的重构。

第四，人类命运共同体入宪法有助于"一带一路"倡议顺利实施，大国国际影响力是来自一个国家的世界责任。"一带一路"倡议是中国履行世界责任的重要体现。"一带一路"体现了人类命运共同体倡导的共商、共建、共享原则，是人类命运共同体理念的有机组成部分。人类命运共同体入宪打消了世界各国对于"一带一路"到底能够实施多久的疑惑，有效的回击了部分媒体对于"一带一路"可持续的质疑和歪曲报道，坚定了国际社会与中国共同实施"一带一路"倡议的信心。

五、新自由主义全球化方案与人类命运共同体全球化方案比较分析

国际主义观念可分为两类：一类是为了实现本国更大的利益，以维护全球利益为借口，推行某种国际主义政策或积极配合某种国际主义政策的实施；另一类是将本国的利益与全球利益完全融合在一起的，一类主要体现为工具理性的国际主义观念，第二类主要体现为价值理性的国际主义观念。西方主导的新自由主义全球化方案，实际上是西方国家为使自己在全球化市场中利益最大化而采取的策略，以牺牲发展中国家利益为代价的。

新自由主义全球化方案是强调"文明与野蛮"的二元认识论和思维方式，此种思维方式追求胜者全拿，把自己看作是文明的光亮，把其他文明

看作是"黑暗的远方",其所建立的世界秩序奉行弱肉强食、丛林法则,坚持赢者通吃,此种认识是制造冲突和战争的根源。新自由主义全球化方案不断制造国际和国内经济发展不平衡和两极分化,导致少部分人占有巨额财富而大多数人没有在全球化过程中受益,这样的全球化不可能具有可持续性。新自由主义全球化方案是资本和技术的全球化而并非人类的全球化,这样的全球化加剧了贫富差距。贫富差距成为各类国内和国际矛盾、冲突、争端甚至战争的主要诱因。新自由主义全球化方案对世界范围内生产关系起到破坏作用,当前全球化所遭遇的困境正暴露出这种全球化弊端。

针对西方道路存在的问题,中国提出了人类命运共同体的新理念,开创中国道路进行道路创新、理论创新和制度创新。"人类命运共同体"的新理念顺应全球化带来的利益相互交融的趋势,推动人类均衡发展和普惠发展,确立共享美好未来的利益支点。坚持走共同发展、共同繁荣之路。与西方单一中心的现代化道路相比,构建人类命运共同体之路是多样化的现代化道路,是一种共同现代化道路,是对西方单独现代化的扬弃。人类命运共同体理论超越民族国家和意识形态,强调以人类为中心,强调共同体本位,不是个人本位和国家本位;强调你中有我、我中有你,一荣俱荣、一损俱损的正和游戏,而不是你赢我输、弱肉强食的零和游戏。人类命运共同体意味着整个人类已经成为一种日益紧密的共同体,只有确立人类命运共同体的中心地位,才能真正把握世界的本质和未来。

人类命运共同体是对西方现代制度的制度创新。近代以来,和发达国家确立了自由、民主、人权、法治等价值观,并认为此种价值观可以一统天下。在这些核心价值观指导下,确立了市场经济、代议制、分权制衡、法治政治、基本人权等一系列政治经济制度体系。然而,这一现代制度体系出现新问题,比如经济危机、移民冲突、宗教冲突,针对新出现的问题,也出现了霸权稳定论、全球治理论、协商民主论等理论建设和国际货币基金组织、世界银行、世界贸易组织等众多制度建设,意在竭力维护西方发达国家的利益。人类命运共同体强调整体意识、全球思维和人类观念对现有制度体系进行改革,推动现有国际体系和国际秩序向着公正合理的方向发展。强调对话而不对抗、结伴但不结盟;重视求同存异;主张合作共赢;强调综合安全、共同安全;强调包容开放,交流互鉴。所有这些观念都致力于改革现有制度体系,使之更加公正合理。

人类命运共同体核心超越西方现代化道路、理论和制度，站在全人类命运的角度提出世界秩序构想，其本质在于推动道路创新、理论创新和制度创新。人类命运共同体全球化方案体现价值理性，以共建、共商、共享为核心，强调全球化的发展目标。中国与各国地位平等、互惠互利。以共商、共建、共享为核心的全球化具有天下大同的胸怀，能为世界各国人民所接受，实现全球化的发展成果为人类共享。这样的全球化方案更重视发展的质量，更容易消除贫困和两极分化，更能够消除贫富差距。由此可见，人类命运共同体全球化模式是能够引领人类未来的正确道路。

第五节 "一带一路"倡议引领新全球化

一、"一带一路"倡议与人类命运共同体

人类命运共同体是中国对世界前途和中国道路的一种战略判断和战略选择。当前和今后中国将高举和平、发展、合作、共赢的旗帜，走一条与其他国家互利共赢的发展道路，坚定不移致力于维护世界和平、促进共同发展。"一带一路"是构筑人类命运共同体的战略路径，是服务于全体人类和谐共生崇高目标和可能路径的统一，既是中国和谐文明传统的结晶，也是其对未来人类社会的一种阐释。我们有理由相信，"一带一路"所包含的理念和所提供的战略路径，使人类命运共同体具有了现实的可能性。"一带一路"用文明共通的逻辑，超越简单现代化线性进化的逻辑，激活了共同复兴这个美好愿望。"一带一路"具有中国特色的概念，蕴含着"道"的智慧。"道"的第一层意思是"己欲立而立人，己欲达而达人"。我们鼓励沿线国家走符合国情的发展道路，形成人类命运共同体。道的第二层含义是命运共同体。命运共同体超越了意识形态价值观界限，让沿线各国在更大的层面上统合、合作，追求人类命运共同体这条"大道"。

二、包容性全球化——"一带一路"倡议的核心特征

经济全球化是一把"双刃剑"，既推动了世界经济增长，也带来了严峻问题。近期，美国退出 TPP 并计划撕毁多边贸易协定，使经济全球化出现倒退趋势。但是，现代生产方式、全球生产网络和现代通信技术已经把世界上很多国家紧密联系在一起，世界已经不可能退回到完全的孤立主义和

封闭时代。世界需要的是改革经济全球化的机制。新的国际经济治理模式，需要顾及社会基层的利益，需要让现代化的基础设施延伸至更多的地区，经济增长惠及更多的民众。实践证明，完全依靠市场机制，很难实现共同富裕目标。因此，既要继承经济全球化有益的一面，也要进行改革。应该摈弃新自由主义思维，树立起"包容性全球化"的旗帜，这是"一带一路"倡议的核心内涵和精髓；"一带一路"将成为引领包容性全球化的一面旗帜[①]。共建"一带一路"就是用"丝路精神"推动沿线国家的合作，实现互利共赢。所谓"丝路精神"指在"丝绸之路"上薪火相传的"和平合作、开放包容、互学互鉴、互利共赢"的精神。共建"一带一路"将"秉承开放的区域合作精神，致力于维护全球自由贸易体系和开放型世界经济""旨在促进经济要素有序自由流动、资源高效配置和市场深度融合，推动沿线各国实现经济政策协调，开展更大范围、更深层次的区域合作，构建开放、包容、均衡、普惠的区域经济合作平台"。这是"丝路精神"与经济全球化理念的有机结合。

"一带一路"建设是包容性全球化的倡议。首先，重视政府的作用而不是依赖市场机制解决所有问题；其次，推崇发展道路选择的多样性，每个国家应该根据自身的特点探索适宜的发展道路；第三，强调国家之间发展战略的对接，寻找利益契合点，将让更多地区受益；第四，坚持"开放包容"和"平等互利"的理念，突出"共商、共建、共享"的原则，谋求共同发展、共同繁荣；第五，遵循"和而不同"的观念，在维护文化多元性的基础上共谋发展、共求繁荣、共享和平。共建"一带一路"倡议为推动经济全球化深入发展提供包容性全球化思维。包容性全球化可以视为经济全球化的2.0版本，将为世界的和平与发展带来中国智慧和中国方案。

三、"一带一路"倡议可能遇到的困难

1. 西方国家的阻挠

目前西方国家在全球化发展中仍然可以发挥关键性的作用，这对中国引领全球化发展新时代带来了不小的挑战，西方国家主导下的全球化由于资本的本性和私有制的基础，导致资本的掠夺性、唯经济性以及突出效率

---

① Liu W D, Dunford M. Inclusive Globalization: Unpacking China's Belt and Road Initiative. Area Development and Policy, 2016, 1（3）: pp.323-340.

而忽视公平性。目前世界各国也意识到这些问题，但是由于很多国家处于发展初期，迫切需要发展经济，对欧美主导下的这种发展模式仍然处于效仿阶段，使这些国家不得不按照欧美国家的模式发展，为中国引领全球化发展新时代带来很大的挑战。

2. 新旧国际秩序的矛盾

目前西方国家主导的国际经济秩序是维护发达国家利益的国际经济秩序。中国要引领的全球化发展是建立公正合理的国际经济新秩序。不仅世界各国拥有平等的对话权，在经济合作中也秉持互利共赢原则。"二战"后欧美等西方国家主导下的国际经济秩序也有一定的合理性，例如世界银行、国际货币基金组织、国际粮农组织等，短期内要想建立完全不同于西方的中国完全主导的国际经济新秩序也不切实际，可以采取循序渐进的方式稳步推进，一方面积极建立基于各国利益的平等公正的国际经济新秩序；另一方面应积极参与西方国家主导下的国际组织，进而掌握在国际经济合作中的话语权，使之朝着更有利于多数人利益的方向发展。欧美等国不希望广大发展中国家变革和创新国际经济秩序，不愿意中国主导代表全人类利益的国际经济秩序。中国要想引领全球化发展必须以"一带一路"的实际举措让世界各国感受到中国方案的国际经济秩序是合作共赢的国际秩序，助推新秩序最终取代旧秩序。

四、"一带一路"战略引领全球化发展的路径

（1）坚持创新驱动发展战略，实现沿线各国发展动能转换，培育经济全球化新动能。

中国作为全球第二大经济体，带领广大发展中国家和沿线各国，抢抓发展机遇，创新经济发展方式。伴随着经济全球化的不断深化，知识产权与技术创新日益成为国家竞争力的基石。因此迫切需要改变传统的粗放型经济增长方式，创新经济增长方式，加快产业结构优化升级步伐，培育经济发展新动能，改变欧美等西方国家主导的全球化发展格局，建立基于大多数国家、全人类利益的全球化创新发展格局。一是应创新沿线政策空间和实施手段，加快结构性改革步伐，提高发展中国家在全球价值链体系中的位置，创造经济增长新空间、新途径；二是要把握好第四次工业革命带

来的数字经济、共享经济等新机遇新契机，促进沿线伙伴型合作关系的全面建立，使创新政策能够汇聚发力，做到理念和行动高度一致，形成沿线创新发展新格局；三是加快实施创新制造产业发展，处理好新产业对劳动力的排挤效应，创造新的就业机会增强人民信心。

（2）坚持开放引领发展战略，打造基于沿线各国利益的全球治理体系，实现经济全球化。在全球治理体系中要通过一系列举措重塑全球治理体系，改变欧美等西方国家主导的全球治理体系，建立开放多元的全球治理体系，为投资和贸易创造更加便利化的条件。贸易开放度和基础设施水平的提高对地区经济增长有正向的直接促进效应。一是在全球治理中增强沿线国家和广大发展中国家的话语权，确保在全球经济合作中各国具有平等的机会、平等的规则；二是建立开放型的全球经济治理平台，在全球经济治理中均具有相同的发言权和表决权，畅通各国参与全球经济治理的通道，积极关切和主动适应各国和组织的诉求。坚持发展理念、政策体制、实施举措的开放共享；三是建立合作化的全球治理体系。目前在经济发展中所遇到的问题只有各国携起手来加强合作才能共同应对，只有相互关切彼此利益，形成"责任共同体""利益共同体"；四是以共享为目标，以全人类利益为中心，坚决反对各种形式的霸权主义，以互利共赢为原则，实现沿线各国和世界其他国家互利共赢发展。

（3）坚持协同发展战略，打造基于"共商共建共享"原则的沿线各国合作模式，引领经济全球化进入新阶段。首先，要通过基础设施的建设，为沿线各国互联互通提供现实保障，为世界经济的联动协同发展提供共振的基础。沿线国家具有不同的资源禀赋，经济发展的互补性较强，具有较大的合作空间和合作领域，要加大对基础设施的投入力度，并坚定推进沿线贸易和投资便利化；第二，把"一带一路"看作由众多国家组成的系统，协同发展对于系统内部的竞争与合作具有重要的统筹作用，从而使各子系统相加之和小于整个系统所产生的协同效应。在系统内部实现政策规则的协同联动，通过宏观经济政策的协同推进扩大其正面外溢效应，建立常态化的政策协同沟通机制，解决各个子系统间政策等的不对称问题；第三，把协同发展贯穿于沿线各个领域；第四，革新目前西方国家主导的全球价值链，摆脱西方国家主导下的全球价值链对广大发展中国家进行的"低端锁定"，打造互利共赢、公正合理的全球价值链；第五，加强产业协同发展，防止沿线国家出现产业重复建设的现状。

（4）坚持包容共享发展战略，打造基于"均衡普惠"原则的沿线各国发展模式，引领经济全球化向共赢方向发展。欧美等国无法扭转经济发展颓势，并实施了一系列逆全球化的举措。作为全球第二大经济体的中国展现了大国责任与担当，"一带一路"倡议的提出对于引领全球化发展新时代起到了重要的作用，"一带一路"具有"开放、包容、均衡、普惠"的特性，这种特性与新型全球化的目标和宗旨同宗同源，有助于在全球化发展新阶段中更加强调全球经济的均衡性发展、正义性发展、人与自然和谐发展以及建立具有包容性意识的全球经济治理新体系。最终使全球化发展朝着全人类的共同利益方向发展，从而实现对欧美等西方国家主导的全球化发展的变革。

（5）坚持共同治理战略，打造基于沿线各国利益的共同治理体系，以共同治理推进贸易投资向中国引领的互利全球化方向发展。我国一直坚持互利共赢原则发展与沿线各国的关系，坚持和平崛起战略。"一带一路"把中国的契机转为世界的契机，让世界各个国家分享中国发展的成果和经验，实现沿线各国的共同繁荣。"人类命运共同体、利益共同体、责任共同体"等的提出，充分彰显了中国与沿线各国是互利共赢的关系，中国向沿线各国进行产业转移，主要的意义不在于产能过剩的转移，而在于解决沿线各国发展所需，以互联互通等基础设施建设的推进促进沿线各国投资和贸易便利化的发展，促进世界经济向均衡方向发展，从而为建立中国引领的全球化发展新时代提供坚实的基础。中国与沿线各国在各种交往和发展中对共同事务始终秉持共同治理、多元主体参与原则，不因任何国家的社会制度、经济发展强弱而区别对待。

第三章
"一带一路"的实践与再认识

第一节 "一带一路"的实践历程

古丝绸之路是一个东西向的贸易网络，商品贸易是广泛运输路线的驱动因素。这些贸易路线在这些国家之间、沿途的城市之间，最重要的是在沿线的人民之间建立了联系。古丝绸之路不仅带来有形的繁荣，而且还带来了领略和洞悉外国文化、哲学和宗教的机会，发现居民和商人之间的差异和相似之处，在它们之间建立联系、创造意义。

21世纪，政治和经济重心正迅速从西方转向东方。全球化将我们的地球变成了人们常说的地球村——对贸易或人类个体的流动产生了积极影响，但也带来了消极的或至少是具有挑战性的结果。大规模移民只是一种现象，却导致了世界各地的保护主义、民族主义和关闭边界现象日益增长。近年来，世界经济复苏乏力，矛盾集中爆发，难民潮、地区冲突等国际安全问题带来的国际局势动荡不安。在复杂多变的国际形势、错综交织的地缘政治和无处不在的经济金融风险下，全球化与"逆全球化"博弈日益加剧。

当前，国际格局正在发生变化，全球治理从"西方治理"向"东西方共治"转变，另一方面，在全球化进程中，"逆全球化浪潮"、民粹主义思潮盛行等诸多问题相继出现。"一带一路"倡议的提出创新了全球治理和国际合作思路和模式，有助于克服全球化的负面因素，化解"逆全球化"思潮和民粹主义负能量，推动全球化及时调整方向。"一带一路"背后的思想是上述东西重心转移以及中国角色变化和政治经济实力增强的逻辑结果。"一带一路"以开放贸易和伙伴关系以及地理、经济和人民的连通承诺来抵制日益滋长的保护主义倾向。面对这样的世界情势，作为全球第二大经济体和负责任的大国,中国以推动人类共同发展为己任,为推动构建新型国际关系和人类命运共同体,贡献了中国智慧,提出了中国方案,发挥着中国力量。

在复杂多变的国际形势、错综交织的地缘政治和无处不在的经济金融风险下,全球化与"逆全球化"博弈日益加剧,原有的全球治理亟需变革。作为全球第二大经济体和负责任的大国,中国国家主席习近平提出的共建"丝绸之路经济带"和"21世纪海上丝绸之路"(即"一带一路")重大倡议,开辟了中国参与和引领全球开放的新境界,打造了国际合作的新平台,增添了共同发展的新动能,是促进全球共同繁荣、打造人类命运共同体的宏伟构想。在各方共同努力下,这一重大合作倡议逐渐从理念转化为行动,从愿景转变为现实,谱写了全球共同发展的时代新篇章。

第二节 "一带一路"的实施历程

"丝绸之路"源于汉而兴于唐。盛唐时期,中国为世界第一大经济体,而"丝绸之路"当之无愧是当时全球最长的贸易大走廊,为全球经济发展做出了重要贡献。千载之后的2013年,习近平主席提出共建"丝绸之路经济带"和"21世纪海上丝绸之路"(即"一带一路")的重大倡议,开辟了中国参与和引领全球开放的新境界,打造了国际合作的新平台,增添了共同发展的新动能,是促进全球共同繁荣、打造人类命运共同体的宏伟构想。为贯彻落实这一宏伟构想,2014年中国编制了"一带一路"建设战略规划,2015年又发布了共建"一带一路"愿景与行动,提出以政策沟通、设施联通、贸易畅通、资金融通、民心相通为主要内容,坚持共商、共建、共享原则,积极推动"一带一路"建设,着力于打造开放、包容、均衡、普惠共赢的新型合作框架,得到了国际社会的广泛关注和积极回应。完成了推进"一带一路"建设的顶层设计,将倡议推动到贯彻落实阶段。

2017年5月,涵盖130多个国家,29个国家元首参加的"一带一路"国际合作高峰论坛在北京举办,《推动共建丝绸之路经济带和21世纪海上丝绸之路的愿景与行动》作为总体战略方针,不断推动各方主动融入"一带一路",使东中西互动合作明显加强。按照共建"一带一路"的合作重点和空间布局,构建"六廊六路多国多港"的主体合作框架。"六廊"是指新亚欧大陆桥、中蒙俄、中国—中亚—西亚、中国—中南半岛、中巴和孟中印缅六大国际经济合作走廊。"六路"指铁路、公路、航运、航空、管道和空间综合信息网络，是基础设施互联互通的主要内容。六大经济走廊已经成为丝绸之路经济带的物质载体。在经济走廊上若干大城市通过互联互通以实现经济集聚、辐射带动的目的，以带动不同规模、不同发展水平的区域实现经济社会的联动发展，形成点状密集分布、线状深远延伸、面状辐射带动的区域经济发展格局。国家主席习近平在北京主持召开全球领导人和多边机构峰会，提议加强政策协作。中国承诺将向丝路基金再次注入100亿元。同时承诺将向相关金融机构提供约3000亿元用于境外人民币融资业务，以及3800亿元专项贷款计划用于支持基建和工业产能方面的合作。据官方媒体报道，峰会过后"一带一路"项目共达成覆盖政策沟通、设施联通、贸易畅通、资金融通、民心相通五大领域，76大项，共270项成果。此次论坛标志着"一带一路"从中国倡议逐步迈入了全球共识的2.0阶段。

自2013年习近平主席提出"一带一路"倡议后，中国充分依靠与"一带一路"沿线国家既有的双多边机制，借助行之有效的区域合作平台，共同打造政治互信、经济融合、文化包容的利益共同体、命运共同体和责任共同体。经过近五年的发展，"一带一路"倡议基本由准备摸索期逐渐过渡到发力期。中国一直以共商、共建、共享为"一带一路"建设的原则，以和平合作、开放包容、互学互鉴、互利共赢的丝绸之路精神为指引，以打造命运共同体和利益共同体为合作目标，得到沿线国家广泛认同。三年多来，已经有100多个国家和国际组织积极响应支持，40多个国家和国际组织同中国签署合作协议。中国企业对沿线国家投资达到500多亿美元，一系列重大项目落地开花，带动了各国经济发展，创造了大量就业机会。可以说，"一带一路"倡议来自中国，但成效惠及世界。

第三节 "一带一路"建设实践

一、政策沟通方面

"一带一路"是由中国主导的全面经济合作战略，专注于推进相关地区和经济体的发展。目前合作伙伴包括64个经济体且参与国家数目仍在增多。此外，数十个国际组织已参与到"一带一路"中来。随着时间的推进，"一带一路"将吸引包括欧洲、非洲、拉丁美洲和大洋洲等地区在内的更多经济体参与其中。通过加强政治联结,"一带一路"战略正在与相关地区及经济体自身发展战略相互合作,其中包括"欧亚经济联盟""东盟互联互通总体规划""欧洲投资计划"(欧盟委员会基建开发项目)"波兰琥珀之路""英国北部振兴计划""土耳其的中间走廊战略"等,亚洲方面,与"一带一路"相关的战略还包括"哈萨克斯坦光明之路战略""蒙古草原之路"以及越南的"交通、物流走廊"和"统一经济圈"战略等。

截至 2017 年上半年,中国已与 74 个国家和国际组织签署了共建"一带一路"合作协议,涵盖互联互通、产能、投资、经贸、金融、科技、社会、人文、民生、海洋等合作领域。合作机制是实现政策沟通的有效渠道。中国与"一带一路"沿线国家共同打造多层次合作机制,加强沟通协调,增进政治互信,为深化合作创造了良好条件。从官方到民间的合作机制包括高层推动、战略对接、双多边机制以及"二轨"对话及交流合作等多种形式。此后一系列政府间合作谅解备忘录、部门间合作协议得以签署,一批重大项目得以实施,政策沟通不断深入,陆海天网立体发展,贸易畅通不断提升,多元投融资支撑体系加快建设,人文交流丰富多彩。在各方共同努力下,这一重大合作倡议逐渐从理念转化为行动,从愿景转变为现实,谱写了全球共同发展的时代新篇章,成就有目共睹,前景鼓舞人心。哈萨克斯坦"光明之路"、沙特阿拉伯"2030 愿景"、波兰"琥珀之路"、蒙古国"草原之路"、欧盟"欧洲投资计划"、联合国 2030 年可持续发展议程等与"一带一路"倡议高度契合,中国愿意与有关国家和国际组织共同推动实施。中国同时重视维护和促进多边机制作用,通过上合组织峰会、亚信峰会、中非合作论坛等多边平台,开展合作对话。打造国际智库合作平台与协作网络,与政府间合作相互促进,为共建"一带一路"不断营造民意基础。

目前,中国政府已与 21 个"一带一路"沿线的欧亚经济体签署了自由贸易协定。同时与超过 40 个"一带一路"沿线国家和国际组织签署了合作协议,并与超过 30 个"一带一路"沿线经济体进行产能合作。作为"一带一路"战略组成部分,中国企业已在逾 20 个经济体中设立共计 56 个经济合作区。中共十九大开幕致词中,中国国家主席习近平称中国将进一步发展自由贸易试验区并探索自由贸易港口的开放议题。其目标是打造一个更加统一的市场并支持与"一带一路"经济体间的贸易联结。

二、设施联通方面

"一带一路"的"六廊六路多国多港"蓝图正在如火如荼地展开,中国和相关国家共同加速推进雅万高铁、中老铁路、亚吉铁路、匈塞铁路、中俄高铁等项目,建设比雷埃夫斯港、汉班托塔港、瓜达尔港等港口,中缅原油管道工程正式投运,哈萨克斯坦南线天然气管道项目完工,肯尼亚蒙内铁路建成通车,亚马尔液化天然气项目正式投产,中斯汉班托塔港合作项目正式启动,同时规划实施一大批互联互通项目。目前,以中巴、中蒙俄、新亚欧大陆桥等经济走廊为引领,以陆海空通道和信息高速路为骨架,以铁路、港口、管网等重大工程为依托,一个复合型的基础设施网络正在形成。随着基础设施网络的连通,贸易畅通也在不断提升。基础设施互联互通是建设国际市场网络的前提。中国努力推动共建"一带一路"倡议与"一带一路"沿线国家的发展战略对接,寻求合作的最大公约数。

设立 9 个专项基金为急需基础设施建设资金的项目和国家提供财政支持。仅 2017 年一年,中国 EPC(工程、采购和建筑公司)在 69 个"一带一路"国家签署了价值 1440 亿美元的新订单,在世界范围内签署了价值约 2650 亿美元的订单。这些订单主要来自能源、港口设施、工业设施和铁路系统领域。这些数据不包括中国对外国企业和资产的大规模投资。到 2025 年,价值约 1 万亿欧元的基础设施项目将有望完成,或者将按照中国的预期在"一带一路"国家有序推进。届时,将有更多国家加入"一带一路"倡议。

三、贸易畅通方面

贸易畅通不断提升。中国同"一带一路"参与国大力推动贸易和投资便利化,不断改善营商环境。仅哈萨克斯坦等中亚国家农产品到达中国市场的通关时间就缩短了 90%。2014 年至 2016 年,中国同"一带一路"沿线国家贸易总额超过 3 万亿美元。中国对"一带一路"沿线国家投资累计超过 500 亿美元。中国企业已经在 20 多个国家建设 56 个经贸合作区,为有关国家创造超过 11 亿美元税收和 18 万个就业岗位。据统计,2017 年,中国与沿线国家贸易额达到 7.4 万亿元人民币,同比增长 17.8%,中国企业对沿线国家直接投资 144 亿美元,在沿线国家新签承包工程合同额 1443 亿美元,同比增长 14.5%。

中国与"一带一路"沿线经济体间贸易往来一直保持强劲态势，2017年这一势头仍在延续，尽管目前全球贸易增长较为缓慢。2017上半年中国与64个沿线经济体间贸易总额达5122亿美元，同比增长13%。上半年中国与"一带一路"沿线经济体间贸易占其对外贸易总额的比例升至26.8%，其中进、出口比例双双上升。2016年全年来看，中国与"一带一路"沿线经济体间贸易总额达9620亿美元，占中国对外贸易的比例由2015年的25.3%升至26.1%。"一带一路"经济体贸易占中国对外贸易的比例超过对欧贸易（15.0%）和对美贸易（14.2%）；中国对"一带一路"经济体的进出口占进出口总额的比例亦超过对欧和对美进出口占比。2016年"一带一路"沿线五个地区中，东南亚是中国最大的贸易伙伴，双方贸易总额达4605亿美元。东南亚在中国进口和出口目的地排名中均位列第一。其次是"西亚和北非"地区，大宗商品贸易是主要驱动因素。2016年中国与东欧和南亚的贸易迎来积极增长。

四、资金融通方面

中国正推动提升"一带一路"战略下跨境贸易结算中人民币的使用。中国已扩大与21个经济体间双边本币互换项目的额度，且目前已在8个"一带一路"经济体中设立人民币清算行。2016年人民币在中国与"一带一路"经济体间跨境贸易结算中的使用率达到13.9%，低于中国在全球贸易结算中人民币结算的比例20%。这一现状表明通过完善支付体系、降低货币互换利率和推动多币种贷款等措施，人民币结算比例仍具备进一步增长潜力。

"一带一路"沿线经济体间贸易和投资合作得到进一步深化。习近平主席在"一带一路"峰会上指出，2014到2016年间中国和"一带一路"沿线经济体间贸易总额突破3万亿美元。截至2016年底中国在"一带一路"沿线的直接投资由2014年底的920亿美元增加到逾1290亿美元。据中国国家发展和改革委员会（以下简称"发改委"）数据显示，中国企业在"一带一路"沿线逾20个经济体中已设立56个经济合作区，给当地政府带来约11亿美元的税收收入并在当地创造约180 000个就业岗位。基建联系改善，铁路、港口和管道工程共同搭建的跨区域运输网络正在成型，沿线经济体和机构间多种形式的金融合作加速了这一过程。

中国加大对"一带一路"沿线的投资,"一带一路"战略加速了中国对外直接投资的增长。2015—2016 年中国对外直接投资总量在单一国家中位列全球第二,2016 年位列第三。截至 2016 年底中国在"一带一路"经济体的对外直接投资存量达到 1294 亿美元,同比增长 12%,且占中国对外直接投资总量的比例达 9.5%。2017 上半年中国对"一带一路"经济体的非金融类对外直接投资占中国非金融类对外直接投资总额的比例由 2016 年的 8.5% 升至 13.7%,"一带一路"对外承包工程建设已经加速。2016 年中国与"一带一路"经济体间新签约工程估值大幅增长 36% 至 1260 亿美元;"一带一路"沿线已完工工程估值增长 9.7% 至 760 亿美元。2017 上半年这一势头仍在延续,新签约工程估值增加到 714 亿美元。中国企业正积极搜寻境外并购机遇,2016 年"一带一路"沿线 111 项并购交易总额达 66.4 亿美元。中国的国有企业正充当这一全球性布局的领导者。据中国国有资产监管委员会发布的数据显示,截至 2017 年 5 月 47 家国企共参与"一带一路"沿线 1676 个项目;主要集中在基建、能源和工业园区等领域,国企在资本、技术和管理经验方面较民营企业更有优势,尤其是针对长生命周期的资本密集型项目。近几年中国民营企业亦加快了国际化步伐,其中经营灵活和高效运营提供了助力;民营企业对外直接投资项目持续增长。

五、民心相通方面

自"一带一路"重大倡议提出以来,国内外学界热烈响应,已成为智库深入研究的重点课题、对话交流的重要选题。一批专门研究平台应运而生,中外智库围绕"一带一路"成立了许多研究平台,据不完全统计,中国科研机构和高等院校相继成立的"一带一路"研究平台,目前已经达到 300 家。参与"一带一路"研究的外国知名智库已有 50 多家,中亚、东南亚和欧美国家智库纷纷组织研究小组、开展"一带一路"专题研究。一批智库研究成果陆续面世。中国智库出版了 400 多本"一带一路"图书,国外知名智库发表了 100 多份专题研究报告。"一带一路"国际研讨会、"一带一路"智库合作联盟等高端学术交流平台和合作机制,吸引了国内外智库广泛参与,架起了促进沟通、增进理解、凝聚共识的桥梁。

文化交流是最有效、最受欢迎的桥梁和纽带。文化交流方面,一是注重顶层设计,出台了《文化部"一带一路"文化发展行动计划(2016—2020

年)》，提出了要建成"一带一路"文化交流合作机制，完善"一带一路"文化交流合作平台，打造"一带一路"文化交流品牌，推动"一带一路"文化产业繁荣发展，促进"一带一路"文化贸易合作等五个方面的任务。积极推动和倡导沿线国家政府文化部门间的对话与合作。到 2016 年底已经和"一带一路"沿线的 64 个国家全部签订了政府间文化交流合作协定，实现了全覆盖。同时与"一带一路"相关国家建立了各种区域性的对话机制，比如说有上海合作组织成员国文化部长会晤，每年举行一次。另外还有中国—中东欧国家文化部长合作论坛、中阿文化部长论坛、中国与东盟 10+1 文化部长会议等，这些机制都从政府层面保证了"一带一路"国家文化合作的根本框架。积极组织推动"一带一路"相关国家的重要文化机构建立直接的合作关系。目前正在推动建立"丝绸之路国际剧院联盟""丝绸之路国际图书馆联盟""丝绸之路国际博物馆联盟""丝绸之路国际美术馆联盟"和"丝绸之路国际艺术节联盟"。这些概念提出来的时间不长，但反响非常热烈。各个国家都有美术馆、图书馆、博物馆、艺术节组织委员会，构成一个网络，就形成了一大片。另外这些机制都直接连接当地民众，这类民间机制会起到非常重要的作用。在人员交流方面，着力打造"丝绸之路文化之旅""丝绸之路文化使者""青年汉学家研修计划""中外影视译制合作高级研修班""中外文学出版翻译研修班"等活动。

国之交在于民相亲，民相亲在于心相通。教育在推进与"一带一路"沿线国家民心相通中，既具有粘合剂、催化剂和润滑剂的功能，又具有基础性、先导性和"润物无声"的人文交流属性。教育部副部长田学军介绍说，"一带一路"倡议提出后，中国教育积极行动，制定了《推进共建"一带一路"教育行动》，重点从国际国内两个方面，强化务实合作，加大推进力度，促进民心相通，不断为"一带一路"建设厚植民意根基。中国教育主动对接沿线国家需求，着重推进了三方面工作：一是加快推进语言互通，为民心相通架设桥梁。仅 2016 年国家就公派了 42 个非通用语种的 1036 人出国学习培训，填补了 9 个国内空白语种；同时接受了 17 万人来华学习汉语，在沿线国家共有 46 万人通过孔子学院、孔子课堂学习汉语。二是大力实施"丝绸之路"留学推进计划，为民心相通培育使者。设立"丝绸之路"中国政府奖学金，承诺每年向沿线国家提供 1 万个奖学金新生名额；截至 2016 年底，"一带一路"沿线国家在华留学生就达 20 多万；国家支持中国学生到沿线国家留学，2012年以来，我国共有35万多人赴"一带一路"沿线国家留学，仅2016年，就有7.5万人，比2012年增长了38.6%。三是全面拓展与深化教育人文交流，为民心相通系牢纽带。发挥了包括中俄、中印尼在内的高级别人文交流机制的引领作用，共商共建共享了中国—东盟教育交流周、教育部长圆桌会议、大学校长论坛等重要平台，打造了一批教育人文交流品牌活动，例如"中国—东盟双十万学生流动计划升级版"项目等。

第四节 "一带一路"的战略价值与前景

一、"一带一路"的战略价值

"一带一路"倡议是习近平主席在2013年正式提出的，但这并不是"一带一路"开始的起点。多年以前，虽然还没有具体的名字也还未形成规模，它却早已经悄悄起航迈出了第一步。"一带一路"实际上是中国在20世纪末开始发起的"走出去"战略的延续和扩大。中国的目标和方向是明确的：开放，让中国走向世界，分享宝贵的知识财富和商业机会，寻求世界上志趣相投的合作伙伴，共创人类未来。

"一带一路"倡议的正式提出是"走出去"战略的再次聚焦，并以分布在亚洲、非洲、中东和俄罗斯的69个国家作为初始成员国，引入古代丝绸之路上的贸易往来和文化交流的方式再次把这样的连通延伸向中国之外。拉丁美洲在今年达沃斯世界经济论坛上宣布加入正式扩张了初始成员69个国家的范围，也再次明确了："一带一路"并不仅仅是地理上参照古代丝绸之路将国家连接，更深层次是在意识形态、哲理认识层面将"一带一路"升华成一种思想，这不仅会持续几年、几十年，甚至会是几个世纪：即通过贸易连接人民。它将促进的不仅仅是简单的货物商品的交换，更是观点、理念、文化的交流。为贸易流通的新模式铺平道路，真正为这些地区带来繁荣，并将改善地球上超过40亿人的生活水平。贸易的繁荣和很多"一带一路"沿线国家急需的基础设施的建设和完善将不仅仅是一个开始，更承载着一个伟大的目标。

"一带一路"是一个在对的时间发出的对的信号，今天，世界各地的贸易保护主义有再次复苏的种种迹象。有些人甚至想关上贸易往来的大门。他们认为这样做可以保护本国的产业界并防止就业机会的大量流失。但是历史证明这样的想法是错误的。在中国，贸易的繁荣使上百万人脱离了贫困。在世界范围内，贸易也改善了成千上万人的生活水平。回溯历史，那些开放国门自由地分享知识、交换货品和服务的国家都实现了兴盛与繁荣。

从这个层面来说，"一带一路"将这个逐渐疏远的世界、这个在很多地方充斥着民族主义、保护主义和各种不信任的世界，通过基础设施建设的连接和贸易投资的往来变得更加紧密。"一带一路"在经济走廊沿线的多边合作将改变国家和企业评估以及建设其主要战略性基础设施项目的方式，同时将促进更紧密的合作并发掘潜在的合作伙伴关系。因此，"一带一路"将改变我们所熟知的世界贸易秩序，促使所有经济体重新思考，使它们变得更加开放、敏捷、灵活和务实，并与外界更加紧密地联系在一起，正如当今世界所展现出的特点一样。"一带一路"的发展将加速诸如交通和能源领域的基础设施项目在"一带一路"沿线国家的实施和推进。许多国家在过去几十年里未能落实这些项目，其原因是缺乏金融资源，同时也缺少计划和执行如此庞大项目所需的项目管理能力。中国正向这些国家提供大规模资金，这将产生一系列长期积极的影响，将促进这些国家经济的繁荣发展并改善人民的生活质量。

"一带一路"倡议不只是"新瓶装旧酒"的营销口号而是一个以长期战略为支撑的宏伟篇章。"一带一路"倡议不是泡沫或是空洞的承诺：它已经并将继续对世界产生巨大影响。当前，"一带一路"倡议正在改变国际经济和政治合作的游戏规则。中国的经验可以为"一带一路"国家及其他国家的结构变革提供有益指导。"一带一路"倡议伙伴国家的可持续、包容性增长伴随着生产率和工资的提高，中国的生产结构正在迅速朝着服务业和高科技方向发展。与此同时，随着中国市场份额的做大，世界经济增长的放缓以及低成本竞争国家的崛起，低成本制造业的外部机遇正在减少，因此中国的重点转向与主要内部结构变化相关的对外投资，"一带一路"倡议就此成为中国发展道路上合乎逻辑的下一个战略步骤。在中国向服务业、高端制造业、加大创新力度和培养更熟练劳动力的战略转移过程中，"一带一路"倡议可以发挥至关重要的作用。"一带一路"倡议部分建立在历史贸易联系的基础上，互连互通性因而会提升，从而加强欧亚大陆、中东、非洲和美洲的贸易以及金融联系。"一带一路"倡议的规划，要在三大主要基础设施领域（能源、交通、信息通信技术）创建"无缝连接"。"一带一路"倡议互连互通性的新价值链，连接了南亚和中东、中亚、欧洲和非洲的市场。与西半球国家特别是拉丁美洲以及东南亚国家的贸易出现了增长的态势，通过现有的和增强的沿海枢纽和海上连接可能会继续促进这一增长态势。中国在开放市场和贸易上的立场可能会使这种贸易往来显著增强。

"一带一路"倡议覆盖60多个国家，这些国家总共占全球GDP的三分之一，占全球贸易的40%，占全球人口的60%以上。"一带一路"倡议提供了前所未有的机会，可以推动伙伴国家和整个世界的强劲、可持续、包容性增长。而在更深程度的世界经济一体化进程中，"一带一路"倡议扮演着重要的角色。"一带一路"倡议建立和推动投资和贸易环境以及促进可持续发展；这其中就包括抓住向低碳经济转型的机会。同时"一带一路"倡议则会为中国内部下一阶段的改革和再平衡创造便利条件，其中包括：更高级技术和服务活动所起到的作用更大，内陆和西部地区的机会增多，与"一带一路"国家乃至其他国家贸易联系在一起的全新价值链。在未来十年里，中国可以成为谱写21世纪增长新篇章的领导者。

二、"一带一路"面临的问题

尽管"一带一路"战略对推动国家、地区和全球经济发展具备重大潜力，中国仍需进一步公开其地缘政治目标及项目和合作方案的决策议程。同时需将自身战略与"一带一路"沿线经济体利益更加紧密地结合在一起，确保该战略能够在短期和长期内带来明确的增长和发展机遇。确保"一带一路"项目能创造就业机会、加强沿线经济体与全球其他地区的联结并逐步改善沿线居民的经济福利。同时"一带一路"战略还面临严峻的地缘政治风险，原因在于许多沿线经济体位于地缘政治环境较为复杂的区域，面临政治、宗教和种族冲突。许多项目所在地区经济脆弱且不稳定、政府治理水平低下、政治动荡且腐败严重。项目所在地经济体的社会及政治环境需要仔细审视并充分了解。例如政权更迭可能对"一带一路"项目产生负面影响。斯里兰卡科伦坡港口城项目是一个经典案例。该项目由斯里兰卡上届政府批准动工，但在全国大选后于2015年3月被勒令中止建造。新一届政府起初搁置这一项目,声称缺少审批文件及需要重新环评。经过一年多的协商,中国与斯里兰卡政府以一个新的项目名称(科伦坡国际金融城)重新签订了项目合同,该项目得以重新启动。

三、"一带一路"未来实施的重点

1. 改善连通性

改进互连互通性是"一带一路"倡议的一项关键目标:将中国与欧洲、非洲、中东以及南亚和东亚的传统市场联系起来。同样的,海上丝绸之路的目标是将中国与美洲、东南亚、欧洲和非洲的贸易伙伴联系起来。"一带一路"倡议所涵盖的许多目的地国家(例如中国在欧洲的主要贸易伙伴德国,再比如英国)都不是"一带一路"倡议的正式成员国。

在速度和每公里成本方面,连接中国和欧洲城市之间的快速列车的价值潜力巨大,中国—巴基斯坦经济走廊可以给中国带来不少好处,促进与中东和非洲自然资源丰富国家的贸易在其中占有很大比重;另一方面,这些国家对中国日益精良的各类商品的需求量也很大。相比之下,尽管巴基斯坦是有着 2 亿人口的潜在市场,但与巴基斯坦自身的贸易量相对较小。虽则如此,但基础设施投资也可以增强巴基斯坦与中东和非洲的联系,促进国内一体化进程,与建立在廉价劳动力基础上的新的中国价值链连接在一起。真正的机会在这里确实存在,但只有通过对"一带一路"倡议投资的合理选择和巴基斯坦坚定不移的改革才能实现。

2. 捍高合作性

尽管"一带一路"倡议由中国发起,它仍然是一个全球性的多边倡议。正因如此,单凭中国自己的力量,"一带一路"倡议是无法取得成功的。没有人是一座孤岛。无论在政治、经济还是社会层面,再强大的国家都不可能在当今世界上凭一己之力取得成功。因此,为了使"一带一路"走向成功,兼容并包对于中国及其合作伙伴至关重要。更多的国家意味着将存在 69 种或更多差异化的需求、利益、系统、历史、期望,甚至是担忧。任何一个国家或公司都无法确切地掌握其他全部国家的具体情况。每个国家都需要与合作伙伴分享自己的见解,建立起政治、经济和文化方面的共识,并在这种共识的基础上制定纲领和实施计划。因此,在政治和经济层面,中国都需要能够支持将"一带一路"倡议转化为长期成果的合作伙伴，需要的是能够帮助中国企业对"一带一路"沿线的国家和市场，对当地政治、产业和社会形成更深入了解的合作伙伴，需要的是能够坦诚交流，视中国为可靠的合作伙伴，并且相信彼此间的合作能够为参与到这项长期发展战略中的各方带来共赢的合作伙伴。

另一方面，与中国合作伙伴良好的海内外合作也自然同样重要。同时富有实力和经验的跨国公司可以真正成为连接中国、国际供应商、地方客户和政府的桥梁。"一带一路"并非为中资企业提供短期利润的一次性活动，而是一个长期的战略性计划，很可能改变现行的世界贸易秩序。虽然"一带一路"倡议由中国提出，但只有中国与有关国家和跨国企业平等合作，倡议才能取得成功。在相互理解和认同的基础上，最终"一带一路"项目将更加顺畅地运行，中国的投资活动在当地将得到更大的支持。

为达成这些协议，有时需要一些熟谙双边的需求和关切，能够照顾双边共同利益，并能助力"一带一路"倡议取得全球性成功的调停者或牵线人。"一带一路"建设过程中需要继续加强与有关各方的对话（政府、客户、民众），以了解各方的需求和立场，识别痛点，为实现"一带一路"项目的成功消除潜在障碍。吸引扎根于"一带一路"项目开发所在国家的国际合作伙伴参与倡议。"一带一路"项目需要具备多方面的能力以取得成功：对当地市场需求和具体要求的了解、前沿的技术、执行大规模长期项目的专业能力、人力资源开发技巧以及融资能力。"一带一路"倡议：描绘世界贸易新秩序的蓝图和全球伙伴。确保"一带一路"沿线贸易自由、公平、开放包容。以负责的、恭敬的、可持续的方式在当地创造价值。促进健康有序的良性竞争，提升"一带一路"项目投标过程的透明度，以实现质量和服务在长期的最优化。

第五节 地缘经济与政治的重构——"一带一路"再认识

十九大报告指出要以"一带一路"建设为重点，坚持引进来和走出去并重，遵循共商共建共享原则，加强创新能力开放合作，形成陆海内外联动、东西双向互济的开放格局。"一带一路"倡议也写入党章成为中国的国策和执政党的指导纲领。由此可见"一带一路"成为今后相当长时期内中国开展内政外交的一个大战略。所以要对"一带一路"倡议放诸地缘政治经济战略的背景下进行历史分析,回溯中国地缘政治经济战略的历史演进。对"一带一路"战略本质的深层思索:"一带一路"是一个涵盖地缘政治和地缘经济的大战略,对其本质的认知既要基于历史角度将其视为中国从传统陆权国家走向陆海权复合型国家的"战略转折",也要基于现实考量明确它是中国在融入主流世界过程中面临复杂的国内外矛盾与困境所做出的"战略反应",还要基于大国崛起的视野认清它是中国追求和平发展的地缘政治经济的"战略重构"。

一、"一带一路"战略的历史背景

"陆权帝国"是自秦王朝开创大一统局面以来中华帝国所具有的一个长期属性。中华帝国的形成和发展史很大程度上是中原农业文明与北方游牧强邻围绕长城一线所展开的反侵扰与侵扰的历史,并由此塑造了中国历代王朝根深蒂固的陆权观,其地缘战略的重中之重是如何安抚并尽可能将北方游牧强邻纳入大一统的"华夷秩序"。换言之"治边"而非"治海",构成了中国历史上地缘政治经济战略的主旋律。这一局面直到17世纪中叶清朝入关才得以改变。欧文·拉铁摩尔认为17世纪的清朝入关是长城沿线的边疆力量向内冲击的最后一波,此后,大陆内部的运动需要以"海洋时代"加以界定[①]。

确保陆权帝国有序运转的是以朝贡体系为支撑的"华夷秩序"。华夷秩序是一个萌芽于汉代、成型于隋唐、充实于宋、完善于明清的,以中华文明为观照来区分自我和他者从而界定中华与夷狄之间宗藩关系的政治格局。这一秩序"总的关系就是以'中华帝国'为中心,周围夷狄各国接受册封,后者向前者朝贡,前者羁縻后者……其中各国相互之间并不发生直接关系,而是完全由对'中华帝国'的直接关系规定的一元化上下秩序结构"。作为非中华地区的蛮夷之地在无所不包的中华政治与道德系统中获得一席之地的机制,该体系首先是被中华帝国的统治者作为实现其地缘政治目标的重要手段,即自我防御的政治需要及充当中国国际关系和外交的媒介。在自我防御方面,由于中华文明的优势以及现实力量的强势,东亚和

---

① Owen Latimore. Inner Asian Frontier of China, New York: American Geographical Society, 1940.

东南亚的诸多海上或濒海朝贡国均自愿加入以中国为中心的华夷秩序,没有了对来自海上威胁的担忧,中国得以"守中治边",将人力、物力和财力用于对陆上北部边疆的重点防御。朝贡体系又是一个商业贸易和万国来朝共生于其中的交往秩序。朝贡贸易有助于中华帝国实现将周边众多藩属国吸引进以己为中心的华夷秩序的地缘战略目标,从而以经济利益的受损换取了政治权力的增进。对中国来说,准许贸易是被当作帝国恩赐的一个标志以及让蛮夷保持适当的归顺的手段。

二、近代史视角下的"海防"与"塞防"之争

自明朝以来,中国曾有过两次具有主动性的开国:一次是明永乐年间以郑和下西洋为标志的放开海禁政策,另一次则是始自隆庆元年的放开海禁政策。但两次开国均没有将中华帝国从一个传统的陆权帝国带向一个现代的海权帝国或陆海权复合型帝国。16世纪伊始,世界逐渐进入"海国时代",西方海上强国葡萄牙、西班牙和荷兰分别侵占长期向中国朝贡的南洋诸国并试图承袭这些殖民地原有的朝贡贸易待遇,并多次侵扰中国东南沿海,但均被大陆中国成功化解。对中国来说,真正意味着"海时代"来临并激发起其海洋意识的历史性事件,是后发的殖民海洋强国英国的强势叩关——乔治·戛尔尼勋爵率领英国使团来华寻求自由通商所引发的两个世界的撞击。这场历史性的对话绝非单纯的礼仪之争,而是崛起的工业强国与停滞的农业大国、主张商业自由的海洋帝国与奉行闭关锁国的陆上帝国、开拓商品市场的资本主义条约体系与维持政治权威的农业社会朝贡体系之间的冲突。这场战争改变了长久以来陆权帝国视海洋为天然安全屏障的固有意识,更催生了中国士大夫阶层的海权意识。但这一时期所浮现的海权意识仍无法摆脱陆权帝国"重陆轻海"理念的束缚:其一,重近海防御,轻海洋权益。来自东南沿海的"海洋压力"强化了士大夫阶层的西北"内陆边疆"意识,寄望于通过强化帝国内部的统一消除来自海上的威胁。在这方面,龚自珍和魏源是杰出的代表。"从地理学视野看,清代中期对于海洋问题的忧患不是直接表现为对于海洋贸易体系和霸权关系的认识,恰恰相反,士大夫们首先将视野投放到西北区域,这表明在士大夫和王朝统治者的心目中,西北及中俄两大帝国之间的关系是更为重要的关系,而海

洋压力则是后来居上的问题①。"历史与现实之间的矛盾往往狭隘地局限于观念之间的冲突。虽然东南"海洋压力"与西北"边疆压力"已突显出近代中国地缘政治经济战略全面调整的必要性,但当时的中华帝国内部却产生了一种观念的对立。这在19世纪七八十年代"海防"与"塞防"的大争论中体现得淋漓尽致。经过激烈廷议,陆权帝国"重陆轻海"的思维惯性犹存,塞防依旧是国家地缘战略部署的重点。百年未有变局和强敌的出现打破了以往中国所面临的陆疆或海疆危机的单一困局,陆海权复合型国家的地缘政治困局自此形成,并一直困扰着今后中国地缘战略的选择。在这一困局下,中国不得不同时面临三种困境:一是战略选择上的两难,二是陆海安全的双重易受攻击性,三是服务国家战略目标的资源分配容易分散。民国时期,孙中山、林子贞等人提出了明确的海权思想。民国关于海权、海防与海军建设的认识,较之晚清时期无疑是一个巨大的进步。但在国家积贫积弱的时局下,建设海洋强国只能是一个遥不可及的梦想。

三、现代史视角下的中国地缘政治经济战略调整

冷战期间,中国的地缘政治经济战略经历了从"一边倒"到"两条线"再到"一条线"最后是融入"世界经济"的阶段性调整。1949年至20世纪50年代末,中国采取的是以全面向苏联靠拢、"联苏抗美"为特征的"一边倒"地缘政治经济战略,其性质是边缘地带国家与欧亚大陆核心国家的正式结盟。20世纪50年代末至60年代,中国转向了以反美帝和反苏修为特征的"两条线"地缘政治经济战略,其性质是中国陷入了同时应对苏联的孤立威慑和美国的战略围堵的"陆海权复合型"地缘战略困局。结果是,中国将战略主攻方向转向"中间地带"国家,在发展同亚非拉第三世界国家和西欧、日本的经贸关系及引进技术和设备方面取得了一定成就。20世纪70年代末至1991年,中国推行通过对外开放融入"世界经济"的地缘战略,其性质是中国从长期游离于国际经济体系和规则之外向逐渐融入其中过渡。结果是中国恢复了在国际货币基金组织和世界银行的合法席位从而逐渐融入美国主导的国际经济和金融秩序并带动了对外贸易和经济技术合作的蓬勃发展。

冷战后,中国面临的国际地缘战略环境发生了重大变化:首先,和平

---

① 汪晖:《现代中国思想的兴起》第二部"帝国与国家",三联出版社,第603~604页。

与发展两大主题日益成为国际主流。随着苏联的解体，东西方两大阵营的全面对抗和冲突得以终结，世界范围内的整体和平局面得以确立，这为中国通过和平方式走向崛起创造了好的外部机遇。与此相对应，地缘经济的重要性显著提升，经济全球化和区域经济一体化构成了中国在开放条件下实现经济快速崛起的重要外部条件。其次，"一超多强"取代"两极体制"成为国际力量格局的真实写照。中国在国际地缘战略环境中的地位发生了实质性变化。相比冷战时期被美日欧用作与苏联开展地缘战略竞争的平衡手段，冷战结束后中国日益成为美日欧地缘战略的重要目标。对美国来说，中国的崛起有可能"威胁"到它在亚太乃至全球的霸主地位，对中美之间权力转移的担忧构成了美国对华战略的重要考量。

面对变化的国际地缘战略环境，在倡导多极化世界格局理念的指引下，中国的地缘政治经济战略经历了从"韬光养晦，有所作为"到"积极进取，奋发有为"的渐进式转变。在多极化理念的指引下，中国奉行的是"韬光养晦，有所作为"的地缘战略：第一，国际新秩序战略。邓小平指出："在国际问题上无所作为不可能，还是要有所作为。作什么？我看要积极推动建立国际政治经济新秩序[①]。"中国最终彻底打破了西方国家自1989年以来形成的针对中国的制裁体制，有效地为中国外交赢得了战略空间。最重要的是，冷战结束后，中国通过建构一个"伙伴关系"的对外关系框架，形成了一个相对完整而良好的国家关系网络，这将成为21世纪中国营造良好的国际和地区环境的基础。2012年底以来，新一届中央领导集体的地缘政治经济战略逐渐呈现"积极进取，奋发有为"的特征：①提出"海洋强国"目标，借力"一带一路"实现陆海战略统筹。党的十八大报告明确提出："提高海洋资源开发能力，发展海洋经济，保护海洋生态环境，坚决维护国家海洋权益，建设海洋强国。"自此，"陆海统筹"真正取代"陆海二分"成为中国地缘政治经济战略的指导思想，而将这一理念加以贯彻和落实的是"一带一路"以海带陆，以陆促海，是新时期中国进取型地缘战略的核心手段。②创新周边外交思维，倡导"命运共同体"意识。新一代中央领导集体提出的周边外交方针是与邻为善、以邻为伴，睦邻、安邻、富邻，坚持"亲、诚、惠、容"。与以往的提法不同，新的睦邻、安邻、富邻主张是在中国快速崛起为一个有影响力的新兴大国的背景下提出的，它在中国"一

[①]《邓小平文选》（第三卷）北京：人民出版社1993年版，第354页。

带一路"战略的实施中被赋予了构筑"命运共同体"的重要使命。③重新定义新型大国关系，服务于中国和平发展。2013年6月的"习奥庄园会晤"首次界定了中美新型大国关系的内涵，也为中国发展与其他大国的新型关系提供了思路，即不冲突、不对抗，相互尊重，合作共赢。重新定义新型大国关系，既是对前几代中央领导集体理念的创新，也是对破解新兴大国和守成大国之间"修昔底德陷阱"的呼应。④发挥主场优势，引领议程设定。例如中国在2014年5月召开的亚信上海峰会上提出共同、综合、合作、可持续的亚洲安全观，该理念被写入《上海宣言》，是中国在新形势下打造亚洲命运共同体的和平外交政策。⑤提供国际公共产品，树立负责任大国形象。在"一带一路"框架下发起创立亚洲基础设施投资银行（亚投行）、设立丝路基金，为沿线国家的基础设施建设、资源开发、产业合作等提供投融资支持。⑥参与全球经济治理，推动建立国际经济新秩序。一是在G20的国际机制框架下积极发声，就推进贸易自由化、加强多边贸易体系、稳定世界经济、推进全球经济治理等提出建设性意见。二是积极参与金砖国家货币金融合作，筹建金砖国家新开发银行和启动应急储备安排。当前，这些战略手段正逐渐被整合进以"一带一路"为核心的地缘政治经济战略当中。从历史的角度看，这一重构的本质可从以下几个方面加以理解：第一，它是一个被动反应的过程。以"一带一路"为核心的中国地缘政治经济战略的重构，是中国对来自美国的重压被动做出的战略回应。第二，它是一个事关国际体系内权力和利益格局重组的过程。与历史上的英国霸权不同，战后以来的美国霸权是通过"嵌入式自由主义"而被制度化了的霸权。这一霸权形式在使其他国家享受经济增长红利的同时也让它们承担了过多的风险和成本。可以说，以"一带一路"为核心的中国地缘政治经济战略的重构，是中国寻求与沿线国家的共同权益诉求，避免美国主导的国际体系的风险与成本，乃至促进其改革、调整的过程。第三，它是中国在大国崛起中重估自身权利和价值的过程。作为后崛起的大国，中国不仅要积极倡导贸易自由化、投资便利化、货币金融秩序稳定，以便为经济增长创造有利的国际环境和拓展广阔的空间，更要承担作为一个大国应有的责任，即从现有国际体系的"受益者"逐渐转变为"授益者"。以"一带一路"为核心的中国地缘政治经济战略的重构，就是中国向沿线国家供给包括稳定的货币秩序、开放的市场环境、可靠的发展援助在内的区域性公共产品，以提升自身国际威望的过程。第四，它是技术革新背景下中国陆权意识及战略发生变化的过程。自15世纪末16世纪初以来，航海技术的突飞猛进让海洋国家迅速取得相对于大陆国家的竞争优势，海权而非陆权成为全球政治中的长期主导力量。冷战结束以来，互联网技术的普及和高速铁路的发展则极大地压缩和拓展了大陆国家地缘政治经济活动的时间和空间，在建设海洋强国的目标指引下，这些技术革新为中国从以重陆轻海为特征的陆海二分战略转向以陆海并重为核心的陆海统筹战略提供了强有力支持。

第六节 "一带一路"与中国崛起

中国的地理位置历史性地决定了其必须在东南与西北两个方向做出地缘战略考量与抉择。但与历史上的"海防"与"塞防"之争不同，一方面，"一带一路"战略在两个方向上并不矛盾和冲突，而是有机整合的；一方面"一带一路"战略是更为积极、进取性的地缘政治经济战略。该战略的提出不仅有纵深的历史背景，而且有广度的现实考虑，是中国因应国内外政治经济形势变化、破解大国崛起与发展困境所做出的重大战略调整。

一、应对美国"亚太再平衡"战略以实现和平发展的现实需要

冷战结束以来特别是自加入ＷＴＯ以来，中国对美国主导的国际政治经济和货币金融秩序的融入程度进一步加深，同时也成为美国主导的国际经济和货币金融体系最大受益者。中国经济快速崛起，国际经济地位显著提升；为应对中国崛起，美国采取了"两头下注"的策略：一方面，它不得不"接触"中国。在贸易领域，美中双边贸易连年增长，美国的市场开放已成为带动中国出口导向型经济增长的重要外部驱动力。在金融领域，美国政府通过中美战略经济对话实现本国跨国公司和金融机构对中国市场更大程度的进入。另一方面，美国时刻不忘"遏制"中国。在贸易领域美国总统特朗普向中国发起301调查，准备向中国起征600亿美元的贸易关税。在安全领域，美国实施了军事上的"亚太再平衡"战略，不仅强化了在东亚地区的军事存在，还密切了同东亚国家的军事盟友或伙伴关系，美日同盟更是得到进一步巩固。在这种形势下，中国和平发展的战略空间在东亚受到很大程度的压缩，迫使中国借助"一带一路"向东北、东南、西面寻找出路。面向东北和东南，中国可抓住与韩国、新西兰、澳大利亚、

东盟及其成员签署自由贸易区以及后者主动加入亚投行的有利契机,利用这些国家在美中之间两面下注的机会主义心理,在贸易、投融资和货币金融领域消解美国给中国造成的战略压力。面向西方,中国的互联互通倡议不仅能在上述领域为相关国家提供支持,还能在地缘政治上与同样面临美国战略压力的传统大陆强国俄罗斯走向战略合作,从而消解美国从东面向中国施加的战略压力。

二、"贸易国家"对冲"金融国家"霸权的选择

中国崛起的性质是在美国霸权主导的"系统内的地位提升",更确切地说,是在美元体系内的地位提升现象。作为典型的贸易国家,中国在长期实行盯住美元汇率制和依赖对美出口中获得了出口导向型工业化的成功,但也面临着一个系统性困境:由于国内金融市场封闭且不发达,无法引领国际金融市场发展潮流并制定规则,本币非世界货币因而不得不依赖出口赚取外汇收入,无法将出口所创外汇用于国内消费而只能再投资于美国股市和债市从而资助美国的经济金融和军事霸权。作为唯一的金融国家,美国虽饱受经常账户赤字和债台高筑的困扰,却拥有美元作为唯一世界货币所带来的"嚣张特权",以华尔街为核心的本土金融市场具备调控全球金融资源和制定金融市场规则的能力。这种不对等的新型国际分工形态让中国承受着美元贬值和外储缩水的系统性风险。为此,中国需要借助区域经济、货币和金融合作来减少美元体系的风险与成本,然而在近年来东亚地区两个大国即中日关系因领土争端而日益紧张的条件下,东亚区域货币金融合作面临着重大挫折,因此,有必要拓展新的区域性经济、货币和金融合作的地域空间。首先,通过实施"一带一路"推进人民币国际化。目前,人民币在"一带一路"沿线国家的国际化程度有所提升:①沿线国家离岸人民币市场的发债种类和规模扩大,涵盖了英国和瑞士的人民币债券、德国的"歌德债"、澳大利亚的"大洋债"、卢森堡的"申根债"、法国的"凯旋债"、阿联酋的"酋长债"、马来西亚的"金虎债"等。②人民币的国际合作稳步推进。一是人民币作为储备货币的职能有所体现。在中国人民银行签署的32个双边本币互换协议中,涉及25个沿线国家,协议金额2.25万亿元人民币[①]。

[①] 中国人民银行网站,http://www.pbc.gov.cn.

其次，通过实施"一带一路"推进中国与亚欧主要债权国的货币金融合作。在以美国为中心国家、美元为中心货币的复活的布雷顿森林体系中"一带一路"所辐射的亚欧国家主要有四种类型：一是以东亚国家为代表的"贸易型国家"，它们通过向美国出口制成品获取美元；二是以中东产油国为代表的"能源型国家"，它们通过向美国输出石油获取美元；三是以澳大利亚、新西兰为代表的"商品型国家"，它们通过向美国出口农矿产品获取美元；四是以英国、德国、法国为代表的"投资型国家"，它们通过向美国投资赚取美元。在这样的国际货币格局下，美国是世界上最大的债务人，亚欧国家集体构成了美国的国际债权人。作为债权人，这些国家与中国有着相同的投资保值或增值需求。为防范美元风险，它们有动机面向中国寻求出口市场的多元化和投资手段的多样化。

三、确保具有战略纵深的国家政治经济安全的战略考量

改革开放30多年来，受地理区位、资源禀赋、发展基础等诸多因素的影响，中国的对外开放总体呈现东快西慢、海强陆弱的格局。尽管国家领导人先后提出过"两步走"战略思想、区域协调发展及西部大开发战略、东北振兴和中部崛起发展战略，但东西部区域经济协调、均衡发展的初衷并未实现。这种重海轻陆的不均衡开放格局，使得中国的政治经济缺乏战略纵深，国家安全具有显著的脆弱性：一方面，经济发展的滞后不利于中国西部地区特别是西北边疆地区的稳定。暴力恐怖主义、民族分裂主义、宗教极端主义"三股势力"已成为中国非传统安全领域内的重要威胁。另一方面，过度依赖东部沿海出口导向型经济的发展，使得中国无论是在能源和资源的进口还是在商品的出口方面，都易受美日两国国家政策和对外战略调整的冲击。

四、"一带一路"是中国构建全方位对外开放新格局的重大战略

"一带一路"对国家政治经济安全的意义在于：一方面，它有助于中国的西北"治边"。在丝绸之路经济带的架构下，西北不再是传统意义上被支援和被扶贫的对象，而是极具战略意义的开放前沿和外联核心区。这一角色转换不仅赋予西北经济发展的重大机遇，也将其与中亚、西亚紧密地联

结为政治经济安全的"命运共同体"和"利益共同体"。丝绸之路经济带建设不仅可在经济意义上为中国与中亚、西亚的共同发展提供机遇,而且能在文化意义上增进彼此的"民心相通",进而消除"三股势力"的生存土壤。同时,还有助于在政治意义上增进各方的"政策沟通",在反对"三股势力"、维护彼此的政治经济稳定和安全方面达成广泛共识和深度合作,进而为中国提供一个较为稳定的周边。另一方面,它有助兼顾陆海,实现中国地缘政治经济战略的平衡。无论是丝绸之路经济带还是21世纪海上丝绸之路,都是中国的"西进"战略,其重要意义之一在于有效规避海权大国美国及其海洋盟友日本的海上围堵。通过向西发展与沿线国家的区域经济一体化合作,能为中国商品的出口提供战略对冲。更重要的是,通过重点推进六大国际经济走廊的建设,中国有望密切与油气资源丰富的中亚、西亚和俄罗斯的合作,并开拓新的陆海交通运输线,从而确保中国的政治经济安全具有战略纵深性。

五、从"经营周边"转向"稳定周边、和谐周边"的战略需求

冷战结束以来,周边国家在中国外交总体布局中的首要地位日益得到明确。用区域经济合作换取良好周边环境,"以经促政""经营周边",构成了冷战结束至21世纪前10年间中国周边外交的核心主题。

此后,中国的周边外交开始了从"经营周边"向"稳定周边、和谐周边"的战略转型。党的十八大报告提出:"我们将坚持与邻为善、以邻为伴,巩固睦邻友好,深化互利合作,努力使自身发展更好惠及周边国家。"2013年10月召开的周边外交工作座谈会提出了"亲、诚、惠、容"的外交理念,并将做好周边外交工作提升到"是实现'两个一百年'奋斗目标、实现中华民族伟大复兴的中国梦的需要"的战略高度上来。"亲、诚、惠、容"是新形势下中国坚持走和平发展道路的一份生动宣言,是对多年来中国周边外交实践的精辟概括,也反映了中国新一届领导人外交理念的创新发展。这一新的外交理念折射出中国正从强调与周边的互惠互利转向注重对后者的利益"惠及"和溢出,体现了中国在和平发展过程中所具有的负责任大国的角色担当。从背景看,这一理念的提出紧随习近平主席提出"一带一路"倡议之后。因此,它是中国希冀通过"一带一路"的建设来"稳定周边、和谐周边",有效对冲美国制衡中国崛起、周边国家疑惧中国崛起的战

略之举。它是中国的外交政策工具从"战略军事"转向"战略经济"的一项重大变迁①。

六、谋求机制化、系统化、体系化的多极格局的长远规划

从国际政治经济的现实看,美国作为唯一的超级大国、中俄日欧诸多强国并立"一超多强"格局并未改变,多极化仍是一个未竟的过程。美国虽经历过 21 世纪初互联网泡沫危机、2007 年次贷危机及随后国际金融危机的冲击,但经济体制的灵活性、宏观调控的有效性、技术创新的长期性以及美元地位的持久性,奠定了其作为超级大国的坚实基础。欧洲虽走向了货币统一,但货币政策统一与财政政策分立并存的决策机制及欧元区的扩容冲动,为欧债危机的爆发及久拖未决埋下了大隐患。俄罗斯虽继承了苏联的军事、领土、科技和资源遗产,但长期的经济疲弱仍是拖累其恢复强国地位的重要羁绊。泡沫经济破灭后的日本已失去往日经济高速增长的荣光,虽出台了名目繁多的经济振兴政策,但仍无法从"失去的二十年"的泥潭中解脱出来。中国虽实现了经济的强势崛起,但这种崛起尚缺乏国内基础的强劲支撑,如需要改善的宏观调控能力、转型中的经济结构、亟待夯实的技术基础,有待提升的人民币国际地位等,因而距离成长为能与美国抗衡的"一极"还有相当差距。

其次,"一超多强"格局的维持是美国推行"系统内分权与责任分担"的国际权力战略的结。"系统内分权"是指美国允许他国与之分享不会危及其核心利益——货币金融霸权即美元霸权的那部分权力,如盟友分享发展军备的权力、让广大外围分享经济增长和贸易发展的权力、让部分国家特别是中国和日本分享作为国际债权人的权力、让他国分享对国际经济与货币金融事务的投票权力。"责任分担"则意味着美国要求他国(地区)担当一定的国际责任,这既可以看作对美国让渡部分权力的补偿,又可被理解为美国打压他国(地区)、威胁、遏制他国(地区)崛起所做的努力,如让盟友为美军的海外基地提供支持、提升自我防御能力、支援美国的海外军事行动。多极化本质上是对"一超多强"国际格局的突破。而要达成这一目标,有必要在美国主导的国际体系内对潜在的多极化力量进行系统化、体系化和机制化的整合。这对中国的战略意义在于,"只有使多

---

① 时殷弘,"一带一路":祈愿审慎世界经济与政治,2015(7)。

极化具备强有力的机制,才能让多极化趋势压倒单极化倾向,才能推动多极格局早日形成,也才能为中国提供广阔的外交活动空间和战略纵深回旋余地"。

七、切实保护中国企业海外投资利益的战略需求

随着中国经济的快速崛起和融入全球经济程度日益加深,企业"走出去"逐渐被中国政府纳入重大的议事日程当中。继中国共产党第十五届五中全会首次明确提出"加快实施'走出去'战略"之后,党的十六大报告进一步强调"坚持'引进来'和'走出去'相结合,全面提高对外开放水平"。"一带一路"沿线国家和地区日益成为中国对外直接投资的重要目的地。"一带一路"沿线国家和地区是世界上地缘关系最复杂、历史文化差异最大、宗教民族冲突最严重、国家和区域局势最动荡、大国关系最纠结的地理区域。在这里,中国企业的海外投资利益极易受到中亚地区的"三股势力"、西亚地区新兴起的极端组织、投资所在国的政局不稳、部分国家的反华排华倾向、美日等西方国家的竞争性渗透等的干扰、破坏和冲击。这要求中国以"一带一路"的建设为契机,通过"政策沟通"增进本国与沿线国家的政治互信,确保中国企业与当地开展项目合作的机制化;通过"设施联通、贸易畅通、资金融通"实现将中国企业的投资收益惠及东道国的政府和民众,提升中国资本在外来竞争性投资中的吸引力;通过"民心相通"改善中国企业的海外形象,培育东道国民众对于中国企业的认同感,从而最大程度地改良威胁中国企业海外投资利益的民间土壤。

"一带一路"是中国在吸取自身历史教训的基础上,为克服本国崛起困境而对原有地缘政治经济战略做出的重构。作为新形势下的大战略,"一带一路"下中国重构地缘政治经济战略的逻辑思路应在如下框架下展开:第一,界定新时期中国的核心国家利益。第二,识别威胁中国核心国家利益的关键要素。第三,决定如何恰当地运用国家的综合实力去维护其核心利益。对任何一项重大的对外战略的制定与实施而言,明确其战略方向是至关重要的。

"一带一路"的顺利推进需要缓释主要大国和沿线国家对于中国战略动机的疑惧,这就需要我们厘清"一带一路"与当今世界秩序之间的逻辑关系。"一带一路"的推进,是中国立足于开放包容、合作共赢的原则,以新

兴发展中大国的姿态建设性融入当今由美国主导的世界秩序的过程。其性质是在既有国际规则内发展与"一带一路"沿线国家和地区正常的政治经济交往，而非一个挑战美国政治、经济、货币金融霸权的"马歇尔计划"或新的全球规制的制定过程。其意图在于为中国的改革开放与和平发展拓展新的空间，而非展开与美国在区域和全球层面的"新冷战"。其作用是对美国在"一带一路"沿线国家和地区留下的制度真空和秩序真空拾遗补缺，而非挑战自由、开放、稳定、民主的当今世界秩序。历史经验证明，中亚（中东）秩序的稳定与否直接影响到世界秩序的稳定，问题恰恰在于，尽管霸权国家统御的世界秩序是一种普遍性安排，但却无法深入欧亚大陆内部，英国和苏联对中亚、中东地区的干预以及近年来美国对该地区的干预及其后果均证明了这一点。因此，能够担负起稳定该地区历史责任的，只能是大陆国家，而且是具备海洋性质的大陆国家[①]。显然，中国"一带一路"倡议的实施有助于通过中美战略合作，共同提供一种地区性制度安排，维持该地区的和平与稳定，推动世界秩序的和平与稳定。对这一问题，习近平主席已在2014年11月的北京"习奥会谈"中做了明确而有力的阐述："面对当前复杂多变的国际形势，中美应该合作、能够合作的领域更加广阔。中方愿同美方一道，承前启后、开创未来，把不冲突不对抗、相互尊重、合作共赢的原则落到实处，使中美新型大国关系建设更多更好惠及两国人民和各国人民。""中国提出的亚洲安全观、建立亚洲基础设施投资银行和丝路基金等主张和倡议都秉持开放包容原则，欢迎包括美国在内的有关国家积极参与。"

八、"一带一路"倡议所面临的优劣势、机遇和挑战

"一带一路"倡议的顺利推进离不开对中国的战略优势、劣势、机遇和挑战的理性评估。从积极因素看，中国面临的战略机遇是沿线国家有分散美元风险的强烈意愿以及对冲大国施加的地缘政治经济压力的战略需求，其战略优势体现在：它有着通过古丝绸之路与沿线国家互联互通（政策沟通、设施联通、贸易畅通、民心相通）的悠久历史、投融资建设所需的强大的资金和制度支持（如规模庞大的外汇储备、自主设立的丝路基金、亚投行以及金砖国家新开发银行）、过硬的基建技术（高速铁路、港口、桥梁、

[①] 施展，世界历史视野下的"一带一路"战略，俄罗斯研究，2015（3）。

道路、电厂）和成熟的管理经验以及对沿线国家商品、能源和资源的旺盛市场需求。

从负面因素看中国的战略劣势在于自身软硬实力不足以及主要大国及沿线重要国家对于"一带一路"倡议动机的猜疑乃至抵制。中国面临的挑战则体现为多元、复合的风险：一是来自本国企业特别是国有企业对外投资的生产性和经营性风险，如投资项目在建途中遭遇搁浅、投资收益无法抵偿成本、贷款无法按期保量收回、派出劳工面临人身威胁等。二是来自"一带一路"沿线国家的文化—宗教—种族冲突风险、战争风险、政治稳定性风险、政府效能风险、基础设施风险、法律和监管风险、劳动力市场风险以及中国所代表的儒家文化与沿线国家所代表的佛教文化、伊斯兰文化和基督教文化等多个文明类型之间可能的冲突风险。三是来自域外国家和沿线大国的第三方风险。前者来自美国在东亚和东南亚实施的"亚太再平衡"战略的遏制和围堵以及在南亚提议的以阿富汗为核心、连接南亚与中亚的"新丝绸之路"计划的战略制衡；后者则来自印度在南亚实施的"印度洋战略"和面向南海的"东向"运动以及俄罗斯在中亚大力推进的欧亚经济联盟建设。

九、"一带一路"建设中全面推进与重点突破之间的关系

"一带一路"建设是一个系统工程，它需要中国同时在陆上（丝绸之路经济带）和海上（21世纪海上丝绸之路）"两线作战"，全面推进与沿线国家的互联互通建设，二者不可偏废，目的是构筑起中国作为陆海权复合型国家的战略格局。但另一方面，鉴于部分沿线国家具有的重要战略支点意义，中国又实有采取重点突破策略的必要，以期在"一带一路"建设中用最小的成本赢得最大的产出。中国需重点突破的方向和对象是东南亚、南亚、中亚和俄罗斯。在中国的大周边战略布局中，东南亚的战略意义在于，它是中国海上丝绸之路建设的首要区域，也是中国实现对外产业转移、出口市场多元化、补足多样的国内需求、突破美国战略围堵、确保能源运输安全的重要区域。南亚的战略意义在于，它是中国借以西通西亚、克服能源运输的"马六甲困局"、制衡美国"新丝绸之路"计划的重要战略棋子支点。中亚的战略意义在于，它是中国陆上丝绸之路的必经要冲、能源和资源获取的重要基地、非传统安全领域的重要合作伙伴、联通西亚的另一条

战略通道。俄罗斯的战略意义在于，它是中国海外能源的重要进口地、对冲美国战略围堵的合作伙伴、中亚丝路建设的利益攸关者、新亚欧大陆桥的关键节点、中蒙俄经济合作走廊的终点。尽管如此，重点突破策略仍面临两大挑战：一是以经济为纽带的"一带一路"并没有解决中国本土化的信念与周边区域文化特别是伊斯兰文化之间的紧张关系；二是中国在周边地带的大国权威仍面临不完整的问题，其周边秩序仍处于一个动荡的整合期，沿线国家对中国在地区秩序中的角色仍抱有怀疑、戒备的心态[1]。因此，如何重构与"一带一路"沿线国家的新型国际关系，就成为中国不得不思考的一个重大课题。

第七节　中国与"一带一路"沿线国家的新型国际关系

"一带一路"是一项"共商、共建、共享"的宏大事业，其顺利推进离不开中国与沿线国家新型国际关系的重构。这一新型国际关系与中美新型大国关系并无二致，都以不冲突不对抗、相互尊重、合作共赢为宗旨。为重构这一新型关系，中国需要统筹五个方面的思路：第一，告别以自我为中心的智识生产的"中国模式"，切实加强对沿线国家政治、经济、人文、历史、宗教、民族、种族、风土、人情和语言等多方面的智库研究，以弥补中国针对这些国家的智识生产和观念认知上的严重不足。第二，在继续关注双边层面的国家交往时，高度重视多边层面的规则和制度建设，重点是以国际法而非国内办事风格为准绳，搭建起稳定中国与沿线国家的心理预期、降低各方交往合作的风险等级、提高各方互联互通效率的合作机制和平台。第三，正确处理中国作为大国的地位与责任之间的关系，所依据的原则是，针对"一带一路"建设中存在的需求、出现的问题、解决的方案，中国应与沿线国家群策群力，"将某些重大的创议着意留给别国，为此可以等待，在等待中妥善地'动员'并且由此增长别国的合作主动性和积极性"。第四，妥善处理与战略支点国家或区域的关系，找好彼此的利益契合点。对东南亚，可以打造中国—东盟自贸区"升级版"为合作平台，以向东盟提供优惠性贷款为合作手段，化解中国在南海岛屿主权争端中的外

---

[1] 储殷，大国威信从何而来，南风窗，2015（19）。

交困境和美国"重返亚太"所施加的战略围堵。对南亚，中国的重点是不去触碰印度自独立以来就一直在做的"有声有色的大国"梦，在建设海上丝绸之路的过程中，中国可在共同维护印度洋地区的安全局势、合作应对海盗及恐怖主义等非传统安全挑战、分享军事和经贸合作的红利等议题领域，寻求与印度的广泛共识和深度合作。对中亚，中国可根据五个国家的资源禀赋、在丝绸之路经济带建设中的紧要程度、与中国开展政经往来的紧密程度、对待中国自然人和法人的友好程度，有重点、有计划、有步骤、分领域、分层次地推进与中亚国家的合作。对俄罗斯，中国的重点是不去触碰俄罗斯将中亚视为其"势力范围"的底线思维，积极寻求丝绸之路经济带倡议与俄罗斯主导的欧亚经济联盟实现战略对接的可行性。第五，在新的义利观指引下，政治上坚持正义，经济上互利共赢，通过促进中国与沿线其他发展中国家充分发挥各自优势，开发出以互利共赢、包容式发展为基础，以命运共同体、利益共同体、责任共同体、情感共同体为支撑的新的关系模式。

第四章
"一带一路"文化互通中的冲突与融合

第一节 构建"一带一路"文化带

党的十九大报告指出,中国特色社会主义进入了新时代。这是一个全面建设社会主义现代化强国的时代,中国逐渐走近世界舞台中央,为解决全球问题贡献了中国智慧和中国方案。要以"一带一路"建设为重点,坚持引进来和走出去并重,遵循共商共建共享原则,加强创新能力开放合作,形成陆海内外联动、东西双向互济的开放格局。共建"一带一路",正是中国政府基于这样的国际形势新变化而提出的倡议,旨在维护全球自由贸易体系和开放型经济体系,促进"一带一路"沿线各国加强合作、共克时艰、共谋发展,具有深刻的时代意义。"一带一路"不仅仅是一条经济贸易之路,更是一条文化之路,它用文化将历史与现在、中国与世界联系在一起,减少不同文明间的冲突，从而为沿线各国长期的合作与繁荣打下坚实基础。"一带一路"就是当代中国与当代世界发展的文化网络，它和中国历史与现实的发展经验是一脉相承的，也可能影响数百年甚至更长时间的世界历史走向。

古代丝绸之路起源于汉，丝路的千年历史提醒我们，中国强盛不是依靠军事，靠的是经济与文化。经济有产品，文化有温度。所以"一带一路"不仅是经济带，也是一个文化带。为此，要把"一带一路"上升到文化领域和层面，在经济发展中实现文化的共生与共荣。在打造好经济带文化带的基础上，把"一带一路"与人类共同命运的目标指向结合起来。"一带一路"文化带是构筑人类命运共同体的一种路径，是服务于全体人类和谐共生的。这种人类崇高目标和可能路径的统一，既是中国和谐文明传统的结晶，也是其对未来人类社会的一种阐释。面对机遇，我们要加强与经济步骤相适应和配套的文化带建设，要积极开展周边文化互通。加强与沿线地区国家的沟通与交流，形成一个由东方/佛教文明，经阿拉伯—伊斯兰文明到西方—基督教文明的对话互动机制，致力于覆盖全球的人类文化命运共同体的建构。

第二节 异质文化的融合案例分析

"一带一路"沿线地区与国家中存在较多以伊斯兰文化为主导的国家，作为该倡议的具体实施行为体之一，构建"一带一路"文化带，实施文化互通不可避免地会遭遇异质文化壁垒和文化冲突的风险。西方文化与伊斯兰文化虽然冲突激烈，但是一些跨国公司在跨国经营的过程中结合使用标准化跨文化营销策略与在地化跨文化营销策略，规避了对异质文化深层内核的冲击，柔性突破其表层文化。可为中国在"一带一路"沿线尤其是对伊斯兰区域实现文化互通可资借鉴的经验和启示。

"一带一路"是中国提出的全球经济发展重大倡议，特别注重中国与沿线国家的互联互通。从文化层面来看，东南亚、中亚、西亚均为伊斯兰文化占主导地位的国家。伊斯兰文化塑造穆斯林的生活方式，在伊斯兰教义的作用下，具有宗教色彩的消费模式和倾向得以存在。由此来看，在"一带一路"倡议的实施中，不同地域文化的异质性以及可能因此产生的文化壁垒和文化冲突应被纳入文化互通策略考虑之中。在应对文化冲突过程中西方跨国公司具有相当成熟的经验。在克服文化冲突方面美国老牌牛仔裤公司在东南亚国家的跨文化营销案例在构建"一带一路"文化互通方面值得研究和借鉴。

李维斯公司早在1981年就已开拓包括马来西亚在内的东南亚国家市场，而当时的马来西亚正处于伊斯兰原教旨主义浪潮中，伊斯兰教对于女性服饰的要求非常保守。伊斯兰教义主张穆斯林妇女不能穿着有意突出腰部和臀部等身体部位轮廓的服饰，而女性牛仔裤又以突出女性身体轮廓为主要特点，因此，牛仔裤尤其是女性牛仔裤被赋予西方的符号象征，成为当地伊斯兰运动的斗争矛头。在这种社会背景下，李维斯公司这一充满西方符号意义的异质文化行为体能够进入马来西亚穆斯林女性市场并且不断开拓发展值得探讨。

牛仔裤在马来西亚穆斯林女性市场的文化壁垒分析。

文化一般分为三个层次——表象文化、价值观和设想，而牛仔裤作为服饰的一种，从属性上看首先属于表象文化，并且蕴含着价值观。牛仔裤在西方社会兴起后，被冠以"美国精神"的代表，蕴含"反叛""个性""自由"等文化内涵。在非西方社会，牛仔裤被视为西方文化的代表，受到一定程度的抵制。在马来西亚尤其是伊斯兰革命运动以后的马来社会，牛仔裤也面临不同层面的文化壁垒。

（1）马来社会男权文化。

马来西亚是一个多族群社会，伊斯兰教传入以后，对马来人的生活逐渐产生重要的影响。在传统的马来农业社会，马来男性通过对女性在家庭、社会中的束缚展现权力，对女性身体的控制成为马来社会维系男性权力的主要标志之一。

20世纪70年代马来西亚的新经济政策使大量的马来女性接受教育并从事各种社会工作，世俗化和现代化发展在女性方面表现得尤为明显。马来女性的生活环境发生变化，她们在工作中接触到更多的非穆斯林男性，通婚现象也有所增多。越来越多外出工作的马来女性穿着包括紧身牛仔裤在内的较为性感的服饰。此时，获得更多经济权力的马来妇女为了争取自身权利，将牛仔裤等西方服饰作为斗争的工具。这样的做法被认为严重影响了马来男性在经济、道德上的主体支配地位，因而，对女性牛仔裤的打压成为维持且提高男性社会地位和权力的手段之一。

伊斯兰教要求穆斯林妇女佩戴面纱，遮盖能表现女性性征的躯体形态，认为面纱是保护妇女不受男子侵犯的方法。《古兰经》要求穆斯林妇女用外衣蒙蔽自己的羞体，指出敬畏、得体的衣服尤为美丽。穆斯林妇女服饰观表达出女性贞洁与穆斯林社会伦理的象征性意义，显露女性身体性征曲线和美貌的行为被认为是邪恶、诱惑、危险和不贞洁的。穆斯林学者们解释，穆斯林妇女的服饰应该遮盖住全身，并且不能显露出女性身体的轮廓，因此最合乎伊斯兰教法的女性服饰是面纱配以宽大的长袍，且不准佩戴能够显示腰间轮廓的腰带，禁止穆斯林女性穿诱人的装束以及身着男性服装。根据伊斯兰教法形成的伊斯兰妇女服饰观要求穆斯林妇女用穿着表达信仰，选择服饰的时候，遵循中正原则。

在20世纪80年代的马来西亚伊斯兰复兴运动中，运动者对《古兰经》进行重新解释，主张恢复伊斯兰传统文化，特别强调妇女的行为规范，妇女的地位与权利成为整个运动反对西化和世俗化的主要阵地与战场，而对穆斯林妇女服饰的约束则是这场斗争的典型手段。运动者在服饰上主张保守化，特别强调遮盖妇女头部和身体的面纱的重要意义，传统伊斯兰服饰被符号化为伊斯兰教信仰的象征以及对自身文化的认知和自我觉醒的表现，因此，穆斯林妇女或是自发，或是被迫，均开始重新佩戴头巾，穿着传统伊斯兰服饰。运动者企图通过对妇女身体、行为规范、服饰穿着的控制，达到对穆斯林妇女社会地位的控制。

（2）李维斯牛仔裤文化融合策略分析。

牛仔裤在马来西亚穆斯林女性市场遇到了不可避免的文化壁垒，但牛仔裤依然在马来西亚穆斯林女性中得到传播，受到欢迎。西方牛仔裤跨国公司的产品能够进入并适应马来西亚异质文化的消费品市场与他们的全球标准化营销方式及其在跨文化研究的基础上所制定的在地化跨文化营销策略密不可分。

李维斯公司开拓马来西亚穆斯林女性市场的标准化营销策略包括建立分销渠道。20世纪70年代李维斯公司开始着手在马来西亚设立分公司。这种在当地设立分公司和授予特许经营权的做法，避免了直销邮购成本较高的弊端，是跨国公司在异质文化环境中进行跨文化营销的基础性步骤。同时运用网络营销手段，李维斯公司与销售范围遍布新加坡、印尼、马来西亚、菲律宾、泰国、越南、中国香港等国家和地区的 Zalora 和 Iprice 网上购物平台均有着密切的合作，借其代销本公司牛仔裤产品。

广告及商业活动促销第一，从电视广告方面来看，李维斯公司常将著名音乐人、乐曲与自身产品结合，达到较好的广告效果。凭借专辑"Boombastic"荣获 1996 年格莱美"最佳雷鬼专辑"奖的夏奇曾说，此张专辑的成功很大程度上得益于李维斯公司的广告战略，音乐与商品相结合，不仅使音乐更加流行，也使商品更受消费者欢迎。随着此专辑在马来西亚的流行，一度掀起消费者抢购商品的风潮。除影视广告以外，服饰设计师、时尚艺人以及杂志作为"文化中介"，也成为李维斯公司的合作对象，联合推广品牌产品。在李维斯公司 2014 年于吉隆坡举办的为期 6 天的"LIVEINLEV'S"商业活动中，马来西亚著名青年时尚服饰设计师雪莉·欧恩受邀每天现场为消费者提供免费的时尚搭配建议。同时，杂志 Gumball 也对参加活动的明星及穿衣风格进行专题采访。另一方面，李维斯公司还邀请时尚艺人进行产品宣传，马来西亚 8TVQuickie 主持人金洽也通过自己的电视节目以及自制网络节目，推介李维斯的牛仔裤，并提供搭配技巧。李维斯公司在马来西亚开展各种全球主题商业活动。在 2011—2013 年的李维斯公司"Go Forth"全球主题活动的影响下，李维斯马来西亚分公司也以"Go Forth"为主题参加 2012 年 11 月 24—25 日在吉隆坡举行的第十届城市户外艺术节，并对该艺术节进行商家赞助。在该活动中，李维斯公司不仅向消费者赠送免费的环保袋、购物券等，还邀请当地穆斯林女画家尼尼、穆斯林女性时尚博主阿米等人参与活动，吸引了当地穆斯林女性消费者的参与。以上商业活动是李维斯公司立足于全球标准化营销策略在马来西亚开展的。这样的标准化营销策略在全球市场开展，但在标准化中又蕴含着本土化的特色，两者相互联系，相辅相成。

李维斯公司实施商业评奖机制在地化，李维斯公司发起的"Ladies in Levi's"全球系列活动鼓励女性在社交网络上传自己与李维斯公司牛仔裤的故事与图片，并选出优秀的图片、故事以及互动消费者，在公司主页上进行宣传。马来西亚穆斯林女性在李维斯公司的 Instragram、Facebook、Twitter 主页上积极参与该活动。在选取的四组优秀作品中，就有一组穆斯林少女。

这种商业评奖的评选规则和奖项设置充分考虑到穆斯林女性消费者的社会心理，西方牛仔裤尤其是女性牛仔裤符号化内涵中始终包括"自然""个性"的文化内涵，而题为"Ladies in Levi's"的商业活动则倡导女性消费者的"自我"与"个性化"发展。

李维斯公司在全球拓展过程中，将牛仔裤与流行文化因素相结合，或是对流行歌手的服饰进行赞助，使牛仔裤成为摇滚明星及其热爱者所追捧的时尚服饰，或是赞助好莱坞电影角色的服装，刻画塑造影视人物，使牛仔裤越来越成为流行文化象征符号。出于同样的方式，在马来西亚，李维斯公司注重对当地马来女性歌手商业活动的赞助，以此间接地促进歌手的追捧群体对于其穿着的牛仔裤的亲切感与喜爱。从李维斯公司的跨文化营销活动的参与情况来看，青年穆斯林女性消费者的参与性和互动情况较为积极，这在一定程度上说明女性牛仔裤正逐渐在马来西亚穆斯林女性消费群体中传播，同时也获得越来越多穆斯林女性的喜爱，反映出李维斯公司跨文化营销策略取得的成效。女性牛仔裤已被马来西亚穆斯林女性消费群体普遍接受，无论是伊斯兰文化占主导地位的较为保守的乡村，还是城市化进程较快的经济发达地区，女性牛仔裤都普遍存在；而且，经济发达地区或者经济条件较好的人群，相对更能接受紧身牛仔裤，搭配风格更为开放。李维斯公司通过标准化与在地化策略的融合，形成"思考在全球，行动在地方"的全球地方化跨文化营销策略，成功开拓了马来西亚穆斯林女性消费市场。

在实施"一带一路"文化互通进程中，对跨文化关系的重视、对异质文化的恰当处理，以及跨文化沟通方式具有极大的重要性。李维斯公司较为合理的跨文化营销策略使带有异质文化因素的牛仔裤在马来西亚在地化发展的过程中并未受到较大的抵制，也未引起过群体性的冲突事件，而是在一定程度上缓解了既存的文化壁垒对跨国公司跨国经营产生的负面效应。经验对于"走出去"的中国企业有着较为显著的现实意义。在"一带一路"倡议推行过程中，不同文化的相互沟通是倡议得以实施和发挥有效作用的重要基础。要达到更深层次的互联互通，对于文化冲突和文化壁垒的恰当处理应是我国落实"一带一路"倡议的题中之义。在"一带一路"沿线，国家文化多样化是显著特点，"走出去"的中国企业在跨国发展过程中不可避免地会遇到文化冲突问题，重视并合理应对文化异质性，发展跨文化经营与跨文化营销也是中国企业在"一带一路"沿线国家获得长足发展的必要之举。

总的来看，在实施"一带一路"文化互通过程中，首先要注意文化内核的异质性与可能存在的冲突，避免与异质文化的深层文化的冲突。同时对于文化外延的表层文化的异质性，可以采用跨文化营销和公关策略进行柔性突破。适当地将中国产品和服务与异质文化中的一些文化元素如宗教暗示相结合，在一定程度上获得异质文化群体的好感，使之更容易接受中国文化和产品，从而突破文化壁垒的限制。这样做在尊重异质文化的基础上最终实现文化互通，并能在一定程度上增进不同文化的融合。

第三节 中国文化特质分析

"一带一路"提五通，最难的是人心相通。政策沟通，设施联通、贸易畅通、资金融通，都是功能性的改变。"一带一路"是希望有一些化学改变，除了物理改变还得有一些化学反应，所以通心是很难的，怎么通心呢？通心在于文化互通，在于把我们的世界观与不同民族的世界观进行沟通互鉴。所谓文化互通前提就是要自己首先明确一种世界观，用本民族的世界观与其他民族的世界观进行沟通融合。中国倡导的"一带一路"天然带有中国文化的印记，在国际关系中，这就是一种世界观，我们称之为天下观。"天下观"形成于先秦，中国的"天下观"，就是中国的世界秩序观[1]，其最高理想是天下大同，这使中国文化具有了包容非华夏民族的文化基因，形成了中华民族所特有的向心力。作为世界文明中唯一没有中断的中华文明，其文化当然具有贡献世界优秀价值观的潜力。

一、中国文化中的天下观

人类社会有许多不同类型的文明，它们有不同模式，其发展面临不同的挑战。处于某个文明时代的人有怎样的自我认知？如何看待其他文明？这肯定会影响其存在状态和发展前景。对文明的自我认知决定其自信程度，也关系着对其他文明的态度，在整体上体现为一种文化气质和世界观。在

---

[1] Benjamin I.Schwartz."The Chinese Perception of World Order",in John K.Fairbank(ed.).The Chinese World Order:Traditional China's Foreign Relations.Cambridge,Massachusetts:Harvard University Press, 1968,pp.266-288.

世界文明中，中华文明和西方文明的不同特征对比很强烈。前者位于东亚大陆，在古代表现为大河大江流域的农业文明，在近代开始转型。"天下观"是古代中国人的一种独特世界观，其内涵十分丰富。它不是一个简单的地理概念，而是与"家""国"密切结合的，以一定普遍的秩序原则所支配的空间，是中国式世界秩序的观念基础，同时也体现了一种以中原为核心的政治体系。

天下不是地理学意义上的空间概念，而是古代中国人构想的一种文化的空间，它在特定意义上反映了中国人的国家观、文明观、世界观。中国文化中的"天下"有明显的政治文化色彩，甚至可以说中国古人的"天下观"首先就是统治者的天下观。中国人的天下观在夏商之时孕育出朴素的原型，到两周时期得到进一步发展。周人对天下观的贡献并不在于延续了商殷以来较为机械的方位、层次观念，而是产生出一种文化上的天下观。"中国"和"天下"这两词在周初时正式出现在传世文献中。"天下"首见于《周书·召诰》中的"用于天下，越王显"，意思是说用此道于天下，王乃光显也。可见"天下"是一个由"王"来执政行道的世界。"天下观"作为一种政治思想，形成于先秦时期。"天下"既指中国与四方的总合，也指人文与自然交会的空间。中国与四方的"四夷"，共同构成以中国为中心的同心圆。

中国历史上天下观的最高理想是天下大同，要向大一统的多民族国家来过渡。这使得中国文化具有了包容非华夏民族的文化基因，形成了中华民族所特有的凝聚力和向心力。所以在中国历史上分裂状态是暂时的，而人们追求的统一状态是常态，是主流。中国人自己很早就把中国看成是一个文化共同体，而不是一个政治疆域，更非一个种族疆域。中国所涵盖的民族和疆域不断以内聚的形式扩大的历史进程，印证了中华天下观中的华夷之辨所独具的包容性和向心力。

二、"天下观"与封贡体系

天朝封贡体系是以儒学思想作为意识形态在东亚建立的一种秩序，以天朝为核心，覆盖东亚、东南亚地区的封贡体系，天朝与朝贡国不是现代国际关系意义上平等国与国之间的关系，但也绝非殖民体系下宗主国与殖民地之间充满了掠夺和压迫的殖民关系。晚清外交家曾纪泽曾指出："盖中国之于属国，不问其境外之交，本与西洋各国之待属国迥然不同①。"这里所涉及的朝贡体制是一个内涵更为复杂的多元体系。它作为亚洲世界和国际秩序中的外交、交易原理发挥其作用，使各个国家和民族保持自己个性的同时，又能够承认彼此的存在，它是一个共存的体制……近代的统治—被统治、剥削—被剥削的经济关系是不能和它相提并论的"②。封贡体系的不平等性主要体现在封贡礼仪与封贡表文当中，象征意义更为突出。这与近代条约体系的不平等性有本质的不同。

封贡体系中的等级性与中国自古以来就有的天下观及华夏中心意识有关。这种华夏中心意识的存在是由对自身文化的优越感而产生的。由于地理环境的相对封闭，缺少与其他发达文明之间的对等交流，华夏族日益增强了自身的文化优越感。所以，在天下观的影响下，中国往往以天朝上国自居，把与中国发生关系的其他国家都纳入封贡体系的范畴，以和平互利为目的，维护自身社会的稳定和文明的发展，并通过和平的方式来促进其臣属国的发展。"在华夷秩序中，各国的最高权力即使难免受到来自王朝内部政变的威胁，却一般不会因来自外部侵略而遭罹亡国的命运；国家之间一般也不需要借用国际条约来确认自己在领地内的最高主权；此外，在文化多元化和多神诸教并存的宽松氛围中，没有一种宗教力量可以形成对中华帝国最高统治权威的挑战。③"这一秩序把东亚各国人民引导到了文明社会，促进了各国政治、经济、文化、教育等领域的制度和事业的发展，使这一地区的思想、道德、知识、社会管理、行政效率、经济和生活水准，在近代以前数千年中总体处于世界前列且较为和平稳定。该秩序的主要特征是和平互利性质的。

中国古代对外思想中的"守在四夷"，体现了维护国家安全的一种方法——缓冲国，物质上的"厚往薄来"所换来的不仅仅是属国对天朝地位的承认，更重要的是国防意义上安定的周边环境。"协和万邦"也是旨在形成一种对万邦进行协和的国际关系体系。经过漫长的历史演进，儒学与东亚各民族的文化水乳交融，成为他们的精神支柱，逐渐形成了"儒学文化

---

① 曾纪泽：《曾纪泽遗集》，岳麓书社1983年，第208页。
② 加藤阳子：《戦争の日本近代史》，講談社現代新書2002年，第66~77页《曾纪泽遗集》，岳麓书社1983年，第208页。
③ 肖佳灵：《国家主权论》，时事出版社2003年，第194页。

圈"。东亚各国虽然民族构成、历史发展、风俗习惯各不相同,但由于有共同的儒学传统,因而信奉了包括天下观在内的一些共同价值观念,并共同巩固据此构建的封贡体系。

天下观对外部世界的影响使用了政治、军事资源,正所谓"以力辅仁",但是更多的则是依靠思想和道德自身的力量。《贞观政要》云:"先王患德之不足,而不患地之不广;患民之不安,不患兵之不强。封域之外,声教所不及者,不以烦中国也。[①]"天下观中蕴含的儒家德教思想改变世界常常是以润物细无声、潜移默化的方式,自然而然地通过心灵的感化而显示出来。它超越时代、地域和民族的界限,甚至能够在一定范围内克服宗教和种族的顽固偏见,为自己开辟广阔的传播空间。可见,天朝封贡体系主要不是依靠武力维系,更有效的则是依靠华夏一整套的德教礼治。因此,该秩序具有一定的非强制性。

三、天下观的现代文化意义

当今的国际秩序再次面临着重大的转型,这种转型无疑是硬力量对比之争,但也是理念之争。指导、引领体系之间转变的外交理念是一种看不到的力量,这种外交理念是体系之间碰撞的产物,反过来又促进了体系的转变。如果一种文化价值观得到更多国际集体的认同,它就会对整个国际秩序体系产生作用。

以世界秩序观为视角,研究中国与欧洲长时段的历史,我们可以得出结论:从某种意义上讲,中国的天下观、华夷之辨理论等具有一定凝聚、向心、尚和的力量。文化的兴衰是与能否纳新、能否迎战相呼应的。犹如江河之于细流,拒之则成死水,纳之则诸流并进,永葆活力。文化之活力在兼容并包,同时须纠正自断脐带、漠视传统的错误,应使传统与现代有机地衔接。对于一个伟大民族而言,传统与现代应该是一个连续性的整体,既不应该也不可能分割断绝。世界文明中唯一没有中断的中华文明,其文化当然具有贡献世界优秀价值观的潜力。史上中国的疆域扩大、民族融合是文化与民族内聚而形成的,并未伴随着以轴心向外辐射的大规模军事扩张,这一点同西方的大国崛起恰恰相反。此一特质既动摇了各版本"中国

[①] 吴兢:《贞观政要》,岳麓书社,2000年,第300页。

威胁论"的文化根基,也会增强我们推广自己外交道德的自信。目前首要的任务是着手于实现中华传统文化的现代性转化,提炼出自身优秀的文化价值观,从中国自身发展的逻辑上,完成一个从"世界的中国"到"中国的中国"的升级与转型,这种转型也应为未来人类社会的共同繁荣、发展做出应有的贡献。

中国古人是通过"四海"这个概念来观照天下、认识世界。或者可以说,中国古代文化的聚焦点在海内,但也以自己为中心向海外辐射,从而形成了一种关注海内、达及四海的天下观,这其实也就是中国古代文化中的国家观和世界观。换一个角度也可以说,古代中国人在特定地理和社会历史条件下构建了自己的文化标准,并将其文化标准"放之四海",形成了一种独特的文明观。中国古代文明关注的焦点在海内,这是因为文明的主体在大陆,社会经济的基础是农业,当然还与传统政治文化的特点有关,即统治者得天下、守天下的主战场也在大陆。但中国毕竟是海陆兼备的国家,中华文化中包容了很多海洋文化元素。古代中国人通过海洋对海外世界进行了很多探索。如汉武帝派使者从雷州半岛沿海岸航行,开辟中国与东南亚、印度的海上交通,明朝郑和下西洋。

四、天下观与文明互鉴

古代中国文明的主体在大陆,受其特定地理格局和传统政治文化的影响,古代中国人建构了一种以自己的文化为中心而达及四海的"天下观"。从世界文明史的视野看,中华文明的最大特点是包容性。中华文明虽自视为中正、华美的文明,但对海外文明并不排斥,而能吸纳、广延。当年孔门弟子子夏就有"四海之内,皆兄弟也"。中国文化中还包容了许多其他宗教文化。所谓"海纳百川,有容乃大",乃是中国人的一种文化理想,在一定程度上也是中国文化的一种现实表征。中国人讲"诸教并存"时将儒也列为一家,但儒家学说其实是一种人文价值理想,不是严格意义上的宗教。儒家学说对传统士人和社会政治有极大影响,是所谓"入世"的学说,而道家讲"隐世",佛家讲"出世"。古人一般讲"以儒治世,以道治身,以佛治心",三者有互补的关系。

中西文明需要相互欣赏,相互尊重,互鉴互学。在西方文明史上,古希腊和罗马能在很短时间内从蒙昧野蛮时代走向文明,就是因为它们始终面向外部世界，主动地学习其他文明。同样，中国古代曾通过丝路和海路吸收、包容了许多域外文明。历史上有的文明相遇之后，弱势的文明往往被强势的文明所覆盖，失去其基本的文化元素和风貌，这其实是人类文明的一种损失。世界文明史上也不乏一些文明由于失去学习能力而没落。当今世界影响较大的西方文明、中华文明、伊斯兰文明、印度文明等都有很强的学习能力，都是富有生命力的文明。

文明之间的互鉴互学是一种对话。对话必须平等和相互尊重，不然就不可能理性地进行，也不会产生建设性的成果。开展文明间的对话和学习，第一是要有文明的自信。对中国人而言，若失去了文化的自尊和自信，学习西方只能是东施效颦或者邯郸学步。第二是要承认、尊重彼此的差别。其实，在任何社会历史条件下，人们之间在利益、意识形态，甚至文化倾向方面的差异都是无法消除的。不同文明之间有包容才能容纳差异，能欣赏才会尊重和接触，相互理解才会为化解分歧提供可能，所谓"海纳百川，有容乃大"。说到底，文明的互鉴互学是为了丰富和自我提升，而不是为了同化对方，更不应失去自我。

"天下"是中国传统文化对世界秩序的一种原初想象，"天下主义"是以"天下"理念为核心，由具有普遍性、开放性的世界秩序、价值规范与理想人格构成的思想体系。从儒家的"仁爱"、墨家的"兼爱"到康有为的"大同世界"，均体现出古人普遍的"天下主义"理想情怀，即对建立统一与合理、开放与包容的秩序体系的追求。在当今全球化语境之下，中国提出的"一带一路"倡议，不只是政治、经济的互动交流，更是人文领域的互鉴沟通。可以说，"一带一路"倡议作为文明之路，根植于对中国文化理念和文化战略的自觉自信，体现出"天下主义"的精神内核。

第四节 文化互通与文化自信

十九大报告强调："文化自信是一个国家、一个民族发展中更基本、更深沉、更持久的力量。"在对外开放的进程中，扩大对外文化交流，通过文化创新有效转化文化资源，积极发展文化产业，输出我们的文化产品，都是文化自信的表现。在"一带一路"建设过程中，应通过文化交流的形式与"一带一路"沿线国家更好地往来合作，推动海内外联动、东西双向开放的全面开放新格局的形成。

　　文化自信是文化互通的前提和基础。这里文化自信首先是一种"以天下观天下"的世界观的自信。《道德经》有云:"修之于天下,其德乃普。故以身观身,以家观家,以乡观乡,以国观国,以天下观天下。""天下"是中国文化特有的思维尺度,是一个最宏大、最完备的分析单位,具有最广阔的容纳力,任何问题都可以被纳入进来重新反思,文化也不例外。任何特殊的文化都是人类活动的结果,实质上体现了某特定群体对生活和生命的体验。因此,处于同一文化体系内的就是"文化朋友",而处于文化外部的则是"文化异乡人",这二者之间存在着内在张力。面对差异性的多元文化格局,西方文化多以民族国家为基本单位,把文化的视域限于国家、民族内部,缺少"心怀天下"的维度,世界秩序的冲突和混乱也多发于民族国家之间。萨缪尔·亨廷顿就认为,当今世界的冲突本质上是不同历史文化的世界秩序观之争,异质化的文明之间是不可兼容的。当然,这并不是说西方文化中没有关于世界的思考,比如斯多葛学派的"世界主义",康德的"世界公民"等,但西方对世界的思考方式是"以国家观世界",而中国的"天下主义"则强调"以天下观天下",二者的立足点和尺度不同。"天下"作为一种消解了特殊性的世界观,其普遍性或整体性视野更饱满、更开阔,使得中国文化具有统一性力量。该力量的合理性在于,它是理想性和现实性的统一:其一,"天下"内在地蕴含了"天下无外"的理想,即它是一个只有内部而无外部的理念。各个民族的历史文化,在世界内部是平等共存的。世界不再是不同民族文化角力的场所,而是需要共建共荣的文化共同体。其二,中国传统文化是依循"修身、齐家、治国、平天下"的进路,从"身—家—国"逻辑同构的角度,最终达到"天下大同"的终极境界。因此,与西方文化相较,"天下"的世界观更具有开放性和包容性。

　　文化自信的核心是"以天下为一家"的价值观的自信。任何文化的核心都是一整套价值规范体系。中国文化是以儒家文化为代表的伦理型文化,西方文化则是以基督教文化为代表的宗教型文化。伦理型文化是以血缘宗亲为出发点,实现情理统一、仁礼互动的社会。在《中国文化要义》中,梁漱溟认为"中国伦理始于家庭而不止于家庭"。一方面,中国文化重视家庭生活,传统五伦中父子、夫妇、兄弟都是关于家庭伦理的;另一方面,伦理关系由近及远,从家庭向外扩充,整个社会关系是依照家庭关系推广发挥的。可以说，家庭是"天下"的逻辑起点，所有问题最终会还原到家庭上。家庭是伦理的实体，而国家是政治的实体，家国同构的"天下"则是伦理与政治合一的文化实体。

"以天下为一家"的价值观实质上是一种关系性伦理，把"自我"和"他者"看成是一体共生的关系，这种关系性特征是中国文化的独特之处。"天下"思想并不回避"他者"的价值观，而是把"他者"化入"自我"之中，成为"自我"密不可分的一部分，这就是所谓的"天下一体"。"天下"是一个最大的家，在这个家庭内部，不存在敌我之分，有的只是远近亲疏之别。家庭利益的最大化就是个体利益的最大化，共同体的善与个体的善是统一的。

文化自信最终体现为一种人格自信。文化的载体是公民，无论是"以天下观天下"的世界观，还是"以天下为一家"的价值观，都最终沉淀为个体的精神品格。所谓"以文化人"，也就是说文化涵育人格，最终体现为个体生命和生活的形式，而人格的形成也会促进文化的繁荣与发展。余秋雨曾说到"文化，是一种包含精神价值和生活方式的生态共同体。它通过积累和引导，创建集体人格。当文化——沉淀为集体人格即国民性，它也就凝聚成了民族的灵魂"。中国文化倡导和推崇的理想人格是"君子"，这是由中国人独特的精神气质所决定的。在传统儒家文化中，"君子"并没有确切的定义，但从对"君子"的诸多描述中可窥见一斑，主要包含"仁、义、礼、智、信"。随着社会主义核心价值观的提出，"爱国、敬业、诚信、友善"的公民人格与"仁、义、礼、智、信"的君子人格更唱迭和，彰显出"君子"不息的生命力。"君子"之质丰富，以"仁"为本，成己成物。在"天下"的视域中，"君子"是一个自主自足的动态形象，通过"身—家—国—天下"的逐渐扩充延展，人格不断超越并完善，最终达至"天人合一"的境界。这个向外扩充的过程，动力来源于"仁"，"仁"是对人性的普遍要求。"仁"之方，一方面在于反求诸己，克制自身不合理欲望，从而在私人领域真正对自己负责；另一方面则是积极向外学习，在与家、国、天下建立关系的过程中对他人和世界负责。"君子"之行要符合中庸之道，执中守常，和而不同。中庸是中国文化中重要的方法论原则和道德标准。程颐说"中者，天下之正道；庸者，天下之定理"。作为一种方法论原则，"中庸之道"是一种整体的思维方式，其要义有两方面：其一，全面地看待问题，反对极端化思维；其二，在适度的基础上，积极地寻求多样性的和谐统一。那么，体现在人的行为模式上，中庸之道就要求达到人与内心的理欲平衡，人与自然的天人合一，人与人的忠恕包容。从"中庸之道"来解决当今的文化冲突问题，相较于西方适者生存的斗争模式更具高明之处，"中庸"不仅仅是"求同存异"地承认诸多文化存在的正当性，而且要在此基础上积极地共建一个互动互补的世界。总之，"天下主义"启发我们以一种新的视野去构筑文明之路，从世界观、价值观、人格模式三方面层层递进，组合严整，打造中国文化气派，增强文化自信。这种文化自信既不是孤芳自赏，也不是随波逐流，而是旨在创建一个兼容并蓄、和而不同的文化共同体。

第五节 "一带一路"文化互通建设方略

中华传统文化博大精深，无论是文学艺术、哲学思想，还是建筑工艺、民俗风情，都是我们宝贵的财富。中华文化蕴含的包容、合作、求同存异的思想，对"一带一路"互联互通建设至关重要。

一、讲述中国故事、传播中国声音，夯实"一带一路"民意基础

国之交在于民相亲，民相亲在于心相通。民心相通，是"一带一路"建设能够顺利推进的社会基础和民众基础，可以增进"一带一路"沿线国家民众的友谊，进而推动沿线国家的经济合作。而文化交流是民心相通最有效、最受欢迎的桥梁和纽带。我国边境地区2300多万人口中，少数民族人口近一半，其中有30多个民族与周边国家同一民族毗邻而居。这不仅为中国对外交流提供便利，也是全面对外开放、民心相通的优势所在。在对外开放的过程中，我们要利用好这个优势，与"一带一路"沿线国家广泛开展文化交流合作。

讲中国故事是对外文化交流的重要举措，可以真实、全面、立体地展示中国。讲中国故事，既要讲中国厚重的历史，还要讲中国的改革发展，让"一带一路"沿线其他国家的人民感受到中国文化的多姿多彩、中国方案的正确设计和中国道路的明智选择。我们首先要提供讲故事的平台，建

成"一带一路"沿线国家文化交流合作机制,比如,以文化节、文化年、文化周、文化日等形式,积极开展文化交流活动,打造文化交流品牌。通过艺术的表现形式,如文学作品、音乐舞蹈、绘画展览、电影电视剧等来讲述中国故事;通过学术交流、研修,鼓励专家学者走出去的同时邀请其他国家专家学者访学,这种以生产知识来讲述中国故事的方式,更具有前瞻性、稳定性和丰富的科学内涵。讲述中国故事,不仅需要中国人自己来讲,还需要其他国家的人共同来讲,文化旅游正是这样一种方式。通过旅游,国外游客能够更真切、更直观地感受到中国五千年的璀璨文明,回到本国后讲述中国故事,是中国文化最直接的传播者。

二、"精耕细作"文化资源,积极输出文化产品,建设文化贸易强国

文化贸易和投资是提高国家文化软实力的重要途径,是助力"一带一路"建设的重要推手。2016年,中国文化产品进出口总额885.2亿美元,出口786.6亿美元。与"一带一路"沿线国家和地区文化产品进出口额达149亿美元,占文化产品进出口总额的16.8%。我们在世界140个国家和地区建立了511所孔子学院,播放的《中国成语大会》《中国诗词大会》《舌尖上的中国》等电视节目,在一定程度上促进了中国文化在全球的传播。可以说,我国已经成为文化大国,但与美国等文化强国相比还有差距。早在1998年,美国消费类视听技术文化产品出口已经达到600亿美元,取代航空航天工业的位置,成为第一大出口产品。美国影片总量虽然只占全球电影产量的6.7%,却占据全球总放映时间的一半以上。美国的文化贸易之所以非常发达,主要是因为其文化创意产业发展迅速。通过文化创意产业,美国成功地向全球输出了自己的生活方式和价值观。

中国拥有丰富的文化资源、文化习俗,如文化遗址、特色建筑、民族艺术表演、传统手工艺、民族饮食文化、节日庆典活动等,其中30多项已被列入世界非物质文化遗产名录,是世界上拥有"非遗"项目最多的国家。我们要继续保持对传统文化自觉传承的敏感性,借鉴文化强国在对文化创意开发和推介方面的经验,对各类文化资源"精耕细作"。

在文化资源的创造性转化上,首先,要始终坚守以文化为灵魂,根植于文化的传承。不能简单地复制,应在深刻理解文化资源内涵的基础上,

通过文化人才的灵感和想象力、高新技术的运用，将文化资源转化成有创意的文化产品，丰富文化产品的文化内涵，提升文化产品的品质，改变以往以量取胜的出口模式，做到以质取胜。其次，不同类型的文化资源要采用不同的创新转化方式。对于口头流传、文字记载的文化资源，如民间神话、民间文学、民风民俗等，可以结合现代文化的表现形式，如图书、动漫、展演、影视剧等来转化；对于物质文化资源，如文物、建筑、文化遗址等，利用数字技术转化为文本、图像、音频、视频，盘活这些沉睡着的文化资源，丰富其表现力、增强其感染力，提升其文化内容的传播力。根据数字文化资源虚拟化、个性化、跨时空性、可持续利用的特点，可以开发创意文化产品，打造具有中国特色的文化创意产业，再借助互联网提高文化产品的输出效率，扩大输出范围，进而提升中国文化产品的贸易竞争力。中国不是用"一带一路"规划世界，而是中国要充分地融入世界。每一个文明都有它的闪光点，要相互欣赏、相互理解、相互尊重，这是"一带一路"不同于西方话语权的最大的特点。

第五章
地缘文化与文化互通

第一节 "一带一路"倡议与地缘文化

一、"一带一路"地缘战略与周边环境

中国边疆长期受到暴力恐怖势力、民族分裂势力、宗教极端势力"三股势力"侵扰和冲击。面对着错综复杂的地缘政治环境和外部安全压力,中国亟需创造性地调整地缘政治战略,开辟稳定安全的陆路通道,打造和平友好的安全屏障。在这种背景下,"一带一路"的建设将有助于深化中国与周边国家在政治、经济、安全等领域务实合作,加强相互间的政治互信和友好往来,对冲与缓解海陆安全压力,为中国拓展地缘战略空间、构筑和平稳定的地缘政治环境、维护国家经济与边疆安全创造条件。

传统意义上,我国的周边地区主要是指与中国地理接壤、文化相近的国家和地区。随着中国实力的增强、海外利益的拓展,有关"大周边"的呼声日益高涨。一般而言,"大周边"涉及东北亚、东南亚、南亚、中亚、西亚和南太平洋地区"六大板块",其中东北亚、东南亚、南亚和中亚这4个板块与中国陆海直接接壤,自然属于中国周边范畴。此外西亚和南太平洋地区也应纳入中国的"大周边"视野中。尽管确立了"大周边"的概念,但对周边国家还需里外有别,根据与中国利益关系的亲疏程度建立以中国为内核的"同心圆"结构,实现"三环"布局,进而有利于中国周边战略的层层推进。"内环"是指与中国陆地接壤的 14 个邻国,因特殊的地缘意义和历史原因,对于中国而言具有无可替代的重要性。"中环"是由"内环"向外扩展的海上邻国、中东地区和太平洋地区,将起到拓展中国周边影响的关键地带作用。"外环"则是继续向外扩展的非洲、欧洲和美洲一圈。三环中内环关注国家安全,中环和外环经济发展是重点。

中环和外环是中国的地理周边，核心问题是发展，在日益全球化的世界，中国只有充分利用全球的资源和市场才能做到可持续发展。内环是中国的地缘周边，核心问题是安全问题。周边不稳，战乱频发，恐怖袭击不断，中国持续发展是不可能的。所以实施"一带一路"倡议首要是推进中国与周边国家的互联互通，通过经贸交流，文化交流增进对中国的国家认同和中国文化的国际影响力。以发展求稳定，以交流求安全，实现亚欧大陆的经济整合，拓展中国的地缘经济政治空间。总之，中国大周边战略构建的重要目标之一是提升中国的国际影响力，这就需要借助一定的实力转化机制来增强战略能力，而"一带一路"战略则可以成为有力的实力转化机制。通过"一带一路"战略的实施，开展互联互通、深化经济合作，推动建设人类命运共同体。

二、"一带一路"有助于缓解中国战略压力

安全压力是因中国崛起而引发的大国和周边国家对中国的猜忌和防范。长期以来，中国推行睦邻友好政策，试图以经济合作促进中国与周边国家的政治、安全关系。不过效果并不理想，这也导致周边地区形成了"经济上靠中国、安全上靠美国"的二元格局，东盟国家可视为典型代表。长期以来，中国与东盟国家经贸关系密切，人文交流频繁，但安全合作进展有限，部分国家对中国的担忧和防范依然存在，这也导致中国与东盟国家经济合作的政治安全外溢效应有限。东盟诸国这种"经济上靠中国、安全上靠美国"的二元格局实质是一种战略对冲策略，鉴于中国与东盟国家体量上的巨大差异以及历史上东盟形成的戒心，可以预计中国与东盟的经贸、文化交流合作会不断加强。

中国与周边国家的地缘经济合作并未带来相应的地缘政治和地缘安全的改善，如何融合三大地缘要素是新时期中国周边外交亟需解决的问题。"一带一路"将向周边沿线各国分享发展红利，促进周边各国共同发展，增加周边各国对中国的亲近感和认可度，进而有利于促进周边地缘政治、安全和经济的融合。"一带一路"是一个涵盖地缘政治和地缘经济的大战略，对其本质的认知既要基于历史角度将其视为中国从传统陆权国家走向陆海权复合型国家的"战略转折"，也要基于现实考量明确它是中国在融入主流世界过程中面临复杂的国内外矛盾和困境所作出的"战略反应"，还要基于

大国崛起的视野认清它是中国追求和平发展的地缘政治经济的"战略重构"。不过，对于陆上丝绸之路经济带和海上丝绸之路在地缘经济和地缘安全上可以适当有所侧重，具体而言，陆上丝绸之路更应侧重地缘安全建设，海上丝绸之路则更应加强地缘经济建设。

三、"一带一路"拉近中国与周边地缘情感

地缘情感是指不同地区间的认知态度，类似于地缘文明，但相对于地缘文明而言，其也受政治、宗教和经济等因素影响，从而形成一种情感上的总体态度。中国周边国家众多，对中国的情感不一，存在明显的地缘情感差异，影响到周边国家对中国的认同度和亲近感。对于中国周边外交而言，面临的一个重要问题是大国与小国关系的处理。"一带一路"沿线的许多国家都是小国，在漫长的朝贡体系时期，很多国家甚至是中国的藩属国，并非一种现代国际关系意义上的平等关系，许多国家对中国的历史记忆也并非完全美好。中国与周边国家虽文明相近，历史上人文交流密切，但受中国崛起影响，周边国家对中国实力强大的担忧也日益明显，防范和排斥心理长期存在，这也意味着"一带一路"倡议的实施必须关注地缘情感。"中国威胁论"在周边国家存在一定的市场，致使中国在周边地区的国家形象受到损害，对中国与"一带一路"沿线国家的关系发展造成了负面影响。"一带一路"沿线国家大多具有悠久的宗教文化传统和浓厚的宗教信仰氛围，如东南亚自古就是多族群、多宗教并存的多元文化地区，"一带一路"的互联互通将带动多元文化的大碰撞、大冲突和大融合，但一段时期内摩擦和冲突也可能会变得更加频繁。"一带一路"将文化互通视为重要目标，传承和弘扬丝绸之路友好合作精神，广泛开展文化互通、学术往来、人才交流合作、媒体合作、青年和妇女交往、志愿者服务等，为深化双边和多边合作奠定坚实的民意基础，这非常有利于拉近地缘情感，增强中国对周边国家的感召力、亲和力和凝聚力，加强地缘情感培植，使之成为"一带一路"的强力粘合剂。

四、"一带一路"加强地缘联系

地理磨损原理认为："要衡量一国对他国的影响力特别是战争力量时，就必须考虑距离和地理通达性两个因素，因为它们会使影响力和战争力量在传输过程中受到磨损和削弱。"换言之，从地缘政治视角考虑，大国影响

力随着地理距离增加而减弱。因此,如何减少地缘效应递减,加强地缘联系就成为周边外交的重要任务。通过"一带一路"倡议的实施,互联互通将逐步落实,使得中国与周边国家的地缘联系更为紧密。通过 3 条陆上线路、2 条海上线路、6 条经济走廊,联通不同层次区域,借助大量的人员、产品和资本流通,中国周边各国的地缘联系将更加紧密,大周边也将真正实现。这也符合当前中国外交重势轻利的导向。当前中国外交布局更加反映了东方的围棋思维,重大局谋长远,不计较"一城一池"之得失。"一带一路"倡议秉持共商、共建和共享原则,既"授人以鱼",也"授人以渔",其目的都在于促进共同发展和繁荣。

五、"一带一路"释放地缘经济能量

"面对世界经济增长放缓与国内经济发展新常态的双重压力,中国亟须通过实施'一带一路'倡议来突破对经济增长的双重约束"。"一带一路"倡议的实施将极大地释放中国的地缘经济能量,将过剩的产能、资本和人力向周边国家进行输送,实现中国与周边国家的互利共赢。"一带一路"沿线许多国家因基础设施落后和资本缺乏,发展相对落后。通过亚洲基础设施投资银行和丝路基金,中国将为"一带一路"建设提供大量的资本支持,同时加强与"一带一路"沿线各国的人民币结算,可以促进人民币的国际化战略。"一带一路"倡议的实施可以激发这些国家的发展潜力,促进资源优势互补,在更大程度上释放周边地缘经济能量。一是将为中国经济开拓创造更具全方位特点的开放格局,共同打造开放、包容、均衡和普惠的区域经济合作架构。二是创造培育国内、区域以至全球范围的新经济增长点,有助于中国与沿线国家更好地实现经济较快可持续发展的目标。三是促进周边区域合作经济制度发展,为周边地缘经济合作提供制度保障。

第二节 地缘文化理论概述

一、地缘文化缘起

地缘文化是地缘战略的重要组成部分。随着全球一体化进程的加剧,文化等软性因素,则成为影响国际政治格局、影响全球一体化进程的更为关键的因素。"各国都在发展或参与有利于自己的地缘文化集团,以期在维

护自身利益和提高综合国力的竞争中抢占先机。""任何一个国家对外政策的制定都离不开地缘文化的影响和制约,因为对一个国家来说,永恒不变的制约因素就是它所处的地理环境,以及由此而产生的地缘文化。"或者,按照亨廷顿"文明冲突论"的观点,世界将不再是军事或经济的竞争,而是文化的竞争[①]。亚历山大·温特的《国际政治的社会理论》一书,从社会学和哲学的角度对国际关系学提出建构主义的理论和方法。温特强调国际体系文化对国家的意义,提倡重视观念的作用。他认为客观因素只有通过行为体的共有观念才能够产生影响行为的意义,才能具有实质性的内容。因此,整体主义方法论和理念主义世界观构成了温特建构主义理论的基底。建构主义看重国际政治和国家行为中的社会性建构,并认为,信仰、规范、观念等文化性内容,建构了国际政治的基本结构。文化在世界的各个角落存在,受文化影响的人们都在继续保持他们传统的生活和思维方式,无论是国家的还是非国家的,都是植根于文化之中的。

某一个地域中一些宗教、民族等地缘体长期积蓄的文化传统,能够通过文化力深深影响这一地区的政治、经济和社会发展,因此地缘政治被打上文化烙印,也是文化与国际关系存在相关性的逻辑说明。尤其在那些民族和宗教问题复杂的区域,地缘文化与国家、区域的安全问题更容易紧紧缠绕在一起,形成复杂的地缘政治安全问题。因此,要推动一个区域的和平、稳定与发展,必须深入认识研究该区域的地缘文化,以减少双边或多边在国际关系交往中的不对称性,避免文化差异造成的误读误解。没有文化方面的考虑,对外政策就不可能是有效的。文化是地缘政治的第三维度——第三战场。

地缘文化学说脱胎于地缘政治理论。地缘政治思想产生于世纪末。当时正值欧洲列强殖民扩张时期,全球政治格局第一次为拥有雄厚军事技术和资本的大国所控制和瓜分。在此背景下,地理学者的思考和兴趣开始从探索新大陆向对全球格局的考虑转变,进而产生了地缘政治思想,并逐渐孕育了地缘政治学;另一方面,当时又正值达尔文的生物进化论思想得到社会科学领域的热应,因此早期的地缘政治学也受到达尔文主义"优胜劣汰"思想的重要影响,从而使其理论分析出发点建立在"国家间的生存竞

---

① 【意】佩蒂多和【英】哈兹波罗编,张新樟、奚颖瑞、吴斌译:《国际关系中的宗教》,杭州:浙江大学出版社,2007年,第7页。

争"基础上。地缘政治学的鼻祖弗里德里希·拉采尔认为国家有机体须通过争取更多生存空间,赢得国家竞争的适者才能在国际社会生存和成功。因此,地缘政治学研究的核心始终是国家间的对抗问题,它也是传统地缘政治学发展历程中的主流研究基调。美国学者塞缪尔·亨廷顿的"文明冲突论"指出,后冷战时期文明或文化间的分歧已取代东西方政治和意识形态对立,可被冠之以"地缘文化学"。

亨廷顿以及他的《文明冲突论》最突出的观点,是他用地缘上相互连接并在边缘地带有断裂的地缘文明作为世界体系的一个新的标准和维度。亨氏把文化和文明看作是国际关系中的关键变量和国际事务中国家行为的重要基础。他认为,由于现代化的激励,全球政治正沿着文化的界线重构。以意识形态和超级大国关系确定的结盟让位与以文化和文明确定的结盟,重新划分的政治界线越来越与种族、宗教、文明等文化的界线趋于一致,文化共同体正在取代冷战阵营,文明间的断层线正在成为全球政治冲突的中心界线。在新的世界中,文化认同是一个国家结盟或对抗的主要因素。人们的政治忠诚指向发生了从国家到文明的深刻变换,这种忠诚和认同在政治层面表现为政治哲学、政治文化、战略意图和国民性等方面。这种变换将加剧文明之间的安全困境。他认为,冷战后多元文化的世界是不可避免的,文明的差异将是今后国际冲突的根源。因此,文明的冲突将是对世界和平的最大威胁,人类必须学会如何在复杂、多极、多文明的世界内和平共存。

地缘文化学的研究源落脚点在于"文化","地缘"和地缘理论。虽然当今全球化和区域化的发展趋势极大地改变或打破了地缘空间结构,但地缘空间的重要性仍是地缘文化形成的不可替代的原因。正如许多学者所指出的,所有政治事务,都存在一个地理维度,对于国际关系的研究和实践来说,地理是不容忽视的。这是因为:目前的国际政治体系仍然以国家为核心,而国家是以领土为基础和由领土界定的。国际关系行为与互动,都是以地理空间为依托的。而所有国际政治,都发生在一定的时间和空间中,发生在一定的地理环境和背景中。领土和相应的"地缘"因素对于当今国际体系构建和国际关系分析,具有的极端重要性,是地缘文化学作为国际关系问题的一个分析角度的逻辑基点。文化是人类在一定的自然地理范围和空间条件下对自然的选择、适应、征服和改造的过程中创造形成的。因此，一定的自然地理条件和地缘空间范围，对于文化有着一定的塑造作用和规定性。这便是"文化"与"地缘"之间关联性的逻辑基点所在。

沃勒斯坦把地缘文化界定为"是以国际政治格局为基础，以地理分布为外在表象，充分体现地缘之间各方力量的配置，是国际格局反映在文化上并以地理区位方式表现出来的一种形态"。自然地理环境只是地缘文化形成的一个地缘性建构方面。国际关系学视野下的"地缘文化"，还受到"国际地缘空间环境"的重要建构和影响。国际关系学视野下的"地缘文化"，是指在某一地缘空间内，地缘（行为）体在其所处自然地理环境和国际地缘空间背景的影响下，经由一定的社会建构所形成的具有一定政治敏感性的文化系统。[1]一个国家内部的地缘文化，是由该国历史发展过程中的诸多社会因素共同构建的。地缘文化的一大表现，是一种依托于地缘体范围空间的"文化传统"。

二、地缘文化作用与影响

由于地缘文化的特殊身份，它对国际关系和地缘政治、经济等有着不容小觑的作用和影响。只不过这种影响并非是显而易见的，它更多地以一种潜移默化的方式来施加。建构主义理论认为，文化不仅影响国家行为的各种动机，而且还影响国家的基本特征，即所谓的国家的认同。文化的这种影响为确定对外政策提供了自身的价值立场与追求。从文化角度分析国家对外政策及战略关系的学者认为，国家战略与文化之间存在着内在的联系。地缘文化会深刻地影响决策者并通过决策者影响一个国家的对外政策，因为"外交政策是由能够代表一个国家的文化和民族性的人来制定的"。地缘文化会潜移默化地影响在特定的文化氛围中长大的能够成为这个国家利益代表的国家领导人的世界观和方法论。反过来，代表国家制定对外政策的领导人则通过其所制定的对外政策向国际社会反映这种地缘文化需求。他们在制定对外政策的过程中必然有意无意地把存在于他们意识深层的地缘文化价值观体现出来。此外，地缘文化还影响到一个国家外交政策执行和实施的方式和手段，从而使一个国家的外交政策拥有独特的文化和民族特色。

---

[1] 伊曼纽尔·沃勒斯坦，变化中的世界体系：《论后美国时期的地缘政治与地缘文化》，海洋出版社，2007。

地缘文化也像通常的"文化"概念一样，是一个系统性概念。一般认为，文化是包含物质层面、制度层面和精神层面的系统。物质文化是指人类创造的物质财富及其创造方式，它包括劳动工具和人类为满足衣、食、住、行等多种需要而创造出来的一切物质产品；制度文化包括社会的经济、政治、法律体系及其运作方式，也包括婚姻、宗教等各种制度；精神文化仅包括人们的文化心理以及诸如政治思想、法律、道德、伦理、哲学、艺术、宗教信仰等意识形态的各方面。地缘文化，特别是其中的意识形态和价值标准，可以在很大程度上影响一个国家或地区领导人在制定政策时的观念、看法及价值判断与选择坐标，左右其官方外交政策的制定，影响着对外政策的性质与趋向；同时也能影响其国民对外交往与合作时的态度与风貌，进而影响民间外交及公共外交领域，因此对于一国或一国区域发展其对外关系与国际合作交流，有着潜移默化重要的影响。

地缘文化具有"双向导向性"影响。"双导向影响"是指地缘文化对内对地缘体内部的政治意图与外交政策有导向性影响；对外则对其他地缘体在对目标地缘体制定外交政策、战略和国际关系实践具有一定的导向性影响。不同的国家有着不同的战略决策形成风格。地缘文化对地缘体政策导向的影响主要还是来自于意识形态和价值标准层面。因此，二者往往被视为地缘体制定对外政策的意识形态基础。

从"内向性"导向影响来看，由于地缘体内部的社会建构，地缘体的相关部门在制定自身的政治理念、外交政策与战略等过程中，会受到内部一种"共有观念"和其他社会因素的潜移默化的影响。因此，地缘文化在很大程度上能够对地缘体内的政治意图、国家利益的判断立场和外交战略政策制定等产生重要的导向性影响。从"外向导向性"影响来看，而当外界地缘体欲与某目标地缘体进行国际关系互动时，也要充分考虑到该地缘体内部的地缘文化因素，以便在对目标地缘文化有一定认识的基础上，制定出相应的外交政策，以便破除不必要的沟通障碍、降低外交风险。

三、地缘文化本质与特征

国际关系学视野下的"地缘文化"，是指在某一地缘空间内，地缘体在其所处自然地理环境和国际地缘空间背景的影响下，经由一定的社会建构机制所形成的具有一定政治敏感性和可建构性的文化系统。"地缘文化"需要经由"地缘性建构"和"社会性建构"的双重建构才能形成。而其中的"社会建构",需要由经历了"长时段"的一些社会"历史性"结构因素来共同构建,比如民族、宗教,以及该地缘体社会历史发展过程的特殊性等。它的社会构建过程与该地缘体长期的历史发展进程中所形成的"共有观念"有着密切的联系。因为这种"共有观念"的存在,赋予了该地缘体一种特殊的"文化身份"。"地缘文化"是一种经由"地缘性"和"社会性"双重性建构的"地缘观念"文化体系。它的存在,既是自然地理环境在长期社会历史发展中的选择性塑造,也是该地缘范围内社会化过程的长期积累所形成的"共有观念"的建构之结果,同时,它还受到国际地缘政治空间背景的影响和建构。因此它是一种"地缘观念"双重属性的"文化身份"标签。

地缘文化可以是引发国际局势动荡、国际冲突和战争爆发的深层次文化诱因;在国际关系中,地缘文化本身具有一种隐含的保护自身文化存续和扩张的"文化目的和需求";地缘文化可以被地缘体运用为一种国际关系互动手段。西方发达国家凭借着自己的文化霸权地位,不断对外输出自己的世界观、人生观、价值观和意识形态及生活方式,从而搞乱被输入国国民心理、价值观念,并进而破坏其原有地缘社会结构中的地缘文化结构、尤其是"共有观念"所具有的精神支柱作用,消解其民族意志力和凝聚力,最终使其社会陷入一种无序状态,从而引发行为体内部诸如"颜色革命"的政治危机。

当今国际社会的诸多文化冲突和矛盾问题,都深刻地受到属于人们的"主观意识"因素的建构和影响。这种主观意识因素是经由某种地缘体内部的社会构建所产生。它可以表现为经由某些社会"文化传统"的建构,形成地缘体内部的"共有观念""价值观差异"等,进而完成对一个地缘体地缘文化的社会建构。地缘文化是经由"地缘性建构"和"社会性建构"两大建构方面而得以形成的。自然地理环境和国际空间背景环境共同规定了它的"地缘性",而地缘体内外部社会环境,则建构了其"社会性"。也就是说,地缘文化是受地缘环境和社会环境的"双重规范性"影响和建构。因此,"地缘文化"既有地理空间方面的"地缘属性",也有着社会结构方面的"社会属性",既是一种"地缘社会复合属性"的范畴,也是地缘体社会文化的一种表征,是地缘体在国际社会中的"文化身份"。

地缘文化是一种文化，它的内容结构也有着与文化相同的三个层面。地缘文化虽也具有文化的一般性特征，但仍具有自身的特质：其一，除了自然地理环境的规定性，地缘文化的概念，强调地缘空间背景环境对其所具有的规定性；其二，地缘文化所应涉及的内容，多与地缘体空间内外的政治环境、国际关系等具有较高的关联性和政治敏感性，地缘文化强调的是一种与地缘体政治结构具有一定敏感度和关联性的"制度层面"文化形态和与"精神层面"相关的"共有观念"的文化形态。

"地缘文化"更加强调在某地缘区域范围内所形成的某种文化特征和存在方式，是一种"高政治性""高敏感性"的文化存在。地缘文化可以理解为不是"独立存在"的，而是一种相较于全球其他地缘文化形态的、具有一定相对性的文化关系和特征。对于不同的地缘文化参照体，目标地缘体的"地缘文化"有着不同方面的建构与呈现。地缘文化是对国际地缘政治、国际关系中不同地缘体之间的文化关系的一种投射性建构，是地缘体在国际关系中的"文化身份"。政治敏感性和可建构性是地缘文化区别于其他文化形态的最重要特征。

地缘文化还具有经多维度的社会因素共同建构并赋予的"文化身份"。地缘范围内部的诸多社会性要素，如民族的、宗教的、历史的、意识形态的甚至个体精英等，都是地缘文化社会建构的维度性因素。其中，宗教和民族两个维度，既含有历史性特征，又能通过其强作用的"社会化"过程中所建构的"民族认同"和"宗教认同"赋予人们涉及意识形态的、关涉群体性的思想意识、思维方式、心理、精神、感情和信仰等方面的"共有观念"，从而深刻影响着这一地区的政治、经济、社会和文化的发展，使得地缘政治被打上文化的烙印。因此，要推动一个区域的和平、稳定与发展，必须深入认识研究该区域的地缘文化，尤其应关注其中的宗教和民族二者对地缘文化的社会建构。地缘政治和与之相关的战略制定中，如果没有对地缘文化的考虑，如果没有对宗教和民族维度的足够认识和了解，就难以是真正有效的。

四、中国的地缘文化传统

由于地缘文化建构因素中的"国际地缘空间背景"的建构作用以及那些与政治有一定关联度的因素的社会建构作用，与政治的关联度和一定的政治敏感性成为地缘文化的一个重要特征。全球化趋势日益加深，地缘文化与地缘结构内的经济、政治、军事和外交的联系更为紧密，关联度和相互依存度也更大，因此地缘文化越来越成为国家和地区增强综合国力、促进自身国际竞争力提升、发展与其他国家和国际社会关系需要思考的战略性的"高政治"问题，有着特殊而显著的政治敏感性。政治敏感性是地缘文化与其他文化形态的最大差别之处。与其他文化形态相比，地缘文化还有一个十分特别之处，就是地缘文化具有"可建构性"。它的这一特征可以从两方面来理解：首先，地缘文化的形成建立在地缘性建构和社会性建构的基础上。有关地缘体的任何地缘性或社会性建构中的因素的突然性变动，都会引发地缘文化不同于以往的缓变性而呈现出某些偶发性、突然性的特征；第二，在地缘体及其地缘文化被作为目标客体也受到行为主体本身"地缘文化"的影响，使其在对目标地缘文化进行解读和分析的过程中带上或多或少的主观性，这种主观性会在"解读者"头脑中形成一种对客体地缘文化的"臆想性建构"，如果其臆想性建构正确，能够较充分和深入地认识判断客体地缘文化；如果其"臆想性建构"错误则会引发对目标地缘文化的误读、甚至臆造的情况。

一个地缘体国家的历史传统和政治传统可能对其地缘文化的形成产生不可小觑的建构作用。以中国为例来看。中国幅员辽阔，一直是亚洲文明中心国家之一，历史上长期的封建王朝文明和以此为基础形成的朝贡体系，赋予其近代以来的一种中心大国的优越感。这一文化传统亦衍生出其注重"亲仁善邻""以和为贵""协和万邦"的"和谐"思想。基于这些都显示出中国属于"和平偏好型"的地缘文化类型。它一定程度上构建了中国在国际舞台中的一种"地缘文化身份"：首先，中国是爱好和平、和谐的国家。中国在国际舞台上奉行一种不恃强、不凌弱、独立自主的外交政策，并在维护国际秩序时倾向于强调对话、谈判和斡旋的方式维护正当国家利益，反对战争，维持世界和平；其次，中国向国际社会积极传达自己的文化选择和坚持。中国反对霸权主义、强权政治，主张不结盟、不称霸，积极构建世界多极化格局，等等。可见，中国的"和平偏好型"地缘文化的构建，既来自于中国国内长期社会历史发展中所形成的与"和平""和谐"等理念相关的"共有观念"，并在其构建下，形成自己在国际关系体系中的"地缘文化身份"，进而又以这种身份，参与到超国家层面的国际关系中去，并以自己的文化价值观念影响着国际体系和世界政治的文化构建。

第三节 "一带一路"地缘文化互通体系

一、"一带一路"地缘文化互通体系框架

毛泽东同志指出一定的文化是一定社会的政治和经济的反映,又给予伟大影响和作用于一定社会的政治和经济[①]。国家安全是最大的政治,地缘文化的同化和建构能力在护持国家安全方面发挥重要作用。我国周边国家众多,安全形势复杂。与周边国家实施的"一带一路"文化互通具有地缘文化特征,或可称之为"一带一路"地缘文化互通。周边安全环境是制定国家安全政策的起点,同样也是构建"一带一路"地缘文化互通的着眼点。所以有必要对我国的安全环境进行总体的评估和判断。

当前中国面临的安全压力主要来自两个方向,一是"三股势力",即宗教极端势力、民族分裂势力、暴力恐怖势力。二是美国重返亚太不断拉拢中国周边国家与中国进行对抗。两股战略压力在地缘文化上表现为跨境宗教势力渗透与洗脑,国外势力削弱我跨境民族的民族认同感,和美国在周边国家进行意识形态同化,削弱我国文化影响力。所以解决民族、宗教和文化话语权问题是"一带一路"文化互通体系在地缘文化方面的主要目标和主轴。

地缘文化作为一种文化样态,最大的特征就是地缘性。构建"一带一路"文化互通体系,实施文化互通,需要资金和资源的投入,与中国陆上接壤的国家有十四个。哪些国家从国家安全和地缘文化角度考虑是要优先互通?陆上边境省份有十一个,丝绸之路经济带支点城市有几十个,哪些城市需要优先发展?这都是实施文化互通需要考虑的问题。"一带一路"文化互通体系不是一种观念体系,是有物质支撑的网状实体体系,在这个实体体系中通过支点城市联接"一带一路"沿线国家形成文化互通星座,节点城市与沿线国家是构成文化互通星座的核心。所以依据什么样的标准,选择什么样的沿线国家和节点城市是必须回答的问题。

---

① 毛泽东,《毛泽东选集第二卷》,第663页,北京:人民出版社,1991。

实施"一带一路"文化互通需要各种资源和政策的投入,哪些国家是文化互通优先考虑的国家,哪些支点城市需要优先发展?边境城市(支点城市)承载着构建"一带一路"文化互通体系的任务,所以有必要对涉及国家安全的周边国家进行分析,对周边安全态势进行总体把握。根据周边国家对中国国家安全影响程度划分出"一带一路"文化互通重点国家和次重点国家。此外,"一带一路"自2013年提出并实施已经过去了五年,涉及地缘文化方面的文化互通实践,人文交流的实践得到深入开展,分析这些文化互通实践有助于我们更好的构建"一带一路"文化互通体系。

总的来说,从地缘文化角度看"一带一路"文化互通体系,中国周边的安全环境是体系存在的外部环境,解决宗教、民族和话语权问题是文化互通体系的指导思想和目标。文化互通体系是物质实体,周边国家和支点城市是支撑体系的骨骼,以往的文化互通实践经验是体系创新发展的保障。

二、中国周边地缘环境分析

中国周边有十四个陆上邻国,在这十四个邻国中,俄罗斯和印度是军事大国。中俄现在已结成战略伙伴关系,在国际上相互支持维护世界秩序,所以中俄边境区域不是国家安全和地缘文化关注的重点区域。中印在2017年曾经发生洞朗对峙事件,近年来伴随着印度经济的增长和印太战略的扩展,中印之间在安全方面的矛盾凸显。但是中国是印度第一大贸易伙伴,中印之间巨额的贸易量和国家体量决定两国不可能在边境问题上发生全面战争。而且印度国内矛盾众多,印度洋又是其战略重点,所以,中印尽管会有边境摩擦,但是对国家安全尚不能构成重要威胁。朝鲜半岛问题一直是国际安全的热点问题。

中国西南与中南半岛接壤,西北与中亚接壤。中南半岛和中亚地区对我国的国家安全造成影响。首先,这两个地区自古是各种文明交汇之地,受历史影响民族和宗教纷繁复杂。单单一个阿富汗就有普什图人,巴哈拉人,乌兹别克人和塔吉克人四大主体民族和其他小民族,每个民族的宗教信仰还各不相同。缅甸有135个法定民族,近年来民族矛盾爆发的武装冲突不断。区域国家的各民族的族内认同和宗教认同往往高于国家认同。第二,这两个区域国家治理能力较为落后,贫困更容易激发民族及宗教矛盾和冲突。第三，域外势力频频插手中南半岛和中亚国家并借机威胁中国国家安全，目前主要有两股域外势力：一是宗教极端主义组织企图把影响力扩展到中亚甚至中国新疆，这些组织与国内疆独势力相互勾结，从九十年代起制造了几百起针对新疆甚至北京的恐怖袭击。另外一股势力是美国，美国实施重返亚太战略，近年来又提出了印太战略，2017 年更是把中国明确认定为战略竞争对手。美国频繁插手中南半岛和中亚国家事务，一些国家的民族和宗教问题有美国幕后推手，同时美国还借助强大的影视传媒工具在这两个区域推广所谓普世价值，在空间和意识形态两个维度压缩中国的影响力和话语权。所以构建地缘文化互通体系首先需要对中南半岛和中亚的地缘结构有所掌握。

1. 中南半岛地缘结构解析

从自然地理环境的地缘性构建上看，中南半岛的地缘政治区位十分重要。中南半岛位于亚洲腹地中南端，太平洋和印度洋在其南部交汇。发源于中国境内的"东方多瑙河"湄公河，对半岛五国以及中南半岛区域的地缘文化，有着重要的地缘性建构作用。中南半岛背靠亚洲大陆腹地，面朝太平洋和印度洋。陆地上，中南半岛是连接亚洲两个大国——位于东亚的中国和位于南亚的印度之间天然的陆地过渡和连接区域；水域上，它连通太平洋和印度洋；水陆两方面看，它从亚洲陆地南部，通过与东南亚海岛国家的天然区域联系，延伸辐射大洋洲，自然地理区位四通八达，有着优越的地缘联通性。

从国际地缘空间环境的地缘性塑造看，中南半岛地区的地缘区位亦十分重要。作为影响亚太地区地缘政治局势的重要力量"东盟"的"半壁江山"，中南半岛可以联动东南亚各国在东盟框架下对地缘政治、经济局势的发展变化握有重要的话语权，这使其在国际体系中重要的战略地位不言自明。近年来，亚太地区突飞猛进的经济与社会发展，使影响当今国际政治局势的各方势力都进一步加强了对该地区的有利于自身发展的国际战略的实施。美国高调重返亚太，日本在这一区域长久坚持第一经济资助国地位，印度积极的东向，英法德等欧洲大国的关注，以及中国作为区域大国崛起必须以该区域为重要依托之一，等等，都说明东南亚这一区域在国际地缘政治中的重要性在不断强化。中南半岛"地缘体"结构和关系解析中南半岛最明显的地缘格局,是一个区域、五个主权国家和一个次国家区域(东盟)。因此,可以从"国家层面"(包括次国家层面和国家内部层面)和"超国家层面"(包括国家间层面和区域层面)两个层度对其进行最为直接的解构,分为缅甸、老挝、泰国、柬埔寨和越南五个国家层面地缘体和"中南半岛区域"(含国家间)一个超国家层面地缘体。

缅甸、老挝、泰国、柬埔寨、越南五国,构成了中南半岛区域内的五个国家地缘体。国家地缘体与国际体系中的国家行为体一样,都是以主权国家为单位的行为体。其地缘范围与国家的国境线范围相吻合。

缅甸人口约6000万,国土面积67.65万平方公里,是东南亚领土面积第二大国也是中南半岛区域内国土面积第一大国。由于在区域地缘上看是中国和印度两大亚洲大国之间的陆地天然连接交汇点,因此无论从国土面积还是战略地位重要性上讲,缅甸都是(或说应该是)次区域各国中"天然"的核心国家。但由于缅甸近二十年来始终存在政局不稳、受国际制裁、较为封闭等负面因素影响,缅甸的中心核心国家地位及其在半岛各国中的影响力,目前还受到许多制约[1]。

泰国国土面积51.31万平方公里,人口约6300万人。位于中南半岛正中,它的西北部与缅甸相连,西临印度洋安达曼海,东北和东部与老挝接壤,东南与柬埔寨为邻,地缘上是半岛区域的中心,并通过其南部狭长半岛地区与东南亚海岛国家马来西亚相连。泰国是中南半岛区域内国土面积第二大国家,也是经济、社会较为发达的国家和最早加入东盟的半岛国家。由于其地缘范围在半岛区域内居中,凭着国内经济社会发展的综合国力优势,以及在东盟内较大的影响力,泰国实际上已成为中南半岛区域五国中的核心国家[2]。

老挝国土面积23.68万平方公里,人口约600万。老挝是中南半岛上唯一一个内陆国家,其国土分别与泰国、越南、柬埔寨、中国、缅甸接壤。虽然地处中南半岛内陆中心,但周边被区域其他国家所包围环绕所形成的较为封闭的环境,也造成了其经济基础薄弱,是亚洲第二贫穷国家与世界最不发达国家之一,在半岛区域内属于经济、社会发展最落后的国家,它

---

[1] 刘稚,《东南亚概论》,昆明:云南大学出版社,第110页。
[2] 刘稚,《东南亚概论》,昆明:云南大学出版社,第132页。

也是东南亚地区中仅有的两个社会主义国家之一①。

柬埔寨位于中南半岛的中南部,国土面积18.10万平方公里,人口总数约1400万。柬埔寨西部及西北部与泰国接壤,东北部与老挝交界,东部及东南部与越南毗邻,南临暹罗湾,在中南半岛内国土面积最小,是中南半岛中经济社会发展较为落后的国家,也是世界上最不发达国家之一②。

越南国土面积约32.9万平方公里,人口约为8400万。越南位于中南半岛东部,北与中国接壤,西与老挝、柬埔寨交界,东面和南面临南海。随着近年来越南国内的改革与长足发展,越南经济、社会的发展进步大有后来居上之势③。

2. 中亚地缘体结构解析

中亚国家位于欧亚大陆东西方与南北方的十字路口,科恩在21世纪地缘政治世界中,将其视为"欧亚大陆汇合区"的核心区域。这一由草原、沙漠、山地组成的区域,被中国、俄罗斯、伊朗和阿富汗所围绕,人口稀少,比较贫困,在冷战之前长期不为世界所关注;而冷战结束以后,被俄罗斯称之为"相关异国"的中亚国家的地缘政治形势变得更加复杂(Cohen,2008)。苏联解体后,毗邻的伊斯兰国家试图填补由于苏联崩溃而在中亚出现的"地缘政治真空",宗教极端主义的活跃与膨胀使这一地区开始受到广泛关注。与此同时,继里海及其附近区域油气资源的探明,哈萨克斯坦、土库曼斯坦和乌兹别克斯坦以及阿塞拜疆之间的利益纷争加剧。克林顿政府抓住这一历史性的战略时机,将战略触角伸向中亚,目的是趁势压缩俄罗斯的势力范围,使该地区成为美国21世纪战略能源基地。特别是小布什政府借反恐名义的强势入驻,将中亚地区作为美国两洋战略的陆地战略支点,进一步加剧了该地区的能源资源争夺和政治风险。中亚地缘政治经历了由过去"被遗忘的区域"到现代"伟大博弈区域"的角色转变,当地独立以后形成的"权力真空"、敏感的宗教文化特征、独特的地缘政治地位、重要的能源经济价值,使之成为大国角逐的新的地缘战略目标,从而形成国际格局中新的地缘战略空间。中亚是中国的重要邻邦,是中国周边合作

---

① 刘稚,《东南亚概论》,昆明:云南大学出版社,第96页。
② 刘稚,《东南亚概论》,昆明:云南大学出版社,第72页。
③ 刘稚,《东南亚概论》,昆明:云南大学出版社,第140页。

的重点地区，更是中国提升安全与能源保障的重要地缘战略依托。自 2100 多年前西汉博望侯张骞开辟古丝绸之路，到 2013 年 9 月中国国家主席习近平首次提出共同建设"丝绸之路经济带"，既说明了中亚独特的地缘位置，也显示了当下中国地缘战略的再次"西移"。

中亚五国深居内陆，北部和西部与俄罗斯相连，西部与阿塞拜疆隔里海相望，南部与伊朗、阿富汗接壤，东部与中国相邻，总面积 400.65 万平方公里。中亚五国东部为高原山地，中西部为沙漠、盆地，地形沿东南向西北方向依次降低。属典型大陆性气候，具有降水量少、蒸发量大、温度变化剧烈等特征。区域水系主要包括锡尔河、阿姆河、伊犁河、额尔齐斯河等，主要湖泊有里海、咸海、巴尔喀什湖等。中亚五国拥有丰富的能源矿产资源，被称为 21 世纪战略能源与资源基地。中亚五国独立后经过 20 余年的发展，经济总量稳步增长，人民生活水平逐步提升，但受困于各自的陆地边界和水资源之争，并受到来自阿富汗和伊朗的伊斯兰激进组织扩散的威胁。

哈萨克斯坦是中亚的超级大国，2012 年国内生产总值为 2004.85 亿美元，人均 GDP11900 美元，居中亚五国之首。其油气资源和以铀矿为代表的有色金属资源极为丰富。2012 年哈萨克斯坦石油探明储量为 40.92 亿吨，约占中亚五国总探明储量的 96%，为中亚石油和管道的地缘政治枢纽。该国 20%人口为俄罗斯人，主要分布在哈萨克斯坦北部，是处于俄罗斯核保护下的"准核国家"，语言以突厥语为主。

乌兹别克斯坦是中亚人口大国，2012 年总人口为 2977.68 万人，约占中亚五国总人口的 45.6%，军队实力相对较强。以"四金"（白金棉花、黑金石油、蓝金天然气、黄金）为代表的农牧业和采矿业较发达。与哈萨克斯坦的南部山地地区、塔吉克斯坦的费尔干纳山谷地区和土库曼斯坦的咸海沿岸有领土争议，不参加独联体集体安全条约组织，语言以突厥语为主。

土库曼斯坦是世界排名第六的天然气大国，2012 年天然气探明储量为 74995 亿立方米，约占中亚五国总探明储量的 63.8%。土库曼斯坦是中亚石油和管道地缘政治的重要节点，油气和棉花出口大国，语言以突厥语为主。

吉尔吉斯斯坦是以农牧、矿业为主的欠发达国家。由于受外部环境因素（2005年的"颜色革命"和2009年的国际金融危机）和内部政局动荡的影响，国民经济波动起伏较大。该国总人口中俄罗斯人占20%。吉尔吉斯斯坦的水能、有色金属和旅游资源处于待开发状态，语言以突厥语为主。

塔吉克斯坦为高山之国，境内山地约占国土面积的93.0%。其人均GDP在中亚五国最低，2012年为872.34美元。水能资源丰富，占整个中亚地区的50%左右，蕴藏量居世界第八位，人均拥有量居世界第1位。水能、有色、油气资源待开发，位于"新月形不稳定带"北部前沿地区（与阿富汗接壤），语言以波斯语为主。

巴基斯坦国领土位于南亚次大陆的印度河流域，它东邻印度，东北与中国为邻，西北与阿富汗接壤，西部与伊朗毗邻，南濒阿拉伯海。巴基斯坦地缘上紧靠中亚，其地理视野远远超越了南亚区域本身，具有明显的中亚属性。巴基斯坦恰好处于四个地区——欧洲、俄罗斯西部；俄罗斯的欧亚大陆南缘；印度洋和非洲的结合部。这个重迭的区域从克什米尔往西、穿过巴基斯坦的西北边境、阿富汗、伊朗和肥沃新月地带，直抵埃及，略呈弧型展开。它就像弯新月，紧紧地环抱着波斯湾。就像一张具有威胁力的弓。

阿富汗，是一个位于亚洲中南部的内陆国家，坐落在亚洲的心脏地区。农业是主要的经济支柱，但可耕地还不足农用地的2/3。人口为3000多万，是世界上最贫穷的国家之一。虽然国弱民穷、资源匮乏，但由于其地处中亚、南亚和西亚的交汇之处，北接中亚诸国，西邻伊朗，东与东南毗邻巴基斯坦，东北部通过瓦罕走廊与中国接壤，是古代丝绸之路的重要通道和东西文明的交汇点，也是周边民族迁徙、征战的必经之地，是中南亚地区乃至欧亚大陆地缘政治的枢纽，自古以来就具有重要的地缘战略意义。阿富汗成为世界大国争霸世界战略的碰撞点，大国在阿富汗的得失关系到其世界战略的成败。俄国是近代以来传统的陆上强国，其对外战略的目标是控制欧亚大陆进而控制全世界。在控制中亚草原之后，俄国进入印度的最后一道门槛就是阿富汗。而世界上最强大的海权国家英国则将阿富汗视为保护英属印度安全的最后防线。法显、玄奘都曾经过阿富汗，现在中国使用的青金石有95%产于阿富汗。佛教犍陀罗文化正是从阿富汗传入中国。

3. 中南半岛与中亚的地缘文化特征

从社会文化因素上看，中南半岛和中亚的文化地缘格局很微妙。中南半岛地处印度文明与中华文明之间。中亚处于穆斯林文明、俄罗斯、中国、印度和美国几大势力之间，文化地缘上都属于亨廷顿认为的"最容易发生文明冲突"的文化"断裂带"或"断层线"地区。这样的断裂带往往是民族矛盾和宗教矛盾多发地区也是影响中国安全的地带。

中南半岛地区曾在近代历经长达百余年的西方殖民期，受到西方文化的强势冲击与侵蚀，并"被迫"而持久地保留了许多西方文明的文化印迹。另，中南半岛是中印两个东方文明古国的文化传播与交汇的区域。区域内的各国也因为各自地理和历史发展的一些特点，分别受到印度或中国文化影响。例如，从文化体系上看，泰、老、缅、柬四国属于典型的南传上座部佛教文化圈，历史上受印度文化的影响和辐射较深广。而越南，则因历史和地理上与中国的关系更为紧密，受中国儒家文化影响较多，因而在文化上更接近中国。可见，中南半岛的地缘文化因素组成较为复杂。这里既有其本土的原生文化，又有中华和印度、伊斯兰等东方文明的影响，在近代还受到西方文明的不小影响。本土文化、中国文化、印度文化、伊斯兰文化以及西方文化的多元文化因素在这片不大的区域内交流、碰撞与互溶，经过长期的社会积累、沉淀和构建，最终形成中南半岛复杂而独特的地缘文化。

中亚国家的殖民色彩不如中南半岛国家则更体现各个文明和各个大国交织争夺的特征。中亚地区地处欧亚大陆的腹地，古丝绸之路的中心地带，是欧亚文明的交汇处，佛教、中华文明，印度文明、伊斯兰教都在这个区域留下深刻的影响。中亚地区也是民族迁移流动的中心地带，历史上不知道有多少民族在这个区域生存、发展，交流、冲突。所以中亚地区民族和宗教交织缠绕。值得注意的是中亚，古代西域之地因为是欧亚文明交汇之地更是自古文明冲突之地。我国的西北地区正处于这个文明冲突地带，中亚文化和文明的冲突比中南半岛地区更威胁国家的安全，通过文化互通去消解文明冲突更具有现实意义。

三、"一带一路"地缘文化互通中的民族、宗教和意识形态问题探析

民族、宗教和意识形态地缘文化研究中最重要的内容也是实现地缘文

化互通的关键问题。三者具有文化建构作用，能够冲击人的国家认同，如果说的通俗点就是具有洗脑功能，不断通过鼓吹民族极端主义、宗教极端主义和普世价值观弱化对中国的国家认同。

1. 地缘文化中的民族问题

"跨界民族是在人类社会发展进程中，由于人类共同体的民族范畴与人类社会的国家范畴交错、重叠而产生的一种普遍现象……作为一种特殊的人类共同体，跨界民族或说跨境民族最突出的特点就是跨国界并且沿国境而居，它强调相关民族在地理分布上大体相连，而且是在历史条件下在边境地区形成的。"① 中国西南、西北区域存在人口众多的跨界民族。

从地缘文化的角度看，中国与西南、西北接壤各国之间的跨界民族，既是中国国内民族的组成部分，也是整个东南亚、中亚区域以民族为视域的地缘文化应关注的固有内容。加之其跨越国界的特殊地缘性所带来的政治敏感性和复杂性，跨界民族在地缘文化中，具有独特的地位与价值。"一般来说，民族的分布特征对国家内外安全环境也有不可忽视的影响，特别是跨国界而居的同一民族，国界两侧居民血缘、文化等方面的吸引力常常使对所在国不满的居民产生离心倾向，而使另一侧居民富有同情心。因而这种民族分布特征往往使国内的民族问题国际化、复杂化②。"由于历史上共同的民族情感、文化特征、宗教信仰、地缘联系、历史渊源等因素，跨界民族极易产生在政治、经济、文化包括宗教上的相互影响而产生文化上的一体感，在"共有观念"上体现为一种超越国家认同的"民族认同"，从而容易导致主权国家间因跨界民族的文化认同而产生的政治上的矛盾与争端。所以，跨界民族及其相关问题是国际社会非常敏感的民族问题之一。

"跨界民族"其最突出的特点就是跨国界并沿国境而居，它强调相关民族在地理分布上大体相连，而且是在一定历史条件下在边境地区形成的。因为一国的跨界民族与境外的同一民族具有相近的地缘关系、相同的族源、语言（文字）、风俗习惯、宗教信仰甚至生活方式，他们之间往往因为这种高度趋同的文化同质性，有着与生俱来的超然于国家、政治边界的共同心理特征。这种地缘、血缘和高度相同的文化传统，将跨界民族紧密地联结

---

① 刘稚著：《中国—东南亚跨界民族发展研究》，民族出版社，2007年，第4页。
② 沈伟烈、陆俊元：中国国家安全地理，北京：时事出版社，2002年，第55页。

在一起，其彼此间高度的民族认同有时会自然而然地超越于国家认同之上，这种情形多发生在民族国家新建立阶段、国家认同尚未培育形成之前。在一些国家发展面临诸多困难的情况下，也有民族认同长期超越于国家认同的情况发生。这便使"跨界民族"及其文化，成为一个国家内部、乃至国家间的、影响区域发展和稳定的一个极其敏感而特殊的"地缘文化"形态。伴随而来的可能会有"跨界民族主义"的发生。

中亚地区历史上就是世界各大国争夺的焦点，按照麦金德的说法：中亚是世界之脐。从古到今英国、苏联、印度、中国几大势力在中亚地区上演了一出出权力博弈的游戏。苏联解体之后，中亚国家伊斯兰教得到恢复的同时又遭到了西亚宗教极端主义的渗透，导致中亚地区民族主义比较强势。相对来说，中南半岛的民族主义是非强势的、相对弱的民族主义，这既与从历史发展整体上看这些民族均属于弱小民族相关，又与其主要以"民族认同、文化认同和宗教认同"为利益诉求相关。中南半岛的跨界民族主义，其目标既不是追求建立单质化民族国家，也不是采民族分离主义的极端手段来达到自治的目的，因此，这一区域的跨界民族中的民族分裂主义进而上升至宗教极端主义的特点并不明显。恐怖主义与跨界民族的结合也不突出。这里的跨界民族因为民族文化与宗教文化的相同性、相似性或渊源性较强，彼此之间能够较为和睦地相处。跨界民族是个复杂的存在。它不仅与主权国家的主权边界和"国家认同"相关，还与国家间的相互关系和"民族认同"等复杂因素相关。一旦处理不当，可能会引发民族主义、国家间关系紧张等一系列问题。当这种民族认同和文化认同大于对国家的认同阈值时，便会助长民族分裂势力危害国家统一。"跨界民族"普遍存在的民族分布特点和民族现象，也与半岛区域的民族问题紧密相关。通过以上的讨论我们看到，跨界民族既可能是构建中南半岛各国间、区域内外"和平倾向"的有益力量，也可能成为区域地缘政治中的破坏性因素，对区域国家间、区域内外的地缘文化产生"冲突倾向"的负面的建构作用。

2. 地缘文化中的宗教问题

20 世纪 70 年代以来，与经典的世俗化预言相反，宗教不仅没有走向衰亡或私人化，反倒呈现出全球复兴及政治化的趋势。冷战结束后，宗教日益成为地区冲突的深层诱因。"9.11"事件更将其推向了全球政治的前沿，受到前所未有的高度关注。能够促进社会的整合与稳定是宗教最重要的一个社会功能。但宗教的存在并非总是体现其正向功能的一面，同时宗教也可以成为一种造成纷争的力量。当对现状不满的人攻击现存制度，寻求社会变革时，宗教往往是一种号召力。一个宗教团体可以将不满的市民们召唤到一起，给予他们共同的利益，提供一种组织化的力量。宗教还能赋予这些反叛者一种神圣的意识形态，从而使对社会变革的要求合理化。简言之，宗教可以成为改变社会秩序的现成基础[1]。

在现代社会中，宗教的作用很大程度上体现在对于政治、经济等世俗化主流社会机制的一种传统回归和一种批判和补遗。而在全球一体化和区域化加速发展的当今，宗教甚至可以超越国界，成为一种"超国家"的文化系统和价值观边界。全球宗教复兴对于当今国际关系的重要性，是宗教在公共领域地位的凸显。历史上，由于生产力和科技的限制，人类的宗教文化交流多呈现为局部性和单向性的传播发展特点。而今，科技发达、全球化的今天，宗教的交流与发展，越来越呈现出全球性发生、区域深化、多向发展等新特征。在全球化背景下，宗教更成为了跨国移民的一个重要联系纽带，基于信仰的组织和基于信仰的外交也成了社会和政治领域的积极力量[2]。全球宗教复兴和国际性的"宗教回归"使人们对国际关系中宗教所能起到的巨大影响作用有了重新的认识。尤其是在那些区域因素复杂的国家和地区间边界边疆地带，以宗教为身份维度的次级共同体和以国家公民为身份维度的共同体之间，存在宗教文化认同和国家认同权重问题，直接表现为公民群体在具有民族、宗教、公民等多重身份认同取向的选择，使宗教文化成为影响区域各国间地缘关系的重要筹码。亨廷顿的"文明冲突论"中的"文明"概念在很大程度上有着与宗教的重合的倾向。

宗教思想、宗教信仰、宗教情感以及受它们影响而形成的宗教信徒的宇宙观、道德观、人生观和价值观等"共有观念"往往表现为一种抽象的"宗教认同"，深刻影响着信教人群的心理、思维、意识和精神。它们都属于宗教的精神文化层面，具有内隐性。这种宗教的共有观念一旦形成，便

---

[1] 【美】戴维·波普诺著、李强等译：《社会学（第十版）》北京：中国人民大学出版社，1999年第48页。
[2] 刘义：宗教走向全球政治的前台——全球化、公共宗教及世俗主义的争论，北京：《中国社会科学报》，2014年。

最牢固稳定，难以改变。宗教维度的精神层面对地缘体内外政治和国际关系都有深刻的影响，而且具有极高的政治关联度和极强的敏感性，对地缘文化的社会构建具有"关键性"作用。

3. 民族与宗教：地缘文化构建中的模糊二元维度

现实中，宗教与民族在多数时候都是交织缠绕、不可分割的。民族和宗教都是超国家的概念，而且是早于现代国际体系的概念。因此，民族和宗教有着对超国家层面地缘体的"文化观念"的构建作用。民族和宗教基于对国家层面社会和文化传统等方面的规范、制约和影响，对于国家内部或其他地缘体内部有着先于国际体系的文化"共有观念"的更早的、先导性的"共有观念"建构作用。基于这种先导性共有观念的影响和制约作用，它们可以对超国家层面的国家间、地缘区域地缘体层面乃至国际体系层面起到观念性的建构作用。民族作为一种自然和社会历史发展的产物不仅有自然方面的血缘、地缘、语言、经济联系等客体因素，还有社会历史范畴的宗教、文化、传统、自我认同等主体意识的因素。因而，民族是客观和主观双重因素结合的产物，其中宗教与民族尤其联系紧密。

从地缘文化特征上看，中南半岛各国均是多民族、多宗教并存的多元文化环境，这在客观上造成区内国家利益和民族利益的复杂性，但是否存在着某些特殊的"共有观念"比如价值观，从而具有形成某种"同质性"较高的一元化地缘文化的机会呢？这给区域合作带来了一把"双刃剑"：一方面，这种文化多样性并非不可逾越的障碍，如对应得当，它可带来互补性以及异质义化间的交流与融汇，有可能成为促进各国友好、合作的有利条件和精神动力。在漫长的文明演进过程中，这几种异质文化在共同的地缘环境和历史遭遇中，既保留了其文化特质，也在交流中形成许多相近之处，构成以整体一元观念为核心的东方文化，甚至成为亚洲价值观的有机组成部分，比如服从权威、社会律法、政府领导、精英治国、重视教育、家庭观念、协商重于竞争、集体重于个人等等。这些与西方的文化优越感和在现代所取得的实质性的文化霸权相比，是否可以形成一种地缘文化上的东西方差异，从而在某种意义上，使得东西方的文化产生某种"均势"呢？中南半岛乃至整个东南亚的文化，将对促进形成有利于地区和平、稳定、合作、发展的新区域文化具有重要作用。

宗教文化和民族文化在特定的社会传统和共同体中塑造、灌输和决定着人们的价值观。由于国家是由无数个个人与社会中的一系列机制（如民族、宗教团体等）所形成，国家的建设与发展、国家行为的决策与实施都离不开人的因素。因此，当人们的价值观、世界观等核心观念产生矛盾和冲突时，必然触及政治社会和国家间关系的核心，并波及国内社会稳定、国家间关系和国际社会秩序等更大范围。由于价值选择通常被认为是比利益选择更具根本性的，因此价值冲突所带来的对国际关系的影响，将会比一些不涉及价值观的国家利益更加深刻和剧烈。

宗教在社会学范畴中，对社会有正反两方面的建构功能。正向功能有安定人心、稳定社会结构、强化伦理道德等对社会发展良性的疏导、调节和控制作用；而反向功能则除了麻痹人心、阻碍人的主观能动性等以外，在一定条件下，还会对社会产生影响较大的反作用，如蛊惑人心、煽动叛乱、延缓改革、威胁社会秩序乃至导致社会分化等破坏性作用。从国家层面和超国家层面看，宗教对国际社会同样有着正反两方面的建构作用。这种影响既是国际政治的，也是地缘文化的。宗教具有正功能性的整合凝聚力，或称聚合力。从国家层面看，无论是单一民族国家还是多民族、多宗教组成的国家，民族和宗教的存在和发展都是与国家的存在和发展密切联系着的。

"民族"和"宗教"都是超国家的概念，而且是早于现代国际体系的概念。因此，民族和宗教有着对"超国家层面"地缘体的"文化观念"的构建作用。民族和宗教基于对国家（地缘体）层面社会和文化传统（道德规范、价值观）等方面的规范、制约和影响，对于国家内部或其他地缘体内部有着先于国际体系的文化"共有观念"的更早的、先导性的"共有观念"建构作用。基于这种"先导性共有观念"的影响和制约作用，它们可以对超国家层面的国家间、地缘区域地缘体层面乃至国际体系层面起到"观念性"的建构作用。

无论是民族还是宗教，一方面，它们都是地缘体"域内"最重要的社会结构之一，对社会"共有观念"的形成，对地缘文化传统的构建，具有强作用；另一方面，二者都是一种将自我与他人紧密联系在一起的"社会共同体"，人们在这个社会子系统中，在民族群体和宗教团体的群体性（集体性）活动中，习得内化并继承、传承、实践、表现（外化）着这种社会传统，不断积累、巩固和升华基于群体社会的"共有知识""共有意识""共有观念"和"共有思想"，同时在此过程中，不断强化自身在群体中和外界的"文化身份"。民族和宗教与国际关系之间的关联度与其本身对国内政治和国际关系之间的高敏感性直接相关。

4. 西方意识形态问题

"一带一路"文化互通体系的文化目标就是要对冲美国在沿线国家尤其是我国周边国家的文化影响力。我们以美国重返亚洲这一近期亚太和中亚地区的地缘政治动向为着眼点来看。有观点认为，亚洲一直是对于美国文化和经济在全球主导地位的建立和扩张最为畏惧的地区，因此才提出"亚洲价值观"来掩盖这种担心。而这一做法也被视为"在获取世界经济的好处的同时保持文化身份的一种手段①"。

为了在全球实现其"自由民主"意志，美国习惯用各种方法对发展中国家和其体系之外的国家进行西方意识形态的渗透，如设立各种所谓民主促进项目、社会治理援助项目、通过非政府组织干预国内政和国内社会秩序、各种公共文化交流项目灌输美国思想、培养扶持其代理人、积极扶持反对派并对现政权施压，等等。一些具有重要影响力的国际非政府组织，一旦他们与区域内的民族或宗教势力相关，很可能就会对增加该区域地缘文化的冲突倾向，对地缘文化具有一定的建构作用。

在美国的影响下，缅甸、越南等中国传统战略伙伴国对中国的离心倾向日渐显露，中亚乌兹别克斯坦等国也出现离心现象。可见，中南半岛，中亚区域，也将是美、中以及其他大国势力对亚太地区地缘争夺的一个支点。那么，半岛各国和区域的地缘政治战略也将在面临这一现实地缘政治背景环境的考验的同时，体现自身的地缘文化价值与利益诉求。针对全球化时代的可持续发展与文化安全诉求，中南半岛的地缘文化安全利益，既要保持与印度、中华、伊斯兰乃至西方文明的相关性和历史联接，又需要面向区域、面向世界，通过积极主动的文化合作与建构，将区域文化整合成为既多样化和谐共存，又具有一定区域性特征和全球竞争力的文化圈域，同时保有区域及自身的文化安全。

---

① 【意】佩蒂多和【英】哈兹波罗编，张新樟、奚颖瑞、吴斌译：《国际关系中的宗教》，杭州：浙江大学出版社，2009 年，第 249 页。

国际体系与格局已经由冷战后的单极变为多极。然而当我们从文化的角度去观察，在软实力与价值观方面，仍是明显的单极形势。目前还没有哪个国家和区域机制，能以自己的软实力，去和美国的软实力相抗衡。以美国为首的西方国家，在当今世界格局的发展中，始终不能摈弃"均势平衡"的思想。"西方世界的主流思想认为，要么建立能维持世界持久和平的均势，比如维也纳体系，要么建立由西方世界主导的单极体系，以西方世界的价值观统一全世界。"从某种意义上说，源头上，这是美国等西方国家所信仰的主流宗教基督教本质上信仰"一神论"、排斥多神信仰的文化传统的延伸。欧美的文化影响因此得以渗透到世界的各个角落。许多发展中国家对欧美文化趋之若鹜，甚至背离自身的文化传统和世界观，迎合这种强势文化的冲击。美国人类学家基辛格认为，这种趋势很危险，因为这种转变一旦变为可能，人类就会失去其多样性。这种多样性"不仅指个人与个人之间，也指地域群与地域群之间、民族与民族之间、国家与国家之间的特性"。

只要世界上仍存在东西方两种文化价值体系，制度文化和意识形态的矛盾斗争，就会继续成为重要的地缘文化博弈现象。中国与中南半岛诸国"山同脉、水同源、人同种、言同语"，有着深远的历史、文化渊源，价值观念大同小异，且大多由于与西方国家所信奉的价值观不同而屡遭批评甚至制裁。因此，可以说，中南半岛国家是中国抵制西方国家以民主、人权等为借口干涉国家内政，推行文化霸权主义的可以借助的力量。从地缘文化角度上看，中国文化、中南半岛区域文化和印度文化，都是世界"东方文明"的有机组成部分，共同担负着在复杂的、以西方文明为主导的当今国际体系中"东方文明"存续和发展的历史性责任。这与地缘政治视角下的"文化安全"和维持东西方文明的大体的"文化均势"密切相关。

第四节 "一带一路"地缘文化互通实体体系构建

"一带一路"地缘文化互通体系不是理论上的构建而是有实体支撑的现实体系，这个体系是由中国"一带一路"支点城市和地区与沿线国家互通的城市共同构建起来的如同星座一样的实体体系，而且这种实体体系在"一带一路"建设的实践中已经形成。从国家安全角度来看，一些沿线国家对于中国国家安全影响重大,一些边境城市从地缘文化角度看处于和这些国家互通的重要位置。通过前文分析中国西北、西南周边国家和国内边境城市可以纳入"一带一路"地缘互通体系进行探讨。

一、"一带一路"地缘文化互通西北区域国家与支点地区选择

陆上丝绸之路西线在新疆划分为两条复线,即南疆线和北疆线。南疆线丝绸之路的南疆线路沿塔里木盆地北南两线分为北道和南道,以帕米尔高原为西界,其地势西高东低,从西入疆容易而从东出疆却十分困难。南疆北南两道汇合至喀什地区后进入帕米尔高原,沿葱岭古道直达位于塔什库尔干的石头城。从那里起,又分南北两道,一线西向经伊朗、叙利亚到土耳其至欧洲,另一线南下至印度次大陆北部。这样,塔什库尔干——西北与塔吉克斯坦、西南与阿富汗接壤,南与巴基斯坦相连,东与叶城和莎车、北面与阿克陶县相连——就成了南疆线进入中亚的关键通道,而喀什地区则是扼住由南疆西北进入费尔干纳盆地、西南进入塔什库尔干、继而瓦罕走廊的咽喉地带,其东北方向的阿克苏则是控制整个南疆的战略枢纽。从南疆线来看与中国境内塔什库尔干接壤的阿富汗地处帕米尔高原和伊朗高原间的高原宽谷地区,是影响中国西陲稳定的关键邻国;瓦罕走廊是沟通中国和中亚国家交流的要路。南疆线西高险而东低缓的地形使其在历史中多是进入中亚的西方力量——比如古代的亚历山大、罗马、十字军,近代法国、英国甚至还有今天的美国——从最西端的叙利亚,影响中国的传统通道。这一条线路上的伊拉克、伊朗、阿富汗都是西方人切入和控制南线丝绸之路的关键地带。

丝绸之路的北疆线东高西低、较南疆相对平缓开阔,有利于军事作战力量的大规模部署和机动,这使得它成了纵横于蒙古高原的东方游牧民族大规模西进的线路,当然也是历代中原王朝治疆政策较容易推行的线路。2011年,起始于中国重庆经新疆出阿拉山口至德国杜伊斯堡的"渝新欧"国际大通道全程开通,全程经过6个国家,运行里程达11179公里,运行时间约3天。苏联解体后,俄罗斯战略力量从中亚收缩及近期美军从阿富汗完成撤军留出的战略真空,将使伊斯兰国家及在抗美入侵中新崛起的政治力量自唐朝之后再次在中亚集结。另外美国在中亚的乌兹别克斯坦、阿富汗、巴基斯坦都设有军事基地。美国的主要媒体也在三个地方设有分支

机构以加强意识形态的宣传。

二、西北"一带一路"地缘互通国家与支点区域选择

1. 支点城市和区域选择

新疆喀什是影响中国西部安全的关键地区，喀什西接帕米尔高原、东通河西的地理位置使其在南疆安全中居于极为关键的地位。从 20 世纪 90 年代起喀什地区是新疆出现暴恐最多的区域，目前新疆恐怖分裂活动再次呈现向喀什一线集结态势，喀什成为陆上丝绸之路事关国家安全的最重要节点城市。

甘肃区域要重点关注兰州，兰州地处河西走廊的战略要冲之地，沿着天山南北的两条丝绸之路向东经哈密、敦煌，最终合汇于此，河西走廊成为中原与西域经济政治联系的咽喉要地。西汉初张骞第二次出塞的成功是由于霍去病实现了对河西走廊的牢牢控制。这说明，中原对新疆失控往往从"陇右"开始而从长安进入陇右的第一入口便是兰州。河西之要在兰州。兰州位于祁连山东端，黄河穿城而过，蜿蜒百余里。兰州是中国在西北方向的最后屏障。中国平息由此引发的西域动乱的着力点多集中于帕米尔高原—喀什—兰州一线。所以兰州同样成为陆上丝绸之路的重要节点城市。

宁夏自古就是古丝绸之路的必经之地和商埠重镇，现在宁夏处在"一带一路"重要节点。宁夏紧邻雅布赖国际航路，处在新亚欧大陆桥和中国—中亚—西亚经济走廊的节点位置，成为东西通道的交汇点，辐射西北、连接华北东北，直至通达西亚北非，交通四通八达，物流成本低。宁夏中亚国际货运班列顺利开行，标志着西向陆上丝绸之路正式打通。作为回族自治区，宁夏是中国独具特色的省份，宁夏的穆斯林较多，共同的信仰，相近的生活习惯，与阿拉伯国家开展各项合作的优势明显。

2. 重点国家选择

西部陆上丝绸之路建设过程中，国家安全利益大于经济利益。当前中国西部主要面临宗教极端势力、民族分裂势力、暴力恐怖势力的威胁。这三股势力主要通过境外国家对我国进行渗透和破坏。地处中亚的阿富汗、哈萨克斯坦、塔吉克斯坦、吉尔吉斯斯坦和巴基斯坦是需要我们重点关注的"一带一路"国家。

3. 西北"一带一路"地缘文化互通需要注意的问题

西部内环区域文化互通要重点关注一下三个方面：①安全利益大于经济利益。目前中国西部地区是中国承受恐怖袭击和分裂主义最重的区域，维护国家安全和领土完整，是中国西部区域实施"一带一路"倡议的首要任务。②要处理好跨境民族问题。由于中国西部与中亚地区国家接壤，存在大量的跨境民族人口。跨境民族部分人口是中华民族的组成部分，但与接壤国家民族有着相同的语言和宗教信仰。增加我国跨境民族的国家认同有助于推动文化互通。③处理好宗教问题是推动文化互通的前提。新疆、甘肃、宁夏等西部地区是中国穆斯林主要聚居区，中国穆斯林与中亚、西亚穆斯林有着共同的宗教信仰。共同宗教信仰能够转化为西部区域与阿拉伯世界的文化沟通优势。

实现西部"一带一路"内环文化互通要重视培养跨境民族的国家认同，发挥好跨境民族的语言优势。以伊斯兰文化作为沟通桥梁，通过举行伊斯兰文化为主体的国际论坛，开展音乐、舞蹈、绘画等无语言障碍的文化形式的交流，加强与西部边境国家的文化交流合作，抵御宗教极端势力利用传教对我国进行渗透和破坏。此外美国的普世价值意识形态宣传在传统穆斯林国家影响尚未显现，而在中亚世俗化的穆斯林国家尤其爆发过"颜色革命"的国家作用较为明显。

通过以上分析，我们可以发现陆上丝绸之路西部线路，安全问题大于经济问题。巩固西部国家安全是陆上丝绸之路的首要任务，文化互通要服务于国家安全大局。依据这个基本判断，文化互通体系的重点区域是新疆、甘肃和宁夏，文化互通的重点国家是阿富汗、哈萨克斯坦、塔吉克斯坦、吉尔吉斯斯坦和巴基斯坦。

三、西南"一带一路"地缘互通国家与支点区域选择

目前中老边境和平，经贸往来频繁。中越之间陆上边境线已经划分完毕，不存在领土争端。但是历史上的恩怨以及南海争端是容易引发中越争端的诱因，尤其需要中越两国通过文化互通进行化解。目前西南地区影响中国国家安全的国家是缅甸。缅甸国内民族、宗教冲突比较频繁。一个是罗兴亚人问题，一个是果敢问题。罗兴亚人和果敢人均是缅甸的少数民族，从体质人类学角度来看与主体民族缅族不属于同一种族。罗兴亚人，是缅

甸若开邦阿拉干地区的一个穆斯林族群，约有 80 万罗兴亚人生活在缅甸。罗兴亚人信仰伊斯兰教说孟加拉语的一种方言，从体貌特征以至文化上与孟加拉人相差不大。果敢人是缅甸的汉族一支，生活在缅甸掸邦北部果敢地区，毗邻中国云南。总人数只有 20 多万的少数民族"果敢族"，95%以上人的血统是汉族。这两个民族均与主体民族缅族冲突不断，2017 年 8 月缅甸若开邦爆发多起罗兴亚武装组织暴力袭击缅甸警察哨所的恶性事件，缅甸军队和警察随后与罗兴亚武装发生激烈交火，交火事件造成数百人死亡，并且还导致大量罗兴亚民众逃离缅甸躲避战火，酿成了严重的人道主义灾难。2017 年 3 月果敢同盟军与缅甸政府军交火，大批难民进入云南，中缅边境也遭到流弹攻击。此外臭名昭著的金三角毒品产区就位于中、老、缅交接地区，缅甸境内猖獗的毒品贸易时刻威胁着中国的国家安全，震惊世界的湄公河惨案就是缅甸毒枭所为。

除了缅甸难民问题和毒品问题威胁中国安全以外，我们还要关注美国在中南半岛意识形态渗透方面的种种动向。美国在实施重返亚洲战略和印太战略过程中十分重视对东南亚国家进行思想和意识形态渗透，在这些国家内部扶持代理人和所谓非政府组织。为了对抗中国的"一带一路"倡议，美国往往通过非政府组织发起各种理由的抗议活动，意图破坏中国在东南亚的合作项目。美国操纵教会势力渗透的反水坝组织常年活动，杜撰丑化中国企业的负面消息，并通过电台、出版物影响当地民众，给项目重启带来重重阻力。

根据以上分析，从地缘文化角度上看缅甸、越南、老挝要考虑作为文化互通体系的主要国家，其中缅甸地处"一带一路"战略通道核心位置，是我国未来陆上输油管线要路经的重要国家，对于我国的经济安全意义重大。目前中国和越、缅、老三国均设有陆路口岸，但是这些口岸规模太小，城市功能欠缺。将陆路口岸扩容成为支点城市，拓展文化互通功能是当前要做的工作。

四、"一带一路"地缘文化互通的案例分析

地缘文化互通较之于通常意义上的文化互通有两个区别：一是目标是维护国家安全，二是要跨越民族、宗教和西方意识形态三座大山。一个人的民族认同、宗教认同往往形成时间长很难被同化和建构。西方把持着全

世界百分之七十的传媒渠道，推特，facebook 等社交媒体也成为很多国家年轻人生活不可或缺的交流工具，西方正是充分运用这些网络社交媒体推翻了利比亚卡扎菲政府并成功发起一波波的"颜色革命"。如何实现跨跃民族、宗教和西方意识形态，真正实现文化互通，民心相通是我们需要思考的问题。2015 年中国团队用光影技术复原巴米扬大佛的成功案例也许会从中得到启示。

在阿富汗中部的巴米扬地区，曾经耸立着两座宏伟庄严的巨大佛像，分别高约 53 米和 37 米。2001 年 3 月，塔利班不顾国际舆论强烈谴责以消除偶像崇拜为借口，用炸药和大炮炸毁了这两尊佛像。作为世界文化遗产的巴米扬大佛被完全摧毁成为世界文化史上的一场悲剧，直到今天还让世人扼腕。中国的张昕宇和梁红，因工作经历和业余钻研，两人对投影技术应用有深入了解。他们为了用光影复原大佛专门组建技术团队，聘请喀布尔大学专家南希·杜普里做咨询顾问，并多次前往当地博物馆查看 1500 多年前的佛像资料。在克服了重重困难和挑战后，中国团队终对大佛进行了成功的影像还原。当巴米扬大佛影像通过中国人的手，穿越时空重新呈现在世人眼前时，1000 多名在现场的当地民众同时鼓掌欢呼，并在佛像前唱歌跳舞。中国团队将价值 10 万美元的整套光影设备赠送给了当地政府，告诉他们，"这是中国人送给阿富汗人的礼物"。中国人第一次让炸毁 14 年后的巴米扬大佛再次"屹立"回到了现实之中，让全世界看到了阿富汗美好的一面，这是来自中国的一份礼物、一次文明的致敬、一次对和平的祈盼、证明不同肤色信仰国籍的人，能共同生活在同一片美丽的土地上。张昕宇、梁红的此次行动得到了各国媒体的相继报道，包括新华社、路透社、法国 24 台、美联社、法新社、khamaapress、8am 晨报、阿富汗第一大商业电视台 ToloTV 新闻频道、洛杉矶时报、GoodMagazine 在内的采访。同时，在新媒体上，FacebookAJ+的账户上关于我们光影重现大佛的视频在推出 24 小时后，阅读量已达到 256013 人次，获点赞 3903 次，分享 3522 人次。在推特上联合国教科文组织的官方账号和法国文化部都分别称赞了此次光影重现大佛活动的图片和内容。海外新媒体 buzzfeed 也在推特上转发了巴米扬大佛重现实况。

笔者认为光影复原巴米扬大佛是成功跨越民族、宗教和意识形态的经典案例。首先阿富汗是民族和宗教冲突最为激烈的地方，巴米扬地区也是各种宗教并存的区域，巴米扬大佛就是因为是非伊斯兰偶像而被塔利班摧毁。而本次复原活动得到了该地区人民和阿富汗政府的全力支持，说明文化艺术是可以超越民族和宗教成为人心互通的源泉。其次光影复原行动不仅打动了阿富汗民众而且通过推特等网络媒体传播到全世界，树立了中国在国际社会的良好形象。这说明具有人类情怀的义举能够超越意识形态得到世界人民的接受和爱戴。这个案例启示我们：首先，文化互通具有公益性质，不能被利益和金钱所裹挟，如果中国团队以盈利或者宣传为目的去复原大佛肯定不可能得到阿富汗和世界人民的赞扬。其次，文化互通要设身处地从对象国角度考虑问题，巴米扬大佛被毁成为阿富汗人永久的伤痕，复原大佛自然能得到全体阿富汗人的关注和支持。第三，民间互通比政府互通更能消除对象国民众的疑虑和误解。张梁两人只是光影技术的爱好者，他们组建团队复原大佛完全是个人行为却起到了提升中国国家形象的作用，说明实施文化互通尤其是地缘文化互通要重视发挥民间力量，让民间力量成为文化相通的主力军。

第六章
国家语言能力与"一带一路"文化互通

第一节 语言互通与文化互通

在推进倡议过程中语言不仅汇通中外思想，超越文化藩篱，而且推动文明创新是促进人文交流，实现民心相通的根本保障也是服务文化互通的重要支撑。"一带一路"不仅是经贸通道，还是文明互鉴之路。"国之交在于民相亲，民相亲在于心相通"。民心相通的深层基础是不同语言文化的相互了解、相互交流、相互理解和相互融合。只有在此基础上，各国人民才能产生思想上的共鸣，才有可能在一些重大问题上达成宝贵的共识。语言作为人类的伟大创造，是不同文化交流合作、互学互鉴，实现民心相通的根本保障。中国古人云"言为心声"，这一表述精炼地阐明了语言与思维的密切联系。因此，在推进"一带一路"文化互通建设的过程中，语言是服务互联互通建设的重要支撑，更是汇通中外思想，超越文化藩篱，推动文明创新，促进人文交流的根本保障。语言是人类最重要的交际工具、思维工具、文明文化载体和信息载体。

语言在"一带一路"建设中具有先行性、基础性、工具性和人文性的作用。文化互通是"一带一路"建设的社会根基。语言相通则是文化互通的根本保障。文化互通依赖于人的沟通，人的沟通以语言互通为基础。语言互通是指人与人之间使用能相互理解的语言进行的沟通。相对于语言的功能作用和感情色彩来讲，国际语言更"通事"，官方母语更"通心"。摸清沿线国家官方语言的类别和特点，精准把握沿线国家的语言国情、文化，有助于加强不同文明之间的交流。通心语主要指易于情感表达和心灵沟通的语言，往往是交际者的母语。官方母语是指沿线国家中，既是本国官方语言，又是本国主体民族母语的语言。主体民族语言是指一个国家使用人口最多的那个民族的语言，该民族语言使用人口通常超过全国总人口的一半多，即占全国总人口的 55%或以上。在"一带一路"沿线地区，真正能在跨国经贸业务中使用的国际"通事"语言，只有英语、俄语等两三种；真正能"通心"的各国本土官方语言，则有 50 多种。习近平同志指出：语言是了解一个国家最好的钥匙。语言在中外经贸合作交流中具有基础先导作用。如果语言不通、沟通不畅，文化互通则无从谈起。语言不仅可以提高国与国之间直接的交流和沟通能力，降低贸易中的谈判协调信息收集等交易成本，还可以通过文化间接地增强双方的信任进而促进贸易的发展。对于中国来讲减少与贸易伙伴国之间的语言障碍，增强贸易双方的文化认同感尤为重要[1]。

第二节　国家语言能力构建

一、语言的资源属性

语言既是一种符号系统，又是重要的交际工具。语言凭借其构成系统承载了丰富厚重的社会文化信息，为人们广泛应用，产生了较好的社会效益和经济政治文化科技等效益，具有信息价值、文化价值、经济价值和政治价值[2]。语言是人类最重要的交际工具，也是人类最为珍贵的资源之一。伴随着社会经济的发展，语言的经济价值日益凸显。美国经济学教授 Jacob Marschak 首先揭示了语言具有价值、效用、费用和效益等经济学特性。语言经济学研究认为，语言本身是一种人力资本，学习第二种语言（或外语）是一种经济投资，语言的经济价值有高低之分，语言的经济效用取决于诸多因素，如该语言在不同市场上的使用程度及在人际交往中是否常用等。Fishman 认为，语言从其具有价值的意义上讲是一种资源，但是语言资源是不同于一般传统意义资源的特殊资源，很难用现行的成本—效益理论来管理。语言是一种珍贵的社会资源和文化资源，除具有资源的一般属性之外，语言资源的特点还体现在地域和生态关联性、专有性和共享性、分布的不均衡性、开掘与利用的无穷性及种群衍生性等。语言是一种具有价值成本

---

[1] 李青、韩永辉."一带一路"区域贸易治理的文化功用：孔子学院证据；文化"走出去"的投资效应研究：全球 1326 所孔子学院的数据[J]. 国际贸易问题，2017（1）。

[2] 李现乐.语言资源和语言问题视角下的语言服务研究，云南师范大学学报，2010.5。

和收益的社会资源[①]。语言作为一种特殊的社会资源，为社会所创，为社会所用并为社会的需要而改变。语言资源具有社会资源的基本特性，如社会性、继承性、流动性、价值差异性、不均衡性、稀缺性和可开发性，还有一些独特特性，如共享性、种群衍生性、地域和生态关联性等，其中共享性就是一个很重要的特性。

二、国家语言能力

1. 个人语言能力的水平和语言种类构成了个人语言能力

语言是一种重要的人力资本。Grin 指出：同其他种技能一样，特定的语言技能也可以被理解为某种形式的资本，这是因为个人和社团可以对其进行投资并受益。因此，有意识地获得的语言技能可以被看做是一种具有经济优势的资源。语言是人力资本，经济活动的主体是人，语言作为人的最重要交际工具思维和认知工具对人的素质和能力具有决定性的作用。优质的语言资本是核心经济资源，可以获得好的经济效益。

2. 国家语言能力重新定义为政府处理海内外发生的涉及国家战略利益事务所需的语言能力

语言是文化的重要载体，是文化的重要方面，文化强国对内主要表现为凝聚力，对外表现为互通能力，这种凝聚力和互通能力大小取决于构成文化的多种资源（包括语言资源）的组合情况。因此，国家语言能力是建设文化强国的基础。国家外语能力已成为衡量一个国家核心竞争力和软实力的重要标准之一，是一个国家运用外语应对各种外语事件的能力，是一个国家为维护自身安全所需要的外语能力。

一个国家其国家外语能力水平的高低，主要体现在对国家外语资源的管理和关键外语人才的培养方面。从整体来说，我国目前外语资源的管理层次不高，资源分配不科学，关键外语人才匮乏。首先，语种数量较少，多语言教育不发达。其次，外语人才水平参差不齐，关键外语和高端外语人才匮乏。人才短板已经成为影响中国文化走出去的一个关键因素。语言资源管理能力是国家语言能力的重要组成部分，国家语言能力建设重中之重就是非通用语能力建设。"一带一路"倡议下，国家急需大量非通用语人

[①] 陈章太.论语言资源[J].语言文字应用，2008（1）：10.

才。然而，目前我国尚未对全国非通用语人才资源和人才培养进行合理规划，导致国家紧缺语种开设不足，部分语种盲目和重复建设，国内现有相关资源未得到有效整合利用等问题。需求与供给信息不匹配，缺乏协同，我国现阶段语种建设不仅难以满足"一带一路"倡议的需要，更难以满足与我国建交的所有国家进行国际交流与合作的需要。

目前和我国建交的175个国家中，通用的语种约95种，而我国仅能开设54种语言课程。在语种数量方面，我国目前开设的小语种专业和课程明显不足；现有非通用语种主要以欧亚为主，但面向非洲等语言资源丰富、语言文化多样化地区的语种却很少；除了语种数量缺乏和布局不合理之外，非通用语种教育质量也不乐观，随着"一带一路"的实施，沿线国家相关语种人才的需求会明显增大，将促进我国语种数量的增加和人才的培养。国家外语能力建设需求与国家综合实力提升是正相关的，也和国家的战略定位关系密切。改革开放以来随着中国综合国力大幅提升国家战略定位处于变迁之中。中国的国家定位从传统大国到现代大国，从封闭大国到开放大国，从一般大国到重要大国渐进定型为具有重大世界影响的亚太大国[①]。"一带一路"倡议的提出是中国30多年来改革开放向纵深推进转型升级的需要，在这样的国家战略定位发生重大转型背景之下，国家外语战略规划必须审时度势谋定而动，认真思考新形势下国家外语能力提升和发展的重要任务。

第三节 国家语言能力建设镜鉴

一、语言规划与国家语言能力

语言主要是一种社会资源，为社会所创、为社会所用并为社会的需要而改变。语言作为一种不同于其他资源的资源，具有开掘利用的无穷性、资源的共享性等特点，但是如果不以长远眼光和从全局出发对语言资源加以科学管理和合理开发，最终势必造成语言资源的消损和破坏，从语言资源观的视角看，语言规划就是语言资源的管理。语言规划就是要激活语言活力，使语言资源充分发挥作用，增强其社会效益和经济效益。语言规划

---

① 李宇明. 中国外语规划的若干思考[J]. 外国语 2010（1）.

就是把语言看做一种资源，通过某种运作方式使其产生经济利益和社会效益的过程。语言规划就是语言资源的管理，国家的语言资源规划服务于国家总的政治和经济目标。对于语言资源是一个掌握、配置、利用和发展的问题。语言规划，就是在一定战略指导下，紧密地监测、不断地调控、有计划地发展语言资源，使语言资源的利用、再产生和增长进入一个良性过程使得语言资源的配置也越来越适应实现国家总体目标的需要。目前我国外语资源缺少专门机构管理和科学规划，我国在国家法规、资金投入、资源分配等方面都对外语管理关照不足。加强外语资源管理，提升国家外语能力，国家外语教育政策既决定一国外语教育的大局，也是一个国家软实力、教育政策以及理念的体现，对社会经济和文化的发展影响深远。

从一般意义上讲，国家要做好语言规划需要从以下方面着手。①国家应专设机构对外语资源进行管理。②开展外语需求调查。随着外语教育与国家社会以及经济发展的互动频繁，我们应重视行业外语知识的缺乏对全民经济产生的隐性影响，深入调查知识密集型行业（如国家安全战略型、经济技术型、社会服务型等领域）对外语人才的需求。③建立外语人才需求数据库，科学规划和适时调整外语教育政策，注重提升外语人才培养的针对性和实际效用，充实关键外语人力资源，合理规划外语资源分配是目前中国要解决的问题。

二、美国国家语言能力构建案例

美国关键语言能力体系经过 50 多年的发展形成了由教育部、国防部、国务院和情报共同体四位一体的关键语言战略实施体系，这一体系以提升国家语言能力，维护国家核心利益为战略目的，以增加外语人才储备为共同的战略目标，关键语言战略实施体系成员还根据国家需要制定相应的战略规划。目前美国高校开设的语言课程覆盖 259 种语言，其中非通用语就有 244 种，美国的非军方语言战略规划体现在国家、州和大都市 3 个层面：在国家层面，美国启动国家安全语言计划等战略规划和项目集群；在州层面，俄亥俄、俄勒冈、得克萨斯、犹他、加利福尼亚、罗得岛、夏威夷诸州于 2007 年至 2013 年期间先后举办语言峰会，出台了面向 21 世纪的语言路线图；在大都市层面，旧金山、西雅图、纽约和华盛顿特区等都有各自的语言战略规划。

掌控语言人才资源的最佳途径是建立语言人才资源数据库。美国已建立国家级语言资源数据库。美国不仅拥有面向社会的语言资源库，还拥有专业性很强的军队语言备战指数系统。以美国国家语言服务团为例，服务团是"9·11事件"后美国政府为应对国家语言人才资源不足不能满足政府急需的困境而建立的。一是语言教育与区域研究相结合，二是通过项目集群培养非通用语人才。项目集群是美国国家语言能力建设的特色之一，是指为实施国家战略而设计的系列项目组合。国家语言能力的核心问题是语言资源问题，即国家如何培育掌控和支配语言资源，因此国家语言能力建设的关键是语言人才和语言教育问题。美国不仅拥有面向社会的语言人才资源库，如美国语言地图；还拥有专业性很强的军队语言人才资源库，即跨军种的语言备战指数系统。美国致力于建立国家语言资源和人才储备库[①]。"二战"后美国联邦政府开始制定政策资助高校外语教育，其外语教育政策以立法为保障，以满足国家战略需求为目标，并以项目资助的形式进行。在联邦政府的政策资助下，美国高校逐步成为国家语言资源和人才的储备库，进而满足了美国在不同时期国家安全外交及经济发展的战略需要。

美国"二战"后加强外语教育的政策繁多，政策出台和管理机构不同，但这些政策都有共同特征即以外语教育的工具价值为目标，以立法为保障，并以项目资助的形式来保障外语政策实施的成效，以满足国家战略需求为目标。"二战"后联邦政府资助高校外语教育的政策是以外语教育的工具价值为其政策目标，满足国家安全外交、经济发展和文化交流等方面的战略需要，所形成的联邦政府的外语教育政策兼具时代性和延续性，其明确的目标及详细具体的操作规则对"二战"后美国高校的外语教育产生了重大影响。更重要的是这些政策逐步促使美国高校成为国家语言资源和高级人才的储备库，语言区域研究中心成为美国高校提供世界各个国家或地区语言教学的重要组织机构，培养复合型高级外语人才，促使高校成为国家外语人才的储备库。经过20年发展，美国目前已拥有15个由政府拨款资助的国立语言资源中心，形成了集语言研究和语言资源开发、外语人才培养和外语教学与技能培训于一体，覆盖全球主要区域通用语言的外语教育资源网络。战后美国的战略转型要求高校能够提供大量既懂外语又具有扎实的其他学科知识的高级复合型外语人才。联邦政府的资助促使高校实现该

---

① 龚献静.《"二战"后美国联邦政府高校外语教育政策述评》，外语教学与研究，2012（4）。

目标。联邦政府的项目包含了对本科生、硕士生和博士生的外语学习和研究的资助。这些资助对学生的成绩尤其外语水平都有较高的要求，确保了所培养的人才是复合型高级外语人才。美国高校的语言区域研究中心仅在2002—2004年度为美国培养了大量的复合型高级外语人才。联邦政府资助培养的复合型高级外语人才除了按政策要求服务于联邦政府各部门及各种国际组织之外，大多服务于美国的各级教育机构。大量的毕业生从事与外语教育相关的学术职业，不仅维持了高校在语言和区域研究的能力，也为高校培养高级复合人才提供了良好的师资队伍，从而保证了人才培养的连续性。可以说战后的美国在世界各个领域的领导地位有着美国高校所储存的语言资源和外语人才的贡献。美国关键语言战略实施至今，国家语言能力明显提升：外语学习者人数呈波段式上升趋势，可教授语言300多种，外语教学和研究水平处于世界前列，语言人才库建设进展顺利，语言管理水平逐渐提高。美国的经验说明，要提升国家语言能力，必须制定一套切实可行的战略规划，有明确的战略目标，实现语言规划制度化科学化。

我国也正在进行国家战略转型，中央政府及国家各部委也应根据国家战略需要制定政策资助我国的外语教育，由于教育的长期性往往和国家需求的阶段性相冲突，因而应从国家语言资源和人才储备的价值取向进行外语教育规划，我国已有专家提出通过外语教育规划来为国家储备语言资源和人才。我国在制定外语教育政策时可以借鉴美国的做法，促使高校成为国家级语言人才储备中心。

第四节 "一带一路"语言规划体系构建

一、当前"一带一路"语言状况

非通用语种界定为除英语、法语、德语、俄语、日语、西班牙语、阿拉伯语七种语言以外的语种。在"一带一路"建设中，丝绸之路经济带的建设重点在欧亚大陆，21世纪海上丝绸之路的建设重点为太平洋到印度洋及至地中海大西洋一线的沿岸地区和国家。这些区域相关语种的高端外语人才十分紧缺，应作为现阶段非通用语人才培养的重点。和我国建交的175个国家中，通用的语种约95种，而我国仅能开设54种语言课程。在语种数量方面，我国目前开设的小语种专业和课程明显不足；现有非通用语种主要以欧亚为主，但面向非洲等语言资源丰富语言文化多样化地区的语种却很少；在全国 10 所语言类院校中，开设语种数量超过 30 个的只有北外和上外，小语种专业非常稀缺。与国家急需语种专业开设不足形成反差的是，部分语种专业盲目重复建设。截至 2015 年，我国高校设有非通用语种教学点近 350 个，在校学生 2.9 万人。由于国家对非通用语教育缺乏宏观布局，没有合理规划招生规模，导致部分高校在师资不足专业论证不充分的情况下盲目开设非通用语专业，非通用语师资存在青年教师比例过高、学历层次偏低、知识结构不完善、专业领域狭窄等问题，难以保证外语人才培养质量；有些语种专业开设未充分预判学生毕业后的就业前景，造成毕业生就业难问题。除了语种数量缺乏和布局不合理之外，非通用语种教育质量也不平衡。在我国 2000 多所普通高校中八成院校开设了外语专业，并且主要以英语专业为主。由于很多"一带一路"倡议国家和地区的语言属于非通用语种，这给文化互通带来诸多不便。

二、国家语言能力建设面临的战略转型任务

1. 国家语言能力导向从"引进来"向"走出去"的转型

改革开放以来中国为发展外语教育投入了巨大的力量，国家外语能力建设随着国力提升得到长足的进步，成就斐然，可以说中国在这 30 多年间经济腾飞和社会发展取得举世赞叹的进步与外语教育的普及和提高不无关系，"引进来"外语战略为对外开放和现代化建设培养和输送了一大批懂外语的科学技术人才，国家掌握的外语资源有了一定数量和质量上的积累。进入新世纪以来，随着中国国际地位日益提高，国际影响力不断扩大，中外交流互动增多，海外利益范围日益扩大，参与国际事务和国际竞争日趋频繁，原来"引进来"为主的外语战略已经明显不能适应国家战略转型的需求，国家外语能力建设导向必须在"引进来"的基础上考虑向"走出去"转型，实现国家外语能力建设的双向互动，作为发展中国家外语能力建设不仅要满足"引进来"需求，有海纳百川的胸怀，还需要明确服务中国走向世界的外语战略导向，服务于"走出去"大局，将其作为国家软实力加以建设，在新时期国家外语能力建设必须提升到国家战略高度，为中国文化走出去，传播中国声音，讲好中国故事，构建融通中外的对外话语体系服务，为"一带一路"新格局架设中国走向世界的桥梁。

2. 国家外语能力需求从内需型向外向型转型

新形势下的国家外语能力建设不仅要满足内需的外语教育，提高全民外语水平和文化素养，而且要以外向型需求拉动内需，倒逼外语教育改革，"一带一路"建设需要我国从外语教育大国向外语强国转变。来自于外向型需求会日益增加，例如亚投行多边谈判、自贸区建设、中国高铁出海、企业海外投资等重点战略领域和行业对外语能力的种类和质量需求可能更高，相比之下目前相关研究仅针对城市居民日常外语能力需求调查，这是远远不够的，无法应对外向型外语能力需求提出的挑战，更为系统全面的外语需求调查亟待开展。

3. 国家外语资源种类从单一型向多元化转型

外语语种规划是外语教育规划的重要任务之一，"一带一路"沿线语言多元化格局要求中国下力气建设多元化的国家外语资源种类，新中国成立之后我国曾经出现过"一边倒"的俄语单语种外语教育规划的重大失误，改革开放以来中国在外语语种规划中注意到语种多样化问题，一部分通用语种得到发展。目前中国能够开设的外语语种约有五六十种，经常使用的也就十来种，近年来国家逐渐重视外语语种规划工作，建立一大批非通用语种人才培养基地，在语种规划资源投入等方面都有了很大改善。但在新的战略形势下，单一型语种结构失衡和非通用语言人才缺乏的问题变得更严重了，中国的外语语种储备显然是不足的。国家发展和国家安全十分需要的许多非通用语种人才稀缺。

首先，在语种选择方面英语一家独大局面令人担忧，在外语专业教育中的比重竟高达95%以上，一些办学水平一般的高校没有经过科学论证动辄招收上千名英语专业学生，不少综合性大学和地方高校的小语种专业和课程相对匮乏，很多高校的外语学院仅能开设英语、日语等通用语种专业。外语语种单一势必带来学科同质化倾向明显。

其次，在语种数量和布局方面，我国目前开设的小语种专业和课程设置单一、明显不足。在与我国建交的175个国家中至少涉及95种官方语言还没有涉及更多的非官方重要语种，从开设语种的对象国和地区看现有非通用语种，主要以欧洲为主，面向"一带一路"等语言资源丰富语言文化多样化地区的语种如中亚、南亚和非洲却很少，这反映出现有非通用语种分布和布局存在不均衡之处。

更为重要的是我国战略语言规划起步较晚,关键战略语种建设工作滞后,我国没有借鉴国外语言规划经验开展基于非传统安全威胁和风险的战略性语种规划工作。这与国家安全和利益攸关,我们必须清醒地看到在"一带一路"的建设过程中传统安全与非传统安全问题此消彼长、若隐若现,恐怖主义、跨国犯罪、非法移民、国际维和、国际人道救援和搜救等突发事件此起彼伏、交织复杂,语言在防范规避预警及保障丝路安全问题时,在消除和化解非传统安全威胁和风险过程中都具有无可替代的战略价值,"一带一路"非传统安全战略性语种规划必须尽早实施。

4. 国家外语资源质量从工具型向专业型转型

外语资源质量决定国家外语能力建设的纵深发展,其质量高低取决于国家外语人才规划。新中国成立以来,受学科观念束缚我国外语人才规划主要强调的是语言知识和技能培养,工具性和实用性取向明显[①],这种工具性人才规划的优势毋庸置疑,但是由此带来的负面影响是外语人才仅能满足一般通用性语言沟通和交流,缺乏人文知识积淀和专业知识培养,无法从事国际专业领域工作和学术研究。这样的外语人才规划,导致外语市场上出现小才拥挤、大才难觅现象,每逢重大国际场合和重要国际谈判时都会频频面临高水平外语人才一将难求的现实窘境,因此,工具型外语人才规划不能完全解决"一带一路"对于国家外语能力建设的迫切需求。

"一带一路"外语能力建设要求外语人才规划从工具型向专业型转变,需要重新定义新时期外语人才的定义,我们不仅需要培养出更多精通沿线国家语言的高层次外语专业人才,还需要更多熟悉"一带一路"的国别区域研究人才,更需要语言能力过硬具有国际视野能进行有效的跨文化沟通的领域和行业专才。

三、国家外语能力建设构建的对策与建议

面向"一带一路"的国家外语能力建设对于整个外语教育事业改革与发展意义重大,同时也事关国家战略实施成败大局,是一个重大战略问题,外语教育需要服务于"走出去"这一战略导向,全社会都要正视外语规划

---

① 吴宗杰. 外语学科知识谱系学考辨[J]. 广东外语外贸大学学报,2009(4)。

的重要意义，建议国家成立专门机构统筹规划外语教育改革这一系统工程，鉴于外语规划和管理工作面广量大，现有各阶段的外语教育主要由教育部各司局办条块分割式管理，这显然无法有效协调各项工作，基于外语规划系统性和科学性的原则同时也借鉴国外经验和做法，中国必然需要建立一个国家外语规划和决策机构负责统筹规划制定指导监督评价和调整国家重大外语教育政策，推进"一带一路"国家外语能力建设，同时这一机构还要承担外语教育政策的研究、咨询、考试评价和服务等职责，从而可以整合教育部现有语信司、语用司、基础司、高教司和职教司相关外语规划的功能，这样设立多位一体化的国家外语决策机构，有利于全国外语教育实现协调发展，提高外语决策效能，形成国家政策的合力。

四、开展外语需求调研，制定外语能力标准

"一带一路"涉及国家和地区广泛，沿线各国的语言文化状况千差万别、错综复杂，外向型外语能力需求调查必须提前启动，需要做好内查外调工作，所谓内查指的是对"一带一路"相关重要领域和行业对外语能力的需求调查，如中华文化思想术语丝路传播问题，中国海外投资语言风险调查，中国企业"走出去"外语需求调查等等。此外，还需要加强国内"一带一路"中西部地区外语能力现状和需求的调查，所谓外调，是指对国外沿线语言状况和需求调查，研究"一带一路"沿线语言资源，国家需要尽快掌握"一带一路"沿线国家语言国情，特别是周边国家和地区的语言生活状况，充分调研与国家利益密切相关的国家和区域的语言文化问题。例如，孟中印缅经济走廊社会语言和文化调查研究，东南亚和中亚民族语言文化调查等等。针对非通用语种语言规范相对缺乏问题，根据内查外调情况外语规划部门应及时启动相关的各类语种外语能力标准研制工作，重点做好非官方语言标准与规范问题，用以指导和规范各语种外语教育有序开展。

五、完善语种规划机制，启动战略语言规划

中国作为一个负责任的国际大国，需要完善外语语种规划机制。不仅继续加强国际通用语种教育，还需要逐步考虑加强"一带一路"沿线外语语种规划，妥善解决国家外语资源种类均衡与合理布局问题。目前，不少地方高校盲目新设小语种专业，不考虑专业建设标准和市场需求，将来都会产生办学困难。外语规划部门要重视完善外语语种规划机制，在充分调

研和分析基础上稳步推进小语种建设问题，一方面中国是一个多民族国家，不少民族语言同时也是跨境语言，对于这些宝贵的民族语言就应当加以规划和开发，充分利用现有的外语语种条件因地制宜地制定民族地区的外语教育语种规划政策，这对于实现语言多元化发展和边疆安全稳定都有重要意义。

六、加强外语人才规划，推动外语学科转型

"一带一路"建设要求加强外语人才规划工作，这是对我国外语教育提出了学科转型的重大挑战，长期以来，我国外语教育偏重单纯的语言技能训练，外语人才培养模式单一，在外语教学中存在重语言轻文化，重工具轻人文，重西方轻本土的弊病。一方面，外语学科需要创新培养模式，探索培养多元化的国际型外语人才，加强外语教育中国别和区域知识教学，开展和促进跨文化跨学科外语教学与研究，培养具有人文素养、学贯中外的国际化人才。另一方面，外语人才规划更要满足"一带一路"对于高层次国别区域领域外语专才的需要，随着"一带一路"建设步步推进，除了高水平翻译语言人才之外，培育精通沿线某一国家或地区当地语言，熟稔当地文化甚至专攻于某一问题领域的专家学者已成当务之急，为此外语学科应当加大转型力度，研究语言能力与其他专业能力的组合问题，着力提升外语教育的效率，使不同领域的专业人才能够获得必要的语言技能和跨文化沟通能力，这将直接关系到"一带一路"全方位多领域的开放发展、合作共赢。

"一带一路"是文明互鉴之路，"国之交在于民相亲，民相亲在于心相通"。民心相通的深层基础是不同文化的相互了解、相互交流、相互理解和相互融合。只有在此基础上各国人民才能产生思想上的共鸣，才可能在一些重大问题上取得宝贵的共识。加强国家外语能力建设是促进中外不同文化的交流合作，互学互鉴，实现民心相通的根本保障。已故南非前总统纳尔逊·曼德拉曾说过："若你用一个人能理解的语言与他交谈，可以传递至他的大脑。若你用一个人的母语与他交谈可以传递至他的心灵。"实施"一带一路"文化互通，提高国家语言能力至关重要！

第七章
"一带一路"文化互通概论

第一节 文化互通内涵分析

  随着全球性问题与危机的蔓延以及中国经济实力与战略影响力的提升,中国在崛起过程中面临着日益增多的新情况、新问题与新挑战。针对"一带一路"倡议,一些西方媒体对"一带一路"倡议进行了歪曲式、挑拨式的报道和解读,大肆渲染、鼓吹"中国威胁论",将"一带一路"倡议视为中国版的"马歇尔计划",人为地赋予"一带一路"倡议浓厚的意识形态和政治色彩。此外,一些"一带一路"沿线国家也对"一带一路"倡议表现出一定程度的疑虑和顾忌,怀疑中国可能借助"一带一路"倡议来扩大势力范围、争夺地区主导权,担心"一带一路"建设可能会对本国经济发展、国家主权和国防安全产生消极影响。而一些"一带一路"域外国家也怀疑"一带一路"倡议可能是中国进行对外扩张、挑战现有国际秩序的外交工具,担心"一带一路"建设将威胁到本国国家利益以及地区与全球稳定。

  无可否认,疑虑与不信任已成为"一带一路"建设面临的最大挑战。在这种背景下,如何获得广泛的国际认同与深厚的社会民意基础将成为"一带一路"倡议成败的关键。文化互通就是指中国各类政府行为体和非政府行为体围绕"一带一路"建设,通过信息传播、国际公关、人文交流等多种手段和途径向"一带一路"沿线外国家公众全面、准确、鲜活地展示、宣介和传播"一带一路"倡议的对话和交流活动。目的是为"一带一路"建设营造良好的国际舆论氛围与外部环境,深化"一带一路"沿线外国家公众对"一带一路"倡议以及中国的理解、信任与支持。

  文化互通作为一种改变国际公众心目中国家形象定位、获得人心和思想认同的交流形式，其目的就在于培养国际公众对一国的好感、对该国国家利益的理解以及对其政策的支持。习近平指出，"要坚持经济合作和人文交流共同推进，注重在人文领域精耕细作，加强同沿线国家人民的友好往来，为'一带一路'建设打下广泛社会基础。通过各种方式，讲好'一带一路'故事，传播好'一带一路'声音，为'一带一路'建设营造良好舆论环境。"①面对国际社会和"一带一路"沿线外国家对"一带一路"倡议的疑虑、误解和责难，有必要向"一带一路"沿线外国家公众开展和实施以传播丝路文化、传递丝路友谊、讲好丝路故事、弘扬丝路精神为内涵的"一带一路"文化互通，通过多种方式和途径对"一带一路"倡议进行全面、准确、鲜活的展示、宣介和传播，以纠误解惑、增信释疑，为"一带一路"建设营造良好的国际舆论氛围与外部环境。

一、文化互通的特点

首先，文化互通过程的互动性。文化互通过程的互动性主要体现在两方面：一是文化互通与实施对象进行双向交流和对话。文化互通不是单向灌输，而是在与实施对象的平等交流和沟通过程中来增进了解、赢得好感、获取支持的。文化互通强调对话和互动的特点得到了国内外学术界和政策界的广泛认同，杨洁篪、赵启正、丹尼尔·扬克洛维奇（Daniel Yankelovich）、理查德·加德纳（Richard Gardner）等人认为文化互通就是建立不同社会之间的对话，在向他国公众传递信息、观念的同时了解对方的相关观点，寻求理解和共识。二是文化互通的渐进性。文化互通通过与他国公众的互动，引发他国公众与其政府的沟通，进而影响政府的政策决策。文化互通的直接目标是影响公众的态度，最终目标是维护和促进国家利益的实现。三是文化互通政府参与的间接性。文化互通是一国政府针对他国公众的外交活动，各类政府行为体和非政府行为体共同构成了文化互通的主体。在文化互通工作中，政府行为体和非政府行为所处的地位和发挥的作用各不相同。由于文化互通的实施对象是他国公众，需要尽量淡化文化互通的政治性、保持文化互通的"民间面孔"以降低他国公众的抵触和排斥②。

---

① 《借鉴历史经验创新合作理念让"一带一路"建设推动各国共同发展》，人民日报，2016年5月1日。
② 赵可金：《文化互通的理论与实践》，上海：上海辞书出版社，2007，第501-502页。

二、文化互通的维度

1. 文化互通的沟通维度

文化互通是一个信息传播和与公众沟通的过程。因而,大众传媒和公共关系就构成了文化互通的沟通维度。一方面,文化互通通过国际广播、电视电影、报刊杂志、新闻出版、互联网络等大众传媒手段来向他国公众传递信息、传播价值、影响公共舆论。具体来说,文化互通的国际传播活动主要有三个目的:一是通过传播改变公众态度,对他国公众的心理施加影响;二是通过传播形成有利舆论,对他国政府的决策施加影响;三是通过传播产生预期行为,使他国公众和他国政府采取有利于自己的行动。另一方面,文化互通通过对他国公众,尤其是意见领袖、社会名人等特定公众进行游说和公关,以减少误解、增进信任进而改变其态度和政策观点。

2. 文化互通的交往维度

文化交流与人文合作在文化互通实践中,往往通过人文领域的交流与合作与他国公众进行交往和互动。因而,文化交流与人文合作就构成了文化互通的交往维度。文化交流与人文合作除了可加深相互理解之外,还具有信息传播的功能。也就是说,文化交流与人文合作不仅仅只涉及"文化"和"艺术"本身,其更深层次的意义是一国思想、观念、价值的对外传播。

在全球化时代,国家间联系日益紧密,国家形象成为体现一国综合国力和国际地位的重要标识。国际形象是指国际社会公众对一国客观现实形成的具有较强概括性、相对稳定性的主观印象和总体评价,国家形象主要包括经济形象、安全形象、文化形象、政府形象、国民形象五个方面[①]。国家形象和国家利益是一个有机整体,良好的国家形象促进国家利益,国家利益是国家形象物质载体和价值追求。文化互通就是基于国家形象和国家利益双重考虑而实施的国家行为,一国开展文化互通的目的就是通过信息传播、文化交流来塑造良好国家形象,改变国际公众对本国的消极印象和认知,获取其对本国内外政策的理解和支持,最终维护和促进国家利益的实现。因而,国家形象与国家利益构成了文化互通的价值维度。

---

① 吴友富:《中国国际形象的塑造和传播》,上海:复旦大学出版社,2009年,第4-14页。

三、文化互通构成要素

文化互通是一种以信息传播和文化交流为核心的交往类型。因此，文化互通的构成要素及其运行机制都有着自身的特点。具体来说，文化互通主要包括主体与对象、主题（理念）与内容、目标与任务、体制与机制、传播与公关、模式（形式）与评估等构成要素，遵循"传播—对话—合作"的运行机制。

1. 主体与对象

任何一种外交形态都必须确定自己的实施主体和实施对象。对文化互通而言，就是首先要明确"由谁实施""向谁实施"的问题。一般来说，文化互通的实施主体首先包括各类政府行为体，即政府、政府所属涉外及驻外机构等。其次，文化互通的实施主体还包括受政府、政府所属机构委托、授权、支持的各类国内外非政府行为体，新闻媒体、涉外企业、高等学校、社会组织、人民团体、公众个人等。各类非政府行为体是公共外交活动的主力军，大部分文化互通事务由其出面实施，其处在文化互通的第一线。此外，文化互通的实施对象为他国公众。文化互通的实施对象主要包括：对象国普通公众、对象国媒体公众、对象国领袖、对象国组织[①]。

2. 目标与任务

文化互通的目标和任务主要是提升国家形象、推动国家战略的实施、维护和促进国家利益的实现等。从具体的文化互通实践上讲，文化互通的目标与任务则需要根据实施主体、实施对象和实施环境的具体情况来设置。其次，文化互通实施对象和实施环境的不同也决定了文化互通活动目标和任务的不同。文化互通体制就是要明确谁是文化互通的领导机构、谁是实施机构以及各自的职责分工是什么。一般来说，文化互通的领导机构通常由一国中央政府相关部门担任，主要负责对文化互通活动的组织、策划和指导。文化互通的实施机构则通常由政府的驻外、涉外部门和各类非政府行为体担任，主要负责文化互通具体事务的实施和执行。因此文化互通主要通过国际传播和国际公关来向他国公众传递信息并与之进行互动和沟通。

---

① [美]道·纽森、朱迪·范斯克里·杜克、迪恩·库克勃格：《公共关系本质》，于朝晖等译，上海：复旦大学出版社，2011年，第133-136页。

四、文化互通的实施主体

包括政府、企业、社会组织、个人等；文化互通受众即文化互通的实施对象，包括对象国社会公众、对象国精英群体、对象国社会组织等；文化互通的传播媒介主要包括人际传播、组织传播和大众传播三种。人际传播就是人与人之间面对面的信息传播，如国际性的会议、体育、教育、旅游活动以及人们在互联网络中的沟通和交流等。组织传播就是借助一定传播系统和组织体系、以广告、报告、媒体宣传、公共服务等形式进行的有组织、有目的、有计划的信息传播，如形象宣传、品牌建设等。大众传播就是通过广播、电视、报刊、网络等大众传媒进行的信息传播，如新闻报道、传媒广告等。

文化互通的传播内容主要是服务于文化互通活动开展的各类信息，包括新闻性的信息、知识性的信息、广告性的信息、宣传性的信息、服务性的信息等。此外，文化互通中的公关活动则主要是由政府、企业等组织来实施的。政府的公关活动往往通过各类外交、经贸和人文交流活动来提升形象、获得支持与信任，而企业的公关活动则通过各类宣传活动和公益活动来展示自我、获得好感与认可。文化互通依靠手段或者行为方式主要是国际传播、国际公关、文化交流。因此，文化互通的实施模式大致可分为媒体互通、公关互通、人文互通三种基本类型。所谓媒体互通就是通过利用电视广播、新闻出版、互联网络等媒体来向他国公众传递信息、塑造舆论、影响行为的传播活动；所谓公关互通就是为改善形象、增进了解和理解而对特定对象开展的公关活动；所谓人文互通就是在经贸、文化、科技、教育、体育等人文领域开展的交流活动。

五、文化互通的运行机制

文化互通的运行机制可以表述为：一国的各类政府行为体与非政府行为体——通过传播来传递信息、影响舆论——通过对话来塑造形象、输出价值——通过合作来建立关系、加强联系——影响对象国公众的态度和意见——影响对象国政府外交政策的调整和改变。

首先，文化互通通过传播来传递信息、影响舆论。一般来说，一国开展文化互通活动的第一阶段就是信息的传播，也就是文化互通的信息管理层次。一国的各类政府行为体和非政府行为体通过人际传播、组织传播和大众传播等传播形式,利用报纸、杂志、广播、电视、网络等媒介向对象国公众传播有关文化互通活动的各类信息,使对象国公众能够较为全面、准确地了解本国开展文化互通活动的背景、内容及举措。在信息的传播过程中逐步增加对象国公众对文化互通活动的认知和兴趣,积极引导和塑造公众舆论,进而形成有利于本国的舆论氛围。

其次,文化互通通过对话来塑造形象、输出价值。单向的信息传播难以改变对象国公众的固有成见与消极认知。因此,文化互通的第二阶段就是要与对象国公众展开对话,也就是文化互通的战略沟通层次。在文化互通的对话阶段,文化互通的实施主体需要通过双向的交流和沟通来了解对象国公众的特点以及对象国公众的想法和意见,并根据这些特点、想法和意见来设定议程、调整传播策略,进而消除成见和偏见、塑造良好形象、输出价值观念。约瑟夫·奈对此指出,"有效的文化互通是一种双向的互动,它涉及'听'和'说'两个方面。"换言之,"文化互通的关键在于了解自己的'目标听众',了解他们是怎么想的、他们是如何理解我们所传递的信息的以及我们可以共享哪些价值观,这就是为什么交流往往比单纯的传播更有效[①]。"

六、文化互通的运行机制

文化互通通过合作来建立关系、加强联系。在信息传播和对话沟通的基础上,文化互通需要与对象国公众建立长期、稳定的人际关系并不断加强相互间的联系。文化互通的合作主要涉及教育、文化、科技、体育等人文领域的交往与合作,通过留学访学项目、学术会议与培训项目、文化与体育交流活动、旅游与观光活动等一系列人文交流合作项目和活动来增强与对象国公众的了解和理解、获得对象国公众的好感和认同,进而与对象国公众建立长期、稳定、良好的人际关系,为自己赢取更多的支持和信任。事实上,文化互通的成效在很大程度上取决于人文领域的交流与合作。著名文化互通学者扬·梅理森认为,"文化互通的关键是赢得人心和建立信任,其重点在于与他国公众的互动而不是单纯的兜售消息,在于与他国公

[①] Joseph S.Nye, Jr., "Public Diplomacy and Soft Power," The Annals of the American Academy of Political and Social Science, Vol.616, Public Diplomacy in a Changing World, 2008, p.103.

众建立稳定的合作关系而不是单纯的政治活动，在于长期的关系发展而不是短期的利益需要①。"

文化互通通过影响对象国公众态度来影响对象国政策。文化互通通过信息管理、战略沟通、人际关系发展三个层次或者传播、对话、合作三个阶段的主要目的就是要影响对象国公众的态度，进而影响对象国外交政策的调整或改变。在现代政治体系中，公众的态度和意见在政策的形成过程中具有显著作用，是影响一国政策制定和实施的基石。现代政治理论认为，公众态度和意见能够影响政府决策主要基于以下假设：一是每个人都能有所作为，都可以为改变世界负起个人责任；二是当公众引路的时候，决策者会跟随；三是权力不仅在决策者手中，也在社会公众手中②。无论哪个国家，公众的态度和意见对于政府决策都是至关重要的。如果政府的决策遵循公众的态度和意见，那么将有助于政策的实施和社会的稳定。反之，如果政府的决策违背公众的态度和意见，那么将有可能导致政策的失败、社会的动荡以及公众与政府矛盾的激化。因此，文化互通的运行逻辑就是一国通过改变和改善对象国公众对本国及其内外政策的态度，最终影响对象国外交政策的调整和改变，以维护和促进本国的国家利益。

第二节 "一带一路"文化互通与国际舆论塑造

一、国际舆论对"一带一路"倡议的认知与评价

"一带一路"倡议提出后便成为海外媒体和国际智库关注的重点。整体而言，国际舆论对"一带一路"倡议评价积极，认为"一带一路"倡议是促进全球发展合作的中国方案，其致力于打造欧亚非利益共同体、命运共同体与责任共同体，体现了中国外交政策的转型和创新，不仅有助于提升中国的国际影响力，还将对地区与全球的繁荣发展与和平稳定产生重大影响。例如，美国《赫芬顿邮报》网站发文称，"一带一路"将成为中国今后十年的深刻标志，并构成欧亚国家的一个历史性机遇，有望把超过 60%的

---

① Jan Melissen, "The New Public Diplomacy: Between Theory and Practice," in Jan Melissen, ed., The New Public Diplomacy Soft Power in International Relations, New York: Palgrave Macmillan, 2005, pp.21-22.
② [美]路易斯·戴蒙德、约翰·麦克唐纳：《多轨外交：通向和平的多体系途径》，李永辉等译，北京：北京大学出版社，2006年，第62页。

世界人口引向前所未有的凝聚和繁荣。①

目前,对于中国提出的"一带一路"倡议,沿线国家存在着不同的认知和反应。一方面,一些沿线国家将"一带一路"倡议视为促进本国经济社会发展的良好机遇,希望通过参与"一带一路"建设来发展经济、改善民生、维护稳定,对"一带一路"倡议持肯定和支持态度。另一方面,一些沿线国家则表示疑虑和顾忌,怀疑中国可能借助"一带一路"倡议来扩大势力范围、争夺地区主导权,担心本国的国家主权和安全会遭到"一带一路"倡议的威胁和侵蚀。例如,俄罗斯对"一带一路"倡议十分警惕和紧张。作为"一带一路"沿线大国,印度是从威胁和竞争的角度来看待"一带一路"倡议的,认为"一带一路"可能会从陆上和海上恶化印度的安全环境、削弱印度的战略影响力。东盟国家对"一带一路"倡议的态度可大致分为两类:一类是泰国、老挝、柬埔寨、印度尼西亚、马来西亚、文莱、新加坡。这些国家对"一带一路"倡议的接受度较高。另一类是越南、缅甸。鉴于领海主权纷争激化、民族主义情绪高涨等因素,中国较难与这些国家开展"一带一路"的实质性合作。

域外国家尤其是域外大国普遍对"一带一路"倡议的战略意图表示怀疑,担心"一带一路"倡议可能是中国进行对外扩张、挑战国际秩序的外交工具,因而对"一带一路"倡议持谨慎、观望甚至是反对态度。域外国家对待"一带一路"倡议的态度也大致可分为两类:一类是美国、日本等国。这些国家与中国存在明显的地缘政治和现实利益冲突,总体上对"一带一路"倡议采取怀疑、不参与、抵触、阻挠的立场。美国认为"一带一路"倡议是一个具有外交、安全和军事意义的经济项目,将对美国的战略利益产生一系列消极影响。作为中国的战略竞争者,日本也对"一带一路"倡议持消极看法。日本认为,"一带一路"将主要从经济、政治两个方面对日本产生消极影响:在经济上,"一带一路"将加剧中国与日本在海外投资、国际金融、高科技基础设施建设等领域的竞争,削弱日本在亚太地区乃至全球的经济影响力。另一类是韩国、澳大利亚、新西兰、法国、英国、德国、意大利等国。这些国家在地缘政治和现实利益方面与中国没有明显的冲突,在一定程度上表现出对"一带一路"的参与兴趣和意愿,但鉴于对

---

① 中国"一带一路"助力世界经济爬坡过坎,新华每日电讯,2015年3月3日,第2版。

"一带一路"倡议的疑虑以及美国的干涉和施压,因而对待"一带一路"倡议持谨慎、复杂和有所保留的态度。

二、"一带一路"文化互通的舆论重塑造功能

目前国际社会对于"一带一路"倡议的认知和评价总体积极,"一带一路"沿线大多数国家也都对"一带一路"倡议表示肯定与支持。但国际社会对"一带一路"倡议存在诸多疑虑和误解,在"一带一路"推进过程中也始终夹杂着质疑和反对的声音。一些海外媒体对"一带一路"倡议的报道呈现出较为负面的倾向,对"一带一路"倡议进行了歪曲式、挑拨式的报道和解读;一些"一带一路"沿线国家也担心中国推进"一带一路"建设将对本国经济发展、国家主权和国防安全产生消极影响,因而对"一带一路"倡议持"质疑"或"观望"态度;一些"一带一路"域外国家尤其是域外大国出于自身地缘政治经济利益考虑甚至对"一带一路"进行遏制与围堵。无可否认,疑虑、顾忌与不信任已成为"一带一路"建设面临的最大挑战,而如何获得广泛的国际认同与深厚的社会民意基础将成为"一带一路"倡议成败的关键。面对国际社会和"一带一路"沿线外国家对"一带一路"倡议的疑虑、误解和责难,向"一带一路"沿线外国家公众开展和实施"一带一路"文化互通具有重要战略意义。

首先,开展和实施"一带一路"文化互通有助于营造"一带一路"良好舆论环境。当前,一些海外媒体对"一带一路"倡议的不真实、不客观甚至是挑拨式、歪曲式的报道深刻地影响着沿线外国家公众对"一带一路"倡议的认知。通过"一带一路"文化互通对"一带一路"倡议进行全面、准确、鲜活的展示、宣介和传播,可以对这些负面的报道予以批驳,引导国际社会和"一带一路"沿线外国家公众真实、准确地了解和认识"一带一路"倡议,改变公众对"一带一路"倡议的错误认知和消极态度,提高对"一带一路"倡议的认知度和接纳度,营造良好的国际舆论环境。

其次,"一带一路"文化互通有助于夯实沿线国家社会民意基础。"一带一路"倡议的核心在于"共建",只有沿线国家社会各界的共同参与才能确保"一带一路"倡议的顺利实施。通过开展和实施文化互通加强文化交流、人文对话和民间往来,可以有效消除对"一带一路"倡议的疑虑与猜忌,激发对"一带一路"倡议的参与兴趣,为"一带一路"建设奠定深厚

的社会民意基础。

最后,"一带一路"文化互通有助于应对和缓解中国崛起困境。在中国快速崛起的大背景下,中国面临着日益严峻的崛起困境,中国提出的任何发展战略或外交倡议都容易被视为隐藏着强烈的地缘政治经济意图。通过开展和实施"一带一路"文化互通,可以全面、准确地阐释和介绍"一带一路"倡议以及中国内外政策的真实情况和意图,深化国际社会对"一带一路"倡议以及中国内外政策的理解、信任和支持,展现中国开放、包容、合作、和平的大国形象,应对和缓解中国日益严峻的崛起困境。

第三节 "一带一路"文化互通的主体对象

习近平指出,"推进"一带一路"建设,既要发挥政府把握方向、统筹协调作用,又要引导更多社会力量投入"一带一路"建设,努力形成政府、市场、社会有机结合的合作模式,形成政府主导、企业参与、民间促进的立体格局。""一带一路"文化互通作为一种具体的文化互通形态,其实施主体主要包括各类政府行为体与非政府行为体。文化互通的政府行为主体包括政府、政府所属涉外及驻外机构在内的各类政府行为体。另一方面,由于文化互通的实施对象是他国公众,更多地涉及他国的社会领域。因此,文化互通的行为主体还包括受政府委托、授权、支持的新闻媒体、社会组织、人民团体、涉外企业、高等学校、公众个人在内的各类非政府行为体。

一、"一带一路"文化互通政府行为主体

政府行为体主要包括中央政府、外交部及其下属机构、驻外使领馆以及其他政府涉外部门等。

(1)中央政府领导国家一切事务,掌握国家最高权力,负责制定和策划国家的战略和方针政策。"一带一路"文化互通也不例外,它受党中央、国务院、全国人大、全国政协的领导和统帅。国家最高领导层讨论和制定"一带一路"文化互通的指导思想、战略规划、方针政策,对于一些重大问题,中央往往采用成立领导小组和委员会方式进行统一领导。

（2）发改委的西部司目前管理"一带一路"具体事务，具有协调中央各个部门和各级省市协作开展工作的功能。

（3）外交部及其下属机构既是国家外交战略和政策的主要执行机构，同时也是文化互通的组织和实施机构。文化互通工作需要与外交部及其下属机构协调统筹，并主要由其进行安排和实施。驻外使领馆是一国对外进行联系和沟通的主要渠道和基础单位，负责办文化互通活动、促进本国与所在国国家间关系的发展和人民间的往来。驻外使领馆作为开展文化互通的一线机构直接面对他国公众，与他国公众的交流和互动更加广泛和频繁，承担着对外宣传和联络、文化教育交流、人员往来互访等许多具体的文化互通事务。因此，"一带一路"文化互通的项目、计划和任务也需要中国驻外使领馆的直接参与和实施。

（4）其他政府涉外部门。公共外交涉及对外传播、经济、教育、科技、文化、艺术、体育、军事等诸多领域，需要外宣部门、文化部门、教育部门等其他涉外部门的积极参与和支持。我国的多个部委以及各级党政军涉外部门也都在不同程度上负有在自身所涉及的领域组织、开展、实施文化互通的职责。因此，"一带一路"文化互通的开展和实施也同样需要涉及对外传播、人文交流等对外事务的相关政府部门的参与和协助，以充分发挥不同政府部门的自身优势与"一带一路"沿线外国家公众展开双边、多边交流与对话。

二、"一带一路"文化互通非政府行为主体

"一带一路"文化互通的非政府行为主体包括新闻媒体、社会组织、人民团体、涉外企业、高等学校、智库以及公众个人等。

（1）新闻媒体是一国对外信息传播、塑造国际舆论、开展文化互通的重要工具。我国的中央新闻媒体肩负着塑造国家良好形象、维护国家根本利益、服务党和国家对外战略的重大使命。"一带一路"文化互通的实施需要新闻媒体向沿线国家公众介绍"一带一路"的实施情况、展示"一带一路"的丰硕成果，引导和塑造良好国际舆论，增进沿线国家公众对"一带一路"倡议的了解与认知，影响公众的态度和行为。

（2）社会组织已成为文化互通的重要实施主体。社会组织通过网络，

出版等形式对外传递信息、影响公众态度和社会舆论。社会组织具有公共性和自主性的特点,更容易获得公众的信赖和支持并影响社会舆论和政府决策,一些国际非政府组织甚至可以对全球事务施加影响。因此,我国涉及的各类社会组织是"一带一路"文化互通不可或缺的实施主体,对于加强与沿线国家公众的沟通对话和影响社会舆论和政府决策、塑造良好的中国国家形象都具有重大意义。

(3)涉外企业是文化互通的重要构筑者和参与者,是海外公众认识和观察一个国家的重要窗口。企业在海外的生产经营活动和行为、提供的产品和服务影响着企业所属国家的形象和声誉,企业负有塑造和维护国家良好形象的重要责任。"走出去"企业的跨国经营和生产需要与海外国家的各个社会阶层建立广泛的联系和沟通渠道,这既可以使海外公众能够直观、直接地通过企业认识企业所在国家,也可以使企业能够大范围、长时间地影响海外公众。文化互通实施过程中需要中国企业在"一带一路"建设中以优良的行为作风、优质的产品服务和强烈的社会责任担当来增进沿线国家公众对"一带一路"倡议以及中国的好感和信任。

(4)高等学校作为教育与学术交流的重要载体,在文化互通布局中占据重要地位。在文化互通活动开展方面,高等学校可以通过举办国际研讨会和学术研究项目来增进与国际学术界的了解与认知、加强学科之间交流与合作,通过招收留学生来培养和影响他国未来的社会精英。高等学校可发挥其知识、技术密集的优势开展文化互通的教学和研究,为文化互通事业的发展培养和储备各类所需专业人才、提供理论支撑和实践指导。目前,中国高等学校参与文化互通的意识不断加强,越来越多的高等学校参与到公共外交事业中来,成为文化互通舞台上的新主角。开展和实施"一带一路"文化互通需要高等学校的积极参与,加强同"一带一路"沿线外国家在教育与学术领域的国际交流与合作。

(5)智库为政府提供政策建议和智力支持。其核心目标是通过各种传播媒介和策略影响社会舆论和政府政策制定,因而在文化互通中发挥着独特而重要的作用。近年来,智库对文化互通的影响力不断提升,日益成为文化互通的议题设置者和政策倡导者。而随着中国智库数量的增加以及对中国文化互通影响力的提升,中国智库也日益在文化互通中扮演重要角色。开展和实施"一带一路"文化互通需要利用好中国的智库资源,充分发挥智库政策咨询和智力支持的重要功能以及影响国内外社会舆论的独特作用。

（6）公众个人。随着文化互通范围的扩大，普通社会公众成为文化互通开展的基础性力量。文化互通的参与者不能代表国家处理外交事务。因此，普通的社会公众也可以参与到文化互通之中，更为宽松、生动和灵活地采取多种形式在多种场合发出声音。社会精英、海外侨胞和族裔群体、出国人员、高校教师、大学生等能够经常接触他国公众的社会公众都可以通过各自的方式和形式向他国公众讲诉本国的"故事"，且更容易获得他国公众接受和信任。

"一带一路"文化互通的各类政府行为体在"一带一路"文化互通中居于主导地位，新闻媒体、社会组织、人民团体、涉外企业、高等学校、智库、公众个人等各类非政府行为体更便于与"一带一路"沿线外各国具有不同利益和价值的公众进行沟通和交流，也更容易获得沿线外国家公众的好感和认可，因而是"一带一路"文化互通的主要依靠力量。"一带一路"文化互通是政府主导下的"多中心"文化互通。

第四节 "一带一路"的实施对象

文化互通的对象就是指那些由共同利益联系在一起，与文化互通的实施主体发生联系，并且对文化互通的实施产生影响的对象国的个人、群体或者其他组织。"一带一路"义化互通是围绕"一带一路"建设向沿线国家公众开展。文化互通的实施对象是沿线国家公众，主要包括沿线外国家的普通公众、媒体公众、社会精英和组织、意见领袖等。

（1）普通公众是指在沿线外国家不处于权势地位人群。普通公众占据着沿线外国家公众的大多数，他们由于社会经济地位、职业和受教育程度、文化传统等原因更加关注与自身实际利益直接或密切相关的国内事务，外交政策、国际事务关注和了解程度有限，对于外交政策、国际事务相关信息的获取也主要来源于电视、广播、网络等大众传媒。因此，他们对外交政策、国际事务不持有明确的、固定的态度和立场，但往往容易受到精英群体、新闻媒体、意见领袖等权势群体的左右和影响。

（2）媒体公众主要包括"一带一路"沿线国家的电视台、广播电台、报社、杂志社、互联网站等新闻传播机构和记者、编辑、撰稿人、主持人等新闻界人士。媒体公众由于掌握着各类大众媒体和专业媒体，承担着信息的采集、加工、筛选和传播的任务，因而成为信息的"把关人"，对社会舆论具有巨大的导向和塑造作用。媒体公众对信息的传播和扩散具有倾向性和选择性，他们根据自身的价值准则和社会需求来对信息进行筛选和过滤，而经过筛选和过滤的带有特定价值和清晰的信息一经传播媒介的传播和放大就会在短时间内引起社会公众的普遍关注并获得其认可，公众态度和社会舆论也由此受到了媒体公众的影响和引导。

（3）社会精英是指那些"一带一路"沿线国家受过良好教育、享有较高的社会经济地位的，在政治、经济、社会、文化、宗教等各行业中具有一定权势和社会权威性的人群。社会组织即沿线国家具有广泛社会影响力的各类政治组织、商业组织、社会组织、文化组织、宗教组织、市民组织以及其他特定利益组织。社会精英和社会组织领袖通常具有较强的国际化意识和全球性观念。他们活跃在世界舞台上，通过各种媒介手段获取信息，参与外交政策、国际和全球性事务的讨论，甚至直接成为外交政策、国际和全球性事务的决策者或实施者，并对社会公众和社会舆论施加影响。

（4）意见领袖指在不同群体和不同人际传播网络中具有高度影响力、能够向他人传递信息并对其施加舆论影响的人。沿线国家意见领袖是指"一带一路"沿线国家中拥有信息优势和一定权威性，能够引导和影响公众态度和社会舆论的人群。意见领袖通常能够较多地接触信息，通过自己的专业知识或社会名望或人际关系方面的优势对信息进行加工、阐释、扩散与传播，影响社会公众态度乃至行为的形成或改变，进而起到引导社会舆论的作用。

第五节 "一带一路"文化互通的战略内涵

"一带一路"文化互通具有四方面战略内涵：一是"传播丝路文化"，即复兴、创新、传播丝路文化，将古代丝路文化和现代丝路文化相结合，促进丝路文化与世界其他文化的交流交融与共同繁荣；二是"传递丝路友谊"，即传递古代丝绸之路各国间友好交流和往来的历史友谊，促进沿线各国间关系和人民间友谊不断向前发展;三是"讲好丝路故事",即要向沿线国家公众讲好能够听懂的古代丝路故事与现代丝路故事,共寻丝路共同记忆、共讲世界丝路故事;四是"弘扬丝路精神",即弘扬古代丝绸之路所承载的、"一带一路"倡议所倡导的和平合作、开放包容、互学互鉴、互利共赢的丝路精神,阐明丝路精神所蕴含的时代价值和意义启示。

一、传播丝路文化

"一带一路"文化互通作为"一带一路"倡议的助推器,一个重要的战略内涵就是复兴丝路文化、创新丝路文化、传播丝路文化,将古代丝路文化和现代丝路文化相结合,将丝路文化与"一带一路"建设相结合,发掘丝路文化与世界文化的共通性,促进丝路文化与世界其他文化的交流交融与共同繁荣。

二、传递丝路友谊

古代丝绸之路的畅通繁荣促进了东西方之间的经贸往来、政治交往与文化交流,同时也使中国与丝路沿线各国各民族建立了相互理解、相互信任的丝路友谊。千百年来,丝路沿线各国各民族之间相互融合、和谐共处。古代丝绸之路作为当时世界上最主要的商贸和文化交流通道之一,有力地推动了中国与丝路沿线各国各民族之间的友好交流与往来,东西方各国各民族在相互交流、相互融合中建立起了深厚的丝路友谊。如今,"一带一路"倡议为加强中国与"一带一路"沿线国家的各领域合作,增进相互之间的友好往来提供了重大机遇。而继承和发展古代丝绸之路所建立起的历史友谊、深化中国与"一带一路"沿线国家间的相互理解与信任对于"一带一路"的建设也至关重要。因此,"一带一路"文化互通的一个重要内涵就是传递古代丝绸之路各国间友好交流和往来的历史友谊,促进"一带一路"沿线各国间关系和人民间友谊不断向前发展。

三、讲好丝路故事

"讲故事"就是把历史和当今世界的变化发展进行真实、客观地解读与传播,以增进外界对自己的认知、了解和理解。首先,讲好现代丝路故事,就需要讲清楚"一带一路"倡议秉持的和平属性、创造的共同机遇与带来的文明互鉴。例如，新华社在一篇"一带一路"报道中讲述了德国净水壶 14 天"火车旅行"到重庆的故事："一列载有 1 万件德国产净水壶的渝新欧国际班列，从德国杜伊斯堡出发，途经波兰、白俄罗斯、俄罗斯、哈萨克斯坦，历经 14 天的旅程驶入重庆铁路口岸。时间比海运缩短近一个月，价格只有空运的四分之一①。"讲好世界丝路故事，就是要与"一带一路"沿线相关国家公众共同寻找丝路历史记忆，共同讲述中外各方共建、共享的"一带一路"故事。现如今，"一带一路"倡议是中国的，但机遇是世界的，有赖于各方的共商、共建、共享。"一带一路"文化互通要联合"一带一路"沿线相关国家公众共同寻找丝路历史记忆，强化"一带一路"共商、共建、共享意识，变中国的丝路故事为世界的丝路故事，变中国讲丝路故事为世界讲丝路故事。

四、弘扬丝路精神

古代丝绸之路作为东西方经贸、文化交流交往大通道，不同民族、不同种族、不同宗教、不同文化在此相互交流融合，丝路沿线各国各民族在长期的交往过程中逐步形成了和平合作、开放包容、互学互鉴、互利共赢的丝路精神。习近平指出，"两千多年的交往历史证明，只要坚持团结互信、平等互利、包容互鉴、合作共赢，不同种族、不同信仰、不同文化背景的国家完全可以共享和平，共同发展。这是古丝绸之路留给我们的宝贵启示。""一带一路"是承接古今、连接中外的和平共赢之路，在当前"一带一路"建设深入推进、各类矛盾问题逐渐显现的背景下，开展和实施"一带一路"文化互通就需要弘扬丝路精神，即"一带一路"倡议所倡导的和平合作、开放包容、互学互鉴、互利共赢的丝路精神，阐明丝路精神所蕴含的时代价值和意义启示。

弘扬开放包容的丝路精神就是要承认和接纳不同国家民族间的差异，尊重各国的文化传统、社会制度和发展道路。互学互鉴，就是尊重人类文明多样性和世界各国发展道路多样化。文明多样性是人类社会的基本特征，人类文明没有高低优劣之分，不同国家和民族都有自己独特的文明，丝绸之路上儒家文明、基督文明、伊斯兰文明等文明间的平等交流和相互学习

---

① "看着地图做生意"——"一带一路"上的中国故事，新华网，2015 年 7 月 13 日，http://news.xinhuanet.com/fortune/2015-07/13/c_1115909206.htm.

借鉴才使得人类文明得以发展、进步和繁荣。由于历史文化和现实国情的不同，世界各国所选择的发展道路也不尽相同。互学互鉴的丝路精神，就是要尊重差异、摒弃偏见、打破隔阂，相互学习、相互借鉴，共同促进人类文明的发展繁荣以及世界各国的和谐共处。互利共赢，就是要兼顾各方利益和诉求，共享机遇、共迎挑战、共谋福祉。互利合作、共同发展既是连接古代丝绸之路沿线各国各民族的利益纽带，也是推动"一带一路"建设的持久动力。

第六节 "一带一路"文化互通的目标任务

文化互通是服务于国家战略和对外政策的工具和手段，文化互通的目标和任务决定了文化互通的本质和指向。在当前"一带一路"建设各类问题、矛盾逐渐凸显的背景下，其目标和任务主要包括短期、中期和长期三类：短期目标是消除疑虑与误解，提升"一带一路"认同度；中期目标是夯实社会民意基础，增进各国战略互信；长期目标是强化共同体意识，化解中国崛起困境。

一、短期目标：消除疑虑误解、提升"一带一路"认同

"一带一路"倡议作为一项地理跨度大、涉及人口多、覆盖领域广的宏大战略性、系统性工程，其核心要义在于"共商、共建、共享原则"。"一带一路"倡议是中国的，但机遇是世界的。"一带一路"秉持共商、共建、共享原则，奉行开放主义。当前，"一带一路"沿线国家对中国推进"一带一路"的战略意图表现出一定的担忧和不安。一些海外媒体将"一带一路"倡议看作是挑战和威胁而非机遇，因而对"一带一路"倡议的报道和解读呈现出较为消极负面的倾向。一些沿线国家怀疑"一带一路"倡议可能是中国进行对外扩张、挑战国际秩序的工具，担心本国的国家主权和安全会遭到威胁和侵蚀，因而对"一带一路"倡议持谨慎、观望甚至是反对态度。无法获得"一带一路"沿线国家的广泛认同和强烈共鸣，"一带一路"就难以谈及共商、共建、共享。"一带一路"文化互通的首要目标和任务就是消除国际社会及"一带一路"沿线的疑虑、猜忌与误解，增加沿线国家公众认同。

二、中期目标：夯实社会民意基础、增进各国战略互信

国之交在于民相亲，"一带一路"的建设有赖于培植深厚的社会民意基础与牢固的国家间战略互信。"一带一路"沿线各国在历史文化背景、社会政治制度、经济发展水平、自然社会环境、外交战略与地缘利益诉求等方面都存在巨大差异，公众的情感态度、思想观念、价值取向也不尽相同，这些差异和不同在国际社会交往中极易产生激发效应，引发公众间的隔阂与仇视以及国家间的猜疑与对抗。目前，一些"一带一路"沿线国家怀疑、猜忌究其原因主要是由于"一带一路"沿线国家公众交往互动有限、战略互信不足。一方面，一些沿线大国与中国缺乏战略互信，对"一带一路"倡议存有戒心和疑虑。例如，俄罗斯担心"一带一路"的建设可能会代替其主导的欧亚经济联盟及相关地区合作机制，削弱俄罗斯对欧亚经济联盟和中亚地区的影响力；印度担心"一带一路"会从陆上和海上恶化印度的安全环境、削弱和瓦解印度在印度洋地区的领导地位；美国担心"一带一路"的建设可能会削弱美国在欧亚大陆和亚太地区的影响力和领导力；日本担心"一带一路"将在经济上削弱日本在亚太地区乃至全球的经济影响力，在政治上挤压日本的战略空间并牵制日本的发展。另一方面，沿线中小国家与中国利益诉求不同，容易产生不信任和怀疑。土耳其等影响力较大的国家都普遍具有追求成为世界大国的梦想，其外交战略与地缘利益诉求都与中国存在较大差异甚至冲突，容易对"一带一路"倡议产生不信任和怀疑；泰国、柬埔寨等东盟国家在搭乘中国经济发展快车和便车的同时并不想过度依赖或倒向中国，也不想中国在本地区的影响过快发展，因而也不会无条件支持"一带一路"建设；菲律宾、越南等国与中国存在领土和海洋权益纠纷，其致力于在世界各大国之间寻求平衡以谋利，中国较难与这些国家开展"一带一路"的实质性合作。

总之，"一带一路"沿线各国间战略互信的缺乏不仅将严重掣肘"一带一路"的具体议程、整体进展和实施效果，甚至还可能使"一带一路"沦为狭隘民族主义激化和国家安全利益博弈的牺牲品。基于此，"一带一路"文化互通的中期目标和任务将是在消除国际社会及"一带一路"沿线国家公众疑虑与猜忌、提升"一带一路"倡议世界认同度的基础上，增进"一带一路"沿线公众间的彼此理解和国家间的相互信任，争取更多的参与者、建设者和支持者为"一带一路"建设提供不竭动力。

三、长期目标：强化共同体意识、化解中国崛起困境

中国的快速崛起推动着地区乃至全球地缘政治经济格局的急速调整，世界主要大国和中国周边国家都纷纷调整对外战略和对华政策以适应新的地缘战略格局和崛起中的中国。中国一方面面临着前所未有的历史发展机遇，另一方面也面临前所未有的国际体系压力和崛起困境。国际体系主导国、守成大国以及中国周边国家在与中国展开"接触"与"合作"的同时，更会施加更多国际体系压力，对中国进行"防范"与"遏制"。作为一个崛起中的新兴大国，中国的地缘战略空间不断遭到挤压，所以长期目标是强化人类命运共同体观念，利用民心相通化解敌意，化解中国崛起困境。

第七节 "一带一路"文化互通的核心理念

"一带一路"文化互通作为"一带一路"建设的助推器和粘合剂，其核心在于发掘、传播、阐释好古今丝路文明和丝路精神，紧密围绕"一带一路"建设开展有针对性的文化互通活动。因此，开展和实施"一带一路"文化互通需要秉承和平合作、互利共赢的利益共同体理念，开放包容、互鉴互融的文明共同体理念以及复兴发展、互存互荣的命运共同体理念。

一、和平合作、互利共赢的利益共同体理念

"共同体"是一个社会概念，是指人与人之间基于某些主观上或客观上的共同特征而建立、形成的某种相对稳定的相互关系或社会组织形式。所谓利益共同体，就是指不同国家、不同民族之间自我利益与他者利益、单个利益与共同利益相互交织的国家集合体。在利益共同体中，自我利益与他者利益、单个利益与共同体利益具有一致性和共通性，每一个国家的利益都与他国的利益休戚相关，每一个国家都难以存在不包含他国利益的国家利益，一国国家利益的实现也离不开与他国的合作。因此，和平合作、互利共赢就成为了利益共同体的本质特征。古代丝绸之路是一条和平合作、互利共赢之路。从历史上看，古代丝绸之路由中国汉王朝开辟，并在大多数时期内主要由中国来维护丝路的安全、推动丝路的发展。中国强调睦邻友好、"和为贵"、"协和万邦"、"以德行仁，不以力称霸"，并没有借此侵略、剥削、压榨丝路沿线各国各民族，丝路沿途各国各民族相互交流交融，

相互之间没有爆发较大规模的冲突战争，和平合作、互通有无始终是古代丝绸之路经贸往来的主流。

"一带一路"倡议依然秉承和平合作、互利共赢的理念，着力通过实现政策、设施、贸易、货币、民心的互联互通和生产要素的自由流通来打造欧亚非一荣俱荣、一损俱损的利益共同体。开展和实施"一带一路"文化互通，同样需要在秉承和平合作、互利共赢的利益共同体理念的基础上与"一带一路"沿线国家公众展开友好交流与合作。

二、开放包容、互鉴互融的文明共同体理念

文明共同体，就是不同国家、不同民族之间文明和文化和平共存、和谐共生、交融共盛的国家集合体。在文明共同体中，不同文明之间能够共生、共存，相互交流、相互融合、共同繁荣。首先，文明共同体强调人类文明相互之间的开放包容，提倡文明间的宽容和包容，反对文明间的偏见和仇视。其次，文明共同体尊重人类文明的平等价值，提倡文明间的相互借鉴、相互砥砺和相互融合，反对文明间的相互割据和自我封闭，包容交融是人类文明发展进步的基本逻辑，"一带一路"提倡多元文明间的包容性发展，鼓励多元文明间的互鉴互融，符合文化发展进步规律和时代要求，终将谱写人类文明包容互鉴的新篇章。古代丝绸之路不仅是一条横跨中西、连接欧亚的贸易通道，它还具有政治交往、文化交流和民族融合的丰富内涵。习近平指出，"这个世界，各国相互联系、相互依存的程度空前加深，人类生活在同一个地球村里，生活在历史和现实交汇的同一个时空里，越来越成为你中有我、我中有你的命运共同体。"

第八节 "一带一路"文化互通的条件

中国实施"一带一路"文化互通具有经贸条件，人力资源条件和媒体条件。

（1）经贸条件方面：中国与世界各国日益紧密的经济联系是开展和实施"一带一路"文化互通的重要依托。经贸合作和往来既是世界各国相互联系的重要纽带，也是文化互通的利益依托。这是因为，社会存在决定社会意识，思想和情感无法脱离客观利益结构而独立存在，经济交往中资本流动产生的经济利益和人员往来带来的社会交流往往影响着一国公众对他国认知和态度的形成和变化，即公众认知和态度的形成或改变有赖于客观利益结构的支持。当前，中国已成为世界大多数国家最主要的贸易伙伴，与相关国家建立了良好的经济联系，比如中国是俄罗斯等全球 130 个国家和地区的最大贸易伙伴，是美国、欧盟、阿拉伯国家、拉丁美洲国家的第二大贸易伙伴，而在"一带一路"倡议的推动下，中国将与"一带一路"沿线各国编织更加紧密的利益网络，建立更加密切的经济联系，这也将为"一带一路"文化互通提供更加坚实的利益依托。

（2）人力资源方面：文化互通归根到底需要由人去开展和实施，文化互通效果如何关键看是否拥有和动员了足够的人力资源。从理论上讲，每个国家国民都担负着塑造和维护国家形象的文化互通任务，都是文化互通的实施主体。不过从具体实践上来讲，不可能所有国民都能参与文化互通活动。因此，文化互通的人力资源主要包括三种：外交队伍、对外传播和宣传队伍以及社会民间力量。对"一带一路"文化互通而言，中国所拥有的丰富文化互通人力资源将为"一带一路"文化互通的开展提供坚实的人力保障。

（3）从对外传播和宣传队伍来看，中国是媒体大国，记者数量和媒体综合实力都居于世界前列。据统计，截至 2012 年底，我国持有新闻记者证的新闻采编人员近 25 万人，其中报纸、期刊记者 10 万多人，广播、电视、通讯社等媒体记者 14 万多人。从学历上看，具有大专以上学历的新闻采编持证人员占到总人数的 99%，从年龄结构看，中青年记者占到总人数的 86%。中国媒体的综合实力也逐步提高。2016 年中国（不含港澳台）有 65 家媒体公司入选，数量再次超过日本和英国，仅次于美国，排名第二。

（4）社会民间方面出国留学人员和华人华侨都是开展文化互通活动的重要依靠力量。他们与国外公众接触机会多且接触方式灵活多样，具有开展文化互通活动得天独厚的优势，是开展和实施"一带一路"文化互通的重要人力资源。根据教育部统计数据，从 1978 年到 2015 年底，中国各类出国留学人员累计达 404.21 万人。一些高校教师、科研人员还兼职于国外高校和国际学术组织之中，在国际学术界乃至国际社会拥有广泛影响力。我国目前海外华人华侨总数约为 6000 万人，中国国际移民群体成为世界上最大的海外移民群体。数千万海外华人华侨分布在世界各国的各行各业，他们不仅熟悉住在国的历史、文化、风俗、语言、社会和法律，而且还具有突出的人才、资本和商业优势和广泛的社会影响力，能够在加强中外交流交往、影响住在国社会舆论方面起到无可替代的作用。

梁漱溟认为，中华文化"以意欲自为调和、持中为其根本精神"，具有强大、持久的生命力和远大的前途，"能行于今，能行于未来。①"中华文化既是中华民族的宝贵精神财富，也是中国国家软实力的重要来源。习近平反复强调，中华优秀传统文化是中华民族的突出优势，中华民族伟大复兴需要以中华文化发展繁荣为条件。开展和实施"一带一路"文化互通需要大力汲取中华文化的思想精华和道德精髓，发掘和开发其外交价值，将中国丰富的文化资源转化为强大的文化软实力进而运用于"一带一路"文化互通实践。具体来说，这些宝贵的文化资源的文化互通价值主要体现在两方面：一是悠久历史和灿烂文明的吸引力和影响力。中国的文化理念和价值追求对中国外交产生了重要影响，使得中国的文化互通呈现出顺应潮流、以人为本、热情真诚、信守承诺、重义轻利、求同存异、反对暴力、维护和平的特点，从而极大地提升了国家形象、扩大了对外影响。开展和实施"一带一路"文化互通需要从中国丰厚的文化积淀中汲取营养，要深入发掘中华文化理念和价值追求的文化互通价值，充分发挥其形象上的亲和力和道义上的感召力。

第九节 "一带一路"文化互通的具体实践

实施文化互通首先是创新对外宣传方式，切实提高党的舆论传播力、引导力、影响力和公信力。在新观念、新思路的指引下，中国对外传播和对外宣传工作取得积极进展，国际传播能力迅速提升，形成了全球化的新闻对外传播格局。

一是对外传播的规模和领域不断扩大。目前，新华社已设置了102个海外分社，新华网实现了全天24小时通过多媒体形式以7种文字不间断地向全球发布新闻信息；人民日报社则设有32个海外记者站、39个海外分社。

---

① 梁漱溟：《东西文化及其哲学》，北京：商务印书馆，2005年，第63、233页。

二是对外传播的新技术、新手段得到广泛运用。充分运用新的传播技术和手段是信息化时代下占领信息传播制高点的重要途径。为适应媒体变革形势，新华社先后开办了手机电视台、网络电视台和新华社客户端，运用了大数据、无人机航拍、动画等先进技术的客户端 3.0 版，人民日报社、中国国际广播电台也先后推出电视、博客、微博、手机网站、手机电视、手机客户端、PC 客户端等新媒体服务。与此同时，中央电视台也积极推进台网融合一体化发展，加快了"一云多屏"传播体系建设和全球报道能力建设，并于 2016 年筹办多语种、多平台国际传播机构——中国国际电视台，着力打造移动新媒体平台、构建全球舆论。

中外媒体对话、交流与合作得到不断增强。媒体间的对话、交流与合作对于增进媒体和国家间相互了解、认识与理解具有重要意义。十八大以来，中国大力推动中外媒体间的对话、交流与合作，围绕"一带一路"建设、亚洲基础设施投资银行、欧亚互联互通等主题先后主办或与相关国家合办了一系列媒体对话、联合采访、培训互访等交流活动，并将相关对话交流活动制度化、机制化。例如，2013 年举办的中德媒体对话、中印媒体高峰论坛、中韩媒体高层对话，2014 年举办的中英媒体论坛、中蒙新闻论坛、中国—亚欧博览会新闻媒体论坛，2015 年举办的中俄媒体论坛、中英媒体圆桌会议、北京—东京论坛，2016 年举办的亚欧互联互通媒体对话会，2017 年的 G20 峰会等。

中国对外人文交流合作进一步深化。十八大以来，人文交流与合作在中国对外交往中的重要性进一步提升，进一步增进了国际社会和世界各国对中国的了解和认识，提升了中华文化的影响力与中国的国际形象。中国更加注重增进与周边国家相互间的了解和理解，努力减小中国发展所带来的结构性压力，积极为中国的改革和发展营造和平稳定的周边环境。中俄人文合作一直是巩固两国友好、促进战略协作的基础性工程。2014 年 3 月启动中俄"青年友好交流年"。中国与中亚、东南亚国家的文化交流合作也日益增多。中国先后与塔吉克斯坦、土库曼斯坦、乌兹别克斯坦、哈萨克斯坦和吉尔吉斯斯坦五国签署了《关于建立中塔战略伙伴的联合宣言》《关于建立中土战略伙伴的联合宣言》《关于进一步发展和深化中乌战略伙伴关系的联合宣言》《关于进一步深化中哈全面战略伙伴关系的联合宣言》《关于建立中吉战略伙伴关系的联合宣言》。在这些《联合宣言》中，中国与中亚国家都强调要加强双方文化、教育、旅游、卫生和体育的交流与合作以及扩大新闻媒体、学术机构、文艺团体和青年组织的友好交往。习近平主席在对印度尼西亚进行国事访问期间两国进一步明确了人文交流在两国未来交往中的重要地位，并将2014年定为中国—东盟文化交流年。

中国更加注重巩固与发展中国家的传统友谊，积极展现负责任的大国形象。2013年3月，习近平主席在访问坦桑尼亚期间提出中国要在非洲地区积极实施"非洲人才计划"，并在未来3年将为非洲国家培训3万名各类人才、提供1.8万个奖学金名额，加强对非洲的技术转让和经验共享。2015年，中拉在《中国—拉共体论坛首届部长级会议北京宣言》和《中国与拉美和加勒比国家合作规划（2015—2019）》中正式将人文交流作为未来发展中拉全面合作关系的重要支柱，并宣布启动"未来之桥"中拉青年领导人千人培训计划。在2014年中阿合作论坛第六届部长级会议上中阿双方决定把2014年和2015年定为"中阿友好年"，并在这一框架内举办一系列友好交流活动。在发达国家中，中国结合新的历史发展阶段，以构建新型大国关系、新型国际关系为导向，积极与发达国家开展人文合作与友好交流，增进相互理解和信任。在与欧洲的文化交流中，中国依托于中欧高级别人文交流对话机制也取得了一系列成果。2013年以来，中欧双方建立了中欧高等教育交流与合作平台，开展了3届欧盟官员来华研修项目、举行了三届语言研讨会、启动了中欧联合调优项目、欧盟学校学生夏令营和中国涉欧盟小语种教师赴母语国培训等项目。中韩两国元首在2014年会晤时商定共同努力将中韩人文交流共同委员会机制打造成为加强两国人文纽带的重要平台、同意对外发布《2014年中韩人文交流共同委员会交流合作项目名录》，并积极推动落实。

三是中国文化互通实施平台进一步多样。随着综合国力和国家重视程度的提高，中国开展文化互通的途径和手段更加丰富和多样，这使得中国文化互通的舞台变得更加广阔。一是重大赛事、盛会展示中国良好形象。南京亚青会和南京青奥会为促进中国文化互通发展尤其是促进中外青年交流搭建了重要平台。一方面，亚青会和青奥会中的一系列赛事、文化体验和交流活动使外国青年对中国有了更加直观、更加深入的了解和认识，增加了对中国的好感度和认同度，中外青年也在相互交流中建立了深厚友谊，促进了多元文化的相互融合。

孔子学院不断增进中外友谊。自 2004 年全球首家孔子学院设立以来，孔子学院就秉承孔子"和为贵""和而不同"的理念，致力于推动汉语走向世界、促进中外文化交流、人民友好和世界和平。目前中国已在 134 个国家和地区建立了 500 所孔子学院和 1000 个孔子课堂，学员总数达 190 万人。孔子学院已成为中国开展文化互通的重要平台，有力地促进了中国文化与世界各国文化的交流与融合、增进了世界人民对中国文化的理解、发展了世界各国与中国的友好关系。

四是利用国际场合传递中国声音。国际场合是"告诉世界一个真实的中国"的重要平台。十八大以来，中国逐步意识到在国际场合发声的重要性，国家领导人和政府官员都非常重视在多边场合和公众场合来展开对外接触、表明观点立场、宣示内外政策。习近平、李克强等国家领导人一方面注重利用联合国大会、G20 峰会、APEC 会议、气候峰会、安全峰会、博鳌亚洲论坛、中国—中东欧领导人会晤、中国—东盟（10+1）领导人会议、东盟与中日韩（10+3）领导人会议等一系列多边场合来向国际社会阐释中国的内外政策和战略走向、表明中国对国际和地区事务的态度和看法、提出中国对全球性问题和地区热点问题的主张和方案；另一方面也注重在出国访问时通过出席新闻发布会、接受媒体采访、发表演讲和署名文章、参加人文交流活动等多种方式来与国外公众进行交流与互动，以增进国外公众和国际社会对中国的了解和认知。

第十节 国外文化互通发展的经验与启示

国外在实施文化互通争取国际认同方面积累了许多经验，值得我们在实施"一带一路"文化互通过程中学习和借鉴。概括起来有以下几个方面。

一、强化文化交流与信息传播的统筹

在文化互通实践中，文化活动和信息活动是密不可分的，对外文化交流活动和信息传播活动都是其传递本国社会文化和价值观念、宣传本国内外政策的有效手段，二者相互配合、相互促进。因此，西方国家十分注重推动对外文化交流和信息传播的协调发展、统筹发展。美国积极推进文化交流项目并加大对外传播力度，向世界各国公众传递美国的社会文化、价

值观念，增进其对美国内外政策的理解和认同。美国的成功的文化交流项目包括：富布赖特项目、汉弗莱项目、国际访问者项目、市民交换项目、对外英语教学和美国研究项目、文化和青年交流项目。美联社、合众社等新闻媒体既从事宣传美国政策的信息活动，也从事传播美国社会文化和价值观念的活动，这些庞大的新闻传播机器一方面对美国的对外文化交流活动和项目进行公关、宣传和报道，另一方面直接向他国公众介绍和传播美国的社会文化、宣传美国的内外政策。

法国的对外文化交流活动主要以推广法语教学和传播法国的文化与价值为基础。为加强法语和法国文化在国际社会的影响力，法国采取了一系列强化和保障法语教学和法国文化与价值传播的措施，比如加强对法语联盟的支持和投入、向国外派遣大量法语教师、在国外举办法国文化年、邀请国外法语院校访问法国等。法国还积极借助新闻媒体对法语和法国文化与价值进行推广和传播，如创办法语卫星电视、在国外广播电台和电视台开播法语课程、对本国广播电台和电视台播放法语节目作出强制性规定、利用法国国际广播电台、法国国际频道等多种视听手段来传播法语、法国文化和法国价值观等。

德国为将其精神气质、思维方式、价值观念推广到世界各地，塑造德国"思想之国""文化大国"的国际形象，也将传播德语和德国的文化与科技作为对外文化交流的重点。一方面，德国积极推动海外德语的传播，通过歌德学院和德意志学术交流中心等机构在国外设立歌德分院和办事机构、定期向国外高校派遣德语教师、开设德语课程和德语进修班来推广德语，并不遗余力地推动德语成为欧盟外交语言和工作语言。另一方面，德国大力开展科教领域的交流与合作，利用网络和科技展览积极向世界介绍德国的先进科技成果，并与世界其他国家的高校、科研机构开展学术交流和科技合作。在对外文化交流过程中，德国也十分注重发挥新闻媒体的作用，德意志新闻社、德国之声、《明镜周刊》、《法兰克福汇报》等新闻媒体都是德国文化、价值、科技的主要宣传和传播阵地。

二、西方注重发挥高校、智库等"第三部门"的作用

"第三部门"是指独立于政府和私人部门之外的非营利性、志愿性的社会组织。高校、智库、非政府组织等"第三部门"在增进他国公众对本国

了解和认知、传播本国文化和价值、宣传本国内外政策、提升国家形象方面具有独特作用。西方国家在开展文化互通时都非常注重发挥"第三部门"的作用。美国是在公共外交中发挥"第三部门"作用最为突出的国家。在发挥高校和科研机构的公共外交作用方面，美国设立了一系列国际教育文化项目，鼓励和吸引国外留学生、学者、官员赴美国知名高校和科研机构进行学习、研究和培训。目前，富布赖特项目已成为全球最大、最具影响力的国际教育文化项目之一，全世界有140多个国家和地区参与该项目。美国还通过国际访问学者项目每年邀请5000名在世界各国政界、商界、学界中具有广泛影响力的政府官员、学者、企业家到美国的高校和科研机构进行访问、学习和培训以了解美国和美国文化。除了国际教育文化项目，美国的高校和科研机构还频繁举办高层次、高规格的国际论坛和研讨会，邀请世界各国各领域的社会精英和杰出人物来参与交流和互动，借此来增进外界对美国的了解、传播美国的价值观和政策理念。

在发挥智库的文化互通作用方面，美国智库通过举办国际会议、组织对话与交流活动、与国外学者开展合作研究、在国外设立分支机构、接受世界各国传媒访问、在国外媒体发布文章等方式来传播美国的政策理念、阐述美国的政策主张，并且围绕美国在与其他国家交往中所产生的某些冲突问题和敏感问题同当事国的社会各界开展对话和沟通，表明美国政府的态度和立场，了解当事国的态度和立场，为政府决策提供依据和参考。除了美国之外，英国、法国、德国、加拿大等国也都非常注重发挥"第三部门"在文化互通中的作用，高校、智库等"第三部门"也经常活跃在这些国家文化互通的第一线。为培养他国公众对本国的亲近感和认同感，法国、德国、加拿大等国鼓励外国留学生和司法、行政人员赴本国的高校和研究机构学习和培训，并通过加大奖学金的资助范围和额度、与国外高校合作办学和联合培养的方式来吸引外国留学生，影响他国未来的社会精英。

三、西方国家纷纷将互联网技术引入到文化互通领域

在互联网技术的冲击下，依托互联网技术的"在线外交""虚拟外交""社会外交"等网络新媒体文化互通开始成为西方国家开展文化互通的有力支撑。美国是互联网技术最发达的国家。进入新世纪以来，美国政府认识到互联网技术对于传播美国文化和价值观、服务美国外交政策、塑造美国

国家形象的重要作用，开始最大限度地利用互联网信息技术大力地推动网络新媒体文化互通。美国国务院针对 2006 年至 2010 年美国网络外交的目标和任务作出了明确规定，其主要包括五项内容：提供正确信息、协调外部合作伙伴、有效及安全的风险管理、不受时间地点限制联系美国外交官、打造高度专业化的信息技术人员[①]。2007 年，美国国务院网站开设"外交笔记"博客，以更加平民化的方式向外界传递美国政府外交政策。奥巴马执政后，在"巧实力"外交和"转型外交"理念的指导下美国网络新媒体文化互通的作用得到了进一步提升，白宫的"Web2.0 时代"、国务院的"E 外交"和国防部的"网络司令部"成为美国开展网络新媒体文化互通的重要途径和渠道。鉴于社交网站在影响个体行为能力、重塑政治议程、社会舆论方面的重要作用，2009 年，白宫宣布在脸书（Facebook）、推特（Twitter）等社交网站开设主页向世界各国公众传递有关美国内外政策的信息。特朗普本人也开设了推特（Twitter）个人主页并每天发布信息与世界各国公众直接交流与互动。同时，美国国务院还大力开展以网络、手机等新媒体作为运作平台的"E 外交"（E-Diplomacy）。美国前国务卿希拉里（Hillary Clinton）就是"E 外交"的积极践行者。在美国国务院网站的"给国务卿发短消息"栏目里希拉里经常回答世界各国公众的提问，并通过国务院网站和各类社交网站公布每次出访行程、发表评论进行舆论引导。为了打击恐怖主义、消解穆斯林世界对美国的仇恨，美国国务院 2011 年成立"战略反恐传播中心"（CSCC），利用 Youtube、Facebook、Twitter、MySpace 等视频网站和社交网站揭露恐怖主义的罪行，而且还积极与美国的主要新媒体公司和高校合作，集中各类人才在互联网络和社交媒体中与世界穆斯林公众进行对话和讨论，传播反对暴力与压迫的理念，抵制恐怖主义意识形态的蔓延。美国的驻外使馆也陆续开通了博客和微博平台向所在国公众介绍美国的社会文化与内外政策，并与所在国公众进行互动和实时交流。例如，2010 年，美国驻华大使馆开通新浪微博账号，截至目前已发布各类微博 1 万多条，拥有粉丝 100 多万人，而且美国驻沪总领馆、驻武汉总领馆、驻沈阳领事馆等在华领事馆也开通了微博账号。

---

① 温宪.组建网络司令部外交倚重新媒体——美国拓展网络空间霸权,人民日报,2009 年 7 月 9 日,第 14 版.

四、保障文化互通领域的战略投入

　　文化互通的实施效果在很大程度上有赖于人、财、物、政策等各种资源的投入，保障文化互通领域的战略投入是西方国家开展文化互通的主要做法和重要经验。文化互通在美国的对外战略中长期占据着重要地位。自立国以来，美国政府就积极开展文化互通活动。冷战爆发后，文化互通在美国对外战略中的地位得到了空前提升，美国政府对文化互通领域投入了大量的人力、物力和财力以保障在美苏全面对抗中获得舆论、人心等外交优势。在冷战期间，美国新闻署是美国开展文化互通的主要政府机构，其集中了美国对外文化交流和宣传的主要手段，并获得了大量政府的财政拨款和政策支持。在这些投入的强大保障下，截止到20世纪80年代，美国新闻署已在128个国家设立了211个新闻处和2000个宣传活动点，并在83个国家建立了图书馆[①]。

五、重视文化互通制度化运作

　　西方政府还十分强调制度化、规范化的管理和运作。为促进文化互通的有序发展，西方国家通常对文化互通进行制度化、规范化的管理和运作。概括来说，主要包括两方面内容：一是设置开展文化互通的专门机构，二是制定法律法规规范文化互通活动。从设置开展文化互通的专门机构来看，美国于1953年成立美国新闻署使得美国的对外文化和宣传活动在政府中赢得了独立地位；2003年，在原新闻办公室、新闻发言人制度的基础上白宫又成立"全球传播办公室"（OGC），从整个国家层面来协调和组织文化互通活动尤其是对外信息传播活动。英国于1940年成立"英国文化委员会"来负责英国的文化事务，并随后为其成立了对外文化关系司来负责开展对外文化交流活动；法国于1945年在外交部中成立"对外文化关系和法语事务总司"来负责法国文化互通的实施；2006年，法国整合外交部和文化部资源成立了独立的"法国文化署"来全面负责法国对外文化交流。从制定法律法规规范文化互通活动来看，美国国会于1946年通过了旨在加强对外教育文化交流的《富布赖特法案》，又于1948年通过了旨在加强对外宣传与信息传播的《史密斯—蒙特法案》（Smith‐MundtAct），明确了美国对外教育文化交流和对外宣传活动的运作流程、目标任务和资源投入。此外

---

① 胡正荣等主编：《世界主要媒体的国际传播战略》，北京：中国传媒大学出版社，2011年，第64页。

法国的《法语使用法》对法国在开展公共外交活动和对外教育文化交流活动中的法语使用问题做出了严格规定；加拿大的《加拿大对外文化政策》《加拿大外交部文化互通项目评估》等政策法规对加拿大开展文化互通的宗旨任务、规章制度、项目运作等内容也都进行了明确规定。总的来说，强化文化交流与信息传播的统筹、发挥高校和智库等"第三部门"的作用、注重互联网技术与新媒体的运用、保障文化互通领域的战略投入、强调制度化、规范化的管理和运作是西方国家在长期的文化互通实践中采取的有效措施和积累的成功经验。

第十一节 "一带一路"文化互通的国内影响因素

任何文化互通项目的顺利实施都需要通过一定制度安排将各实施主体以及可利用的文化互通资源有效整合起来以形成政治支撑体系为文化互通活动提供物质、信息、人员等方面的支持和保证。强有力的文化互通政治支撑体系能够最大限度地调动各实施主体的积极性、发挥各实施主体的作用并整合各种文化互通资源用于文化互通活动，因而构成了文化互通活动开展的可靠依托。当前，中国文化互通的政治支撑体系相对乏力，这将深刻影响和制约着"一带一路"文化互通的开展和实施。国内文化互通政治支撑体系的乏力主要体现在以下五个方面。

一、从制度安排上看，各参与主体间协调无力、系统性不足

文化互通是一种自下而上的探索过程，因而文化互通强调体制机制的独立性和实施主体间的组织协调性。现阶段，中国文化互通的开展主要还是沿用体制和机制，并未形成相对独立体制机制。此外，中国行使文化互通职责的机构繁多且分散，除了全国人大、全国政协、中宣部、中联部、外交部、商务部、文化部、教育部、国务院新闻办公室、国家侨务办公室、国家旅游局、国家体育总局、国家新闻出版广电总局以及各级党政军涉外部门之外，还有包括中国人民对外友好协会、中国国际友好联络委员会、中国对外文化交流协会、中国人民外交学会在内的各类人民团体。这些机构职能隶属不同、运行方式各异、开展文化互通途径方式多样，加之缺乏核心领导机构的统筹协调和监督管理，各实施主体基本上还是各行其是、

四面出击，相互之间协调难度较大以致难以形成合力。也就是说，中国文化互通事业尚未真正形成"中央牵头、统一规划、多方合作、高效运转、良性互动"的局面。

二、从参与主体上看，非政府行为体在文化互通中作用有限

文化互通是针对国际公众的外交活动，因而公众、社会组织等广大非政府行为体成为一国开展文化互通的主要依靠力量。在具体的文化互通实践中，非政府行为体往往比政府行为体更能获得国际公众的接受和好感，对国际公众的影响也更为持久和深远。不过，从现实情况来看，由于"强政府—弱社会"治理模式的影响和社会自组织体系的缺乏，中国并未有效地将庞大的人口转化为开展文化互通所需要的具有公共精神和集体行动能力的公众资源，并未将广大社会公众有效组织和整合起来参与文化互通事务。尽管社会组织、民间团体、高等学校和涉外企业等非政府行为体参与文化互通的意识和意愿不断提高，但非政府行为体参与文化互通事务的主动性和创造性却在一定程度上受到限制，中国文化互通的实施主体仍以官方或半官方机构为主，非政府行为体在公共外交事务中的参与程度和发挥的作用仍然十分有限。

三、从对外传播上看，媒体国际传播能力、世界影响力和公信力不强

语言丰富、受众广泛、信息量大、影响力强、覆盖全球是当今世界一流媒体的基本特征[①]。经过多年的发展，中国媒体的国际传播能力、世界影响力和公信力都得到了进一步的提升，但与世界一流媒体相比仍存在较大差距。一方面，中国媒体的国际传播能力仍待加强。以广播电视为例，在媒体覆盖范围方面，中国中央电视台覆盖170多个国家和地区、中国国际广播电台覆盖160个国家和地区，覆盖面都低于联合国公布的主权国家全覆盖基准线（190个），而英国BBC、美国CNN则远超联合国全覆盖基准线，分别覆盖220多个和210多个国家和地区；在国际频道和播出语种方面，中央电视台国际频道6个、播出语言6种，BBC国际频道14个、播出语言32种，CNN播出语言12种；在驻外记者数量方面，2009年中央电视

---

① 王庚年主编：《国际传播发展战略》，北京：中国传媒大学出版社，2011年版，第151页。

台包括临时雇佣当地人员在内的驻外记者数量为55人，BBC则为450人，CNN为320人[①]；另一方面，中国媒体的世界影响力和公信力依然不足。当前国际传播主要由西方国家主导，由于意识形态、社会制度、文化价值的差异，西方媒体过度关注中国的负面问题，对中国设置负面议题，加之中国国际传播方式对国际传播自身规律需要的不适应以及中国国际传播话语体系和话语方式的相对陈旧和单一，使得中国媒体在争夺国际话语权方面长期处于劣势和被动地位，这极大地限制了中国媒体的世界影响力和公信力。

四、从人才供给上看，未建立起一支完整、专业的文化互通队伍

文化互通的目标和任务最终要依靠"懂世界、知国情、能倾听、会交流、精沟通"的跨文化人才队伍来实现。目前，由于长期对文化互通的忽视，造成了中国文化互通人才尤其是具有国际视野和丰富外交经验、能够贯通东西文化的高端文化人才的匮乏。在理论研究人员方面，国内大部分文化互通研究机构和研究人员分散在其他职能部门和科研机构之中，专门的文化互通研究机构和研究人员仍然较少；在实践人员方面，现有开展文化互通的人才队伍也主要集中在传统涉外部门，集中在文化互通领域的人才严重不足；在人才培养方面，国内现阶段既缺乏对跨文化人才专业化、系统化的培养机构和实践场所，也没有相关的培养制度和机制，虽然国内一些高校设置了跨文化和国别研究专业或方向、开设相关课程，但由于教师、教材、投入等各种问题的限制仍然难以满足人才的长期需求。

五、从经费保障上看，文化互通经费不足、投入有限

文化互通活动的开展需要充裕的经费保障，经费投入关乎着文化互通活动的行动空间、实施范围和预期效果。相比较美英等西方国家的经费投入和开支，中国在文化互通领域的经费投入和开支明显不足，这在很大程度上限制了中国文化互通的行动空间、实施范围和预期效果。以媒体对外投资和节目投入为例，2008—2009年度，中央电视台对外投资16亿元、节目投入48亿元，而同一时期，美国时代华纳公司（Time Warner）对外投资443亿元、节目投入556亿元，美国哥伦比亚广播公司（CBS）对外投资100

[①] 王庚年主编：《国际传播发展战略》，北京：中国传媒大学出版社，2011年版，第172-186页。

多亿元、节目投入 225 亿元，英国 BBC 对外投资 27 亿元、节目投入 448 亿元。国际舆论传播"西强我弱"局面的形成与中国长期经费投入不足有着密切关系。综上文化互通参与主体协调无力、非政府行为体在文化互通中作用有限、媒体国际传播能力、世界影响力和公信力不强、国内文化互通人才队伍匮乏、文化互通领域经费投入不足导致了中国文化互通支撑体系的相对乏力，制约着"一带一路"文化互通预期目标和成效的取得。

第十二节 影响文化互通的国外因素

文化互通以国际公众为实施对象，不同国际公众及其所属民族和国家由于历史传统、自然条件、经济社会环境的差别必然导致在情感、思想、信仰、价值观等文化上的不同。文化和文明的多样性和差异性是普遍存在的，每一种文化和文明都有着各自独有的特点，因而所有的文化互通活动都具有跨文化交流的属性。

一、文化与文明间的融合度

文化互通的开展是以文化为基础的，其具有跨文化交流的属性，因而文化和文明间的相互融合程度也直接影响着文化互通的成效。"一带一路"倡议地理范围涵盖整个欧亚大陆，欧亚大陆自古就是多民族、多文化、多文明交流、汇聚、碰撞、并存之地。因此，"一带一路"倡议既横跨了儒释文化圈、伊斯兰文化圈、基督文化圈三大世界文化圈，同时也涉及了亨廷顿所说的中华（儒家）文明、西方文明、印度文明、伊斯兰文明、斯拉夫—东正教文明（俄罗斯）以及非洲文明等世界文明。也就是说，"一带一路"沿线民族众多、宗教林立、文化多样，其涵盖区域几乎全部包含了世界各主要文化形态和文明，仅中亚地区就长期受到突厥文化、佛教文化、波斯文化、伊斯兰文化、斯拉夫文化以及西方文化的影响，同时并存着哈萨克、土库曼、乌兹别克、吉尔吉斯、塔吉克、普什图、塔塔尔、俄罗斯、乌克兰、德意志、朝鲜等民族以及伊斯兰教、佛教、东正教、天主教、新教、犹太教等宗教。不同民族、不同文化和文明在思想、哲学、宗教、价值观念等方面都存在着巨大的差异。毋庸置疑，文化和文明间的差异是客观、普遍存在的，这种差异往往容易引发公众间的隔阂和矛盾，而文化和文明间的相互理解和融合可以缓解矛盾、弥合公众裂痕。因此,"一带一路"文化互通的预期目标和成效也将在很大程度上受到"一带一路"域内各民族、各文化、各文明间相互理解和融合程度的影响。

二、沿线国家的政治社会环境

沿线国家的政治和社会环境是影响文化互通活动成效的一个重要外部因素,同样的文化互通活动,由于时间阶段的不同、对象国家的不同,将可能导致其成效上出现较大的差异。这是因为在不同历史时期内,对象国国内政治社会局势稳定与否、对象国内部国家与社会的关系和谐与否、对象国国内社会公众对待的态度和看法友好与否都将直接影响到文化互通的成效。因此,任何国家在开展文化互通活动时都不可忽视对象国的政治社会环境。对于"一带一路"文化互通来说,"一带一路"文化互通的预期目标和成效也将深受"一带一路"沿线国家国内政治社会环境的影响,"一带一路"沿线国家的国内政治局势、政府与社会的关系、社会公众对中国的态度和看法都将深刻影响到"一带一路"文化互通的预期目标和成效。

首先,从"一带一路"沿线国家的国内政治局势来看,一些东南亚、中亚、南亚以及西亚北非国家由于内部利益冲突、民族宗教矛盾、民主制度转型等问题导致国家政局不稳、社会震荡,这既威胁到"一带一路"建设,也将难以为"一带一路"文化互通的开展提供有利的政治社会环境。例如,泰国、缅甸等国在民主转型过程中面临着极大的政治风险。脆弱的民主制导致泰国自 1932 年实施君主立宪制以来先后已发生了 19 次军事政变。此外,巴基斯坦、吉尔吉斯斯坦、伊朗、伊拉克、阿富汗、叙利亚等国也长期受到国内政治争斗、民族冲突、宗教矛盾等问题的困扰,加之外部势力的介入和干涉导致国家出现政局不稳、社会动荡的情况。

其次,从"一带一路"沿线国家的政府与社会关系来看,一些国家国内社会反政府的声音和势力长期存在,"街头政治"、反政府示威活动不断发生,政府与社会的矛盾日益激化、政府与社会的关系日趋紧张,国家政权频频遭到社会民众的挑战甚至直接被民众所推翻。在一个社会与政府关系紧张、民众积极干预政治的泛政治化的"普力夺社会"中,"一带一路"倡议可能沦为社会与政府相互博弈和较量的牺牲品,"一带一路"文化互通也将难以得到相关国家公众(民众)的关注和参与。此外,随着经济的发展，一些东南亚国家社会各阶层的政治意识开始逐渐苏醒，并纷纷走上政治舞台表达自身利益诉求。泰国、缅甸各类民运、罢工，混乱不止。不可否认一些沿线国家充满了政治和社会动荡因素，一些国家国内安全尚无法保证。但这些国家有些处于中国周边，对中国的地缘文化影响很大，一些是中国重要的资源提供者。如何应对这些沿线国家在实施文化互通中的不利因素是一个值得深入研究的问题。

第八章
"一带一路"跨文化沟通障碍应对体系的构建

　　文化互通体系是一项系统性工程。面对复杂的国际公众,需要结合"一带一路"文化互通预期目标、根据"一带一路"文化互通实施环境制订战略规划,对"一带一路"文化互通体系的体制架构、策略安排、开展形式进行筹划和安排,以确保文化互通体系各项活动有序、有效开展。在拟定"一带一路"文化互通体系规划之前,需要明确开展"一带一路"文化互通体系的追求目标,分析和评估开展文化互通体系所面临的内外部环境,自身优势和劣势,然后再结合预期目标和实施环境来拟定实施规划,明确体制架构、确定策略安排、选择开展形式、制定评估体系。因此,要从体制架构、策略安排、形式选择、效果评估等方面对"一带一路"文化互通体系的构建进行研究和探讨。

第一节 "一带一路"跨文化沟通障碍应对体系的架构

　　"一带一路"文化互通体系以国际受众为实施对象,通常以宽松、生动、灵活、非正式的方式与国际受众进行交流和互动,"一带一路"文化互通体系处理问题的弹性较大。因此,该体系的独特性就要求文化互通体系体制要区别于传统文化互通体制,在体制架构上保持其相对独立性[①]。"一带一路"文化互通体系作为一种文化互通形态,需要从机构设置、隶属关系、权责分配、组织运行等方面进行探讨和明确。

一、机构设置与定位

　　"一带一路"文化互通体系是现实的文化联通实践,需要建立相应的组

[①] 赵可金:《"一带一路"文化互通体系的理论与实践》,上海:上海辞书出版社,2007年版,第165~166页。

织机构来保障实施。在实践中，根据所承担"一带一路"文化互通的工作性质和职责可以将负责实施"一带一路"文化互通的部门和机构分为四类：领导部门、业务部门、基层部门、民间部门。

从领导部门来说，"一带一路"文化互通体系的领导部门为中央推进"一带一路"建设工作领导小组下属机构。"一带一路"文化互通体系领导部门的设置需要考虑两方面问题：一是领导部门的定位；二是领导部门的设置。

在定位上，"一带一路"文化互通体系涉及对外传播、经济、教育、科技、文化、艺术、体育、军事等诸多领域，外交部门、外宣部门、文化部门、教育部门等其他涉外部门。这些部门行政级别相同、工作相互独立、有着各自的运行方式。因此，"一带一路"文化互通体系的领导部门应该是组织协调机构。目前"一带一路"管理在发改委的西部司，发改委的地位较高，能够起到沟通协调作用，但是毕竟与其他部委是平级。可考虑在中央政治局层面成立推进"一带一路"建设工作领导委员会，发改委西部司作为委员会的业务部门，这样高配的组织结构容易统一领导和协调外交部门、外宣部门、外联部门、文化部门、教育部门、商务部门、国防部门等各类涉外机构开展各项工作。"一带一路"文化互通体系工作纳入委员会领导。委员制能够集思广益，分工明确，相互监督，可以减少失误，促进开放。

业务部门是包括文化互通事务的中央政府各职能部门，涉及外宣部门、外交部门、教育部门、文化部门、商务部门、旅游部门、体育部门、侨务部门、国防部门、新闻出版部门等。"一带一路"文化互通体系的基层部门为驻外使领馆和"一带一路"支点城市。驻外使领馆直接面对国外公众，负责任务开展和实施。处于文化互通工作第一线，承担着对外宣传与联络、文化教育交流等具体的事务。同时，需要将支点城市涉外部门和驻外使领馆政治处、新闻处、领事部、商务处、文化处、教育处、科技处等部门的相关对外联络与交流职能整合起来，统一组织实施各项活动和任务。

"一带一路"文化互通体系的民间部门是受政府支持委托的高校、企业、社会组织和民间交流机构等各类非政府机构。工作对象特殊性，民间和社会性力量往往比政府及其机构更容易获得公众的好感，影响也更为持久和深远，因而开展文化交流活动要淡化官方色彩。"一带一路"文化互通体系在发挥各类政府作用的同时,更需要借助民间和社会力量,通过支持、授权、委托、资助非政府行为体来有针对性地组织文化互通体活动。具体来说,除了具有官方背景的民间组织,国内外其他涉及政治、经济、文化、教育、科技、传播、体育、宗教等领域、行业的社会机构、社会组织和协会组织也是"一带一路"文化互通体系的依靠力量。

二、隶属关系与层级

隶属关系是"一带一路"文化互通体系中的重要环节,其涉及文化互通体系体制的层级结构。任何行政系统有效行动,就必须明确系统中行政个体或机构相互之间领导关系,在统一协调下共同完成确定的目标[1]。对"一带一路"文化互通体系而言,也只有明确了不同层级领导隶属关系才能开展工作。因此,需要明确各部门隶属关系,将"一带一路"各部门纳入特定的领导管理体系协调工作步调,统筹运作。首先需要明确体系领导部门的隶属关系。中央推进"一带一路"建设工作领导小组下属的发改委西部司,其应该受中央推进"一带一路"建设工作委员会的领导,直接报告工作。这样是为了保证文化互通体系部门的独立性和自主性。第二"一带一路"公共外交业务部门、基层部门和民间部门的隶属关系也需要进一步明确。具体来说,"一带一路"文化互通体系委员会的下属机构作为"一带一路"文化互通体系的业务部门、直接对领导部门负责,而涉及体系事务的政府各职能部门作为一业务部门需要接受体系领导部门的领导和指导;驻外使领馆作为基层部门在行政隶属上归政府外交体制管理,在事务上归领导部门和业务部门的领导和指导。授权和委托的高校、企业、媒体、社会组织、人民团体和民间交流机构等各类非政府行为体作为民间部门在涉及文化互通事务上则需要接受互通体系领导部门、业务部门、基层部门等支持、授权和委托。这"一带一路"文化互通体系领导部门在本质上是一个组织协调机构而非行政机构,领导部门对其业务部门、基层部门、民间部门的领导或指导并不是通过行政命令的方式进行,而是依靠引入市场化的运作机制推动体系的开展和实施工作。

---

[1] 王沪宁:《行政生态分析》,上海:复旦大学出版社,1989年版,第184页。

三、权责分配与分工

权责分配涉及"一带一路"文化互通体系体制的职位结构。根据行政学系统理论的观点，一个行政体系要确认每个行政个体或机构的权限、任务、责任和义务。保证行政个体或机构得以自主和灵活地行动的同时确保行政系统的有效运转。因此，"一带一路"文化互通体系各部门的权力和职责需要进行确认。

1. "一带一路"文化互通体系领导部门权责

一是统一领导和协调业务部门、基层部门、民间部门开展和实施制定战略、方针和政策；二是负责规划和指导各项宏观性、全局性、方向性工作；三是定期向中央委员会报告工作；四是开发、整合和使用物质资源和非物质资源；五是对国内非政府行为体的文化互通活动进行有计划地引导与规范。

其次，业务部门的权责应主要包括以下方面：一是贯彻执行领导部门制定的战略、方针和政策，开展活动，处理具体事务，起草相关法律法规草案和政策规划；二是负责文化互通体系各领域调查，尤其是沿线国家的社会民意调查，全面认识、把握和区分沿线国家普通公众、社会精英、意见领袖等群体对待"一带一路"倡议的态度、期待和诉求。

第三是研究和分析国际形势、国际关系和全局性、战略性问题，研究"一带一路"文化互通体系工作的思路和议题，为文化互通体系领导部门制定战略、方针和政策提出建议；

第四是定期向"一带一路"文化互通体系领导部门报告"一带一路"公共外交开展实施情况，定期对外发布"一带一路"文化互通体系重要活动信息；

第五是定期对互通体系运行情况进行调查评估，及时发现实施过程中出现的问题和偏差并进行解决和纠正；

第六是负责就各领域的工作进行协调，指导基层部门和民间部门的文化互通业务工作。

2. "一带一路"文化互通体系基层部门权责

一是贯彻执行领导部门制定的战略、方针和政策，完成文化互通具体工作任务；二是负责与沿线国家各级地方政府、民间组织等联络，围绕"一带一路"建设加强与各级政府开展文化交流活动；三是促进中国与沿线国媒体的沟通与交流；四是加强中国与沿线国工商界的文化交流。五是促进中国与沿线双边教育交流合作以及文化交流合作，促进汉语推广、吸引留学生赴华研究和学习，筹办面向公众的大型文化活动，协调中国针对所在国在文化、广播、出版、青年、妇女、民政、旅游等方面的交流项目；六是就文化互通开展实施情况以及问题提出相关改进建议和策略。

3. "一带一路"文化互通体系民间部门权责

一是完成领导部门、业务部门、基层部门委托和交付的各项任务；二是通过媒体传播、教育交流、文化交流、国际研讨会、座谈会、联谊会、社交酒会等多种形式向沿线国家公众展示、宣介和传播"一带一路"倡议，增进了解与认知，并深化其对沿线国民认同与支持；三是收集整理"一带一路"沿线国家政治、经济、文化、社会等领域的相关资料，调查研究沿线国家公众对"一带一路"倡议的态度和看法，对"一带一路"文化互通的开展和实施提出符合实际的思路、建议和可行性报告，提供决策依据和智力支持；四是在文化互通活动开展过程中与相关部门保持密切沟通，并对活动的开展情况及时反馈。

四、组织运行与管理

组织运行与管理涉及"一带一路"文化互通体系体制的程序结构。行政学系统理论认为，行政系统由众多的行政个体或机构构成，每个行政个体或机构都履行着自己分配来的功能，一个行政系统能否达到高度的一体化与行政系统的程序结构密切相关。程序结构即各个行政个体或机构相互之间的结合、功能之间的配合，也就是指各个行政个体或机构在活动中如何接应与配合、如何衔接与运作[①]。因此，需要对文化互通体系的组织运行和组织管理进行确认和明确。文化互通是一种以国际公众为实施对象和工作重心，以改变国际公众心目中国家形象定位、获得人心和思想认同的文

---

① 王沪宁：《行政生态分析》，上海：复旦大学出版社，1989年版，第184页。

化努力，因而其在整个体制安排和组织运行上表现出鲜明的涉外互通的特色，通过向国际公众提供信息、交流项目、文化产品等服务来帮助国际公众了解中国的真实想法和实际做法，消除国际公众误解和消极认知①。

文化互通体系在组织运行方面需要遵循以下原则：一是采取项目驱动的方式。文化互通体系的实施对象是沿线国家公众，各国公众在情感态度、思想观念、价值取向、利益诉求方面都存在巨大差异。因此，需要针对不同受众的特点和需要来开展文化互通项目。项目运作目标更明确、资源更集中、责任更具体，通过采取项目驱动机制，向沿线不同国家，不同对象群体实施有针对性的文化互通项目。可以提高文化互通有效性。二是要注重吸纳民间和社会力量的参与。由于政府行为体具有的官方政治色彩，以政府的身份直接出面难获得国际公众的接受和认可。因此，文化互通体系项目更多地需要依靠各类民间机构和社会力量来具体实施，要确保"一带一路"文化互通体系项目呈现出鲜明民间面孔，使沿线国家公众产生平等感、亲近感和信任感。三是在工作方法上要采取灵活多样、富有弹性的工作方法。

"一带一路"文化互通体系要较少受到政府的各种限制性因素和条件的影响，工作方法要灵活的、多样的、富有弹性的②。要采取灵活多样、富有弹性的工作方法，调动一切可以调动的积极因素、凝聚一切可以凝聚的积极力量来推动项目开展和实施。在议题设置和处置上要立足于长远。"一带一路"文化互通体系以塑造良好国家形象、赢得国际公众的好感和思想认同为追求目标，而良好的形象、公众的好感和思想认同需要通过长时间经营和培育。获取"一带一路"沿线国家公众对"一带一路"倡议的认同与支持是重要目标，这种认同与支持也需要经过长期的经营和培育才能获得。因此，开展和实施文化互通要有长远考虑，避免强调眼前利益而忽视或损害了长远利益。

行政系统需要设立组织管理原则才能保障行政系统更加有效运转。"一带一路"文化互通体系在组织管理方面需要遵循以下原则：一是完整原则。"一带一路"文化互通体系各层级各部门是一个完整统一体。各个部门发挥不同的功能，相互之间密切配合，减少相互间的冲突和矛盾。首先要坚持

---

① 赵可金：《"一带一路"文化互通体系的理论与实践》，上海：上海辞书出版社，2007年版，第175页。
② 赵可金：《"一带一路"文化互通体系的理论与实践》，上海：上海辞书出版社，2007年版，第177页。

职能目标的统一，即文化互通体系各部门都要在体系总体目标下开展工作和活动，各部门的工作要服从总体目标；其次要坚持机构设置的统一，体系机构设置要配套、功能要完备、领导关系要明确；最后要坚持领导指挥的统一，即体系业务部门、基层部门和民间部门要遵循领导部门的统一领导安排，协调一致地开展和实施。

二是分权管理的原则。组织管理既要完整统一，又要分权管理。要将体系不同的职能和权限归于不同的部门，将总任务分解为不同的分任务，由不同的部门来完成，提高体系的工作效率。

三是职、权、责一致的原则。在行政管理活动中，职务、权力、责任三者是互为条件的，必须是相称和均衡的，要有职、有权、有责[①]。文化互通体系要贯彻职、权、责一致的原则，首先要明确职能范围，其次要赋予各部门相应的权力，最后要明确各部门所承担的责任。

四是民主参与决策原则。"一带一路"文化互通体系的领导部门是组织协调机构，因此需要坚持自主参与的原则，通过各种渠道和方式吸收其他部门及其人员以及社会各界人士共同参与，为"一带一路"文化互通体系战略、方针和政策制定和实施以及其他相关议题的设置建言献策、贡献自己的智慧。

五是要调动人的积极性。文化互通体系涉及教育、人文、传媒等诸多领域，社会组织、民间机构、社会精英、公众个人等各类非政府行为体是文化互通的重要依靠力量，体系工作的开展和实施有赖于各领域、各行业人才的共同推动。因此，"一带一路"文化互通体系需要努力调动和激发各领域人才参与，不断充实和壮大"一带一路"文化互通体系队伍。

第二节 "一带一路"跨文化沟通障碍应对体系的策略安排

在"一带一路"文化互通体系战略规划中，要根据预期目标和实施环境来制定适当具体的实施策略。实施策略需要就文化互通体系的媒体信息

---

① 黄达强、刘怡昌主编：《行政学》，北京：中国人民大学出版社，1988年版，第118页。

传播、公关营销促进、教育文化交流、危机风险应对等问题做出明确安排。实施策略主要包括信息传播策略、公关营销策略、人文交流策略以及危机管控策略。文化互通体系的形象宣传片是增进国际公众对一国文化了解和认知的有效手段，很多国家都曾投入大量人力财力来制作国家形象宣传片以增进国际公众了解、提升国家形象。我们可以把"一带一路"建设所涉及的沿线国家文化作为素材来制作文化互通体系宣传片，介绍沿线风土人情、展现"一带一路"建设和成就。选拔具有国际影响力的"公众人物"、"知名人士"或者"部门和行业明星"作为形象大使，作为国际公众了解该国的一个重要窗口。由于"一带一路"建设的主体是企业，因而"一带一路"文化互通体系的形象大使应该以"企业形象大使"为主，尤其要以中国著名跨国企业家为选取重点，这样可以在突出"中国制造""中国创造"品牌优势的同时体现对人类命运共同体的追求。

一、信息传播策略

信息传播是文化互通体系的重要内容，"一带一路"文化互通体系通过向国际公众传递信息来影响国际舆论、塑造国际公众的态度和认知。"一带一路"文化互通体系中的信息传播要借助不同形态的媒介手段进行有组织、有计划、有目标的传播。只有当文化互通体系中所传播的信息被国际公众获取、接受和认可时，文化互通才能够获得成效。因此，制定精妙的信息传播策略对于实施"一带一路"文化互通至关重要。

1. 传播内容与传播技术相并重

"内容"是信息传播的核心，当前传播媒介日益多元、信息获取渠道日益多样，权威、原创、新颖、有吸引力的内容能获得公众认可，创新传播内容、增强传播内容上的主导权是信息传播活动成功的关键。信息传播的成效与传播技术密切相连，传播技术是推动信息传播的主要力量。数字化技术、网络技术、移动通信技术等新技术都极大地提高了信息传播的深度和广度[1]。因此，在"一带一路"文化互通体系的信息传播中要坚持传播内容与传播技术相并重。一方面，要不断创新传播内容，增强文化互通体系信息传播的吸引力和感染力。在信息传播中，尽量淡化政治色彩，不断挖

---

[1] 王庚年：《国际传播：探索与构建》，北京：中国国际广播出版社，2009年版，第191~193页。

掘沿线国家公众可参照、听得懂、感兴趣的信息传播内容，通过丰富、真实的"一带一路"事例、情节、数据来全面地、准确地、生动地、有情感地传递信息，让沿线国家公众感觉身临其境，使所传播的信息入脑入心。另一方面，要充分借助技术来扩大信息传播的影响力。需要主动运用数字化技术、大数据等先进信息传播技术，拓展信息传播途径，在发挥传统媒体作用的同时，利用网络新兴媒体更加快速和广泛地向沿线国家公众传播"一带一路"相关信息。

2. 传播理念与传播形式相统一

在全球化浪潮的推动下，信息传播也不可避免地打上了全球化的烙印。全球化不仅使超时空、跨国界的全球信息传播成为可能，而且使得对外信息传播超越政府之间和扩展到社会、经济、文化等各领域，涉及企业、智库、非政府组织乃至每个公民。与此同时，信息传播全球化的深入发展也催生出了信息传播的本土化趋势，即在信息传播过程中要实施本地化战略，开展富于个性的传播。信息传播的全球化与本土化在信息传播中相辅相成、相互影响、相互作用。二者互为前提、互为条件、互为结果。全球化传播理念与本土化传播理念的传播形式和方式不同。全球化传播要求以全球普遍遵循的规则、在全球范围内向任何潜在公众进行信息传播，本土化传播则要求以地方性语言和地方公众乐于接受的方式来进行信息传播。因此，在"一带一路"文化互通体系的信息传播中要统筹兼顾全球化信息传播与本土化信息传播。一方面，要扩展"一带一路"信息传播渠道，综合运用大众传播、组织传播、人际传播等多种方式，依托国家、企业、社会组织及个人自主参与等多种形式传播相关信息；另一方面，要注重信息的本土化传播，针对沿线不同国家的语言习惯和文化传统来选择题材、设计方案、制作内容，突出本地因素来避免不同语言和语境歧义、消除沿线国家公众的逆反心理、增强"一带一路"文化互通体系信息传播的效果。

3. 主动性传播与贴近性传播相结合

成功的信息传播要以传播对象为本，以主动、灵活、贴近的信息传播来树立权威、争取人心。当前，西方媒体利用其在国际传播领域的话语优势和议题设置优势赋予"一带一路"浓厚的意识形态色彩，把"一带一路"倡议塑造为中国版的"马歇尔计划"和"地缘扩张战略"，大肆渲染、鼓吹

"中国威胁论"。面对西方媒体对"一带一路"倡议的肆意歪曲,要做好"一带一路"文化互通体系信息传播工作,就要敢于亮剑、善于讲理。此外,沿线国家公众在思维习惯、文化背景、宗教信仰、价值观念等方面都存在较大差异,要针对不同国家公众的特点和需求做好贴近性传播,做到因地制宜、因人制宜。在信息传播中要坚持主动性传播与贴近性传播相结合。要主动出击,提高"一带一路"信息传播的议程设置能力。主导设计通俗易懂的中国故事和"中国话语",积极对外传播"一带一路"倡议的时代内涵和意义,引导国际社会和沿线国家公众更加客观、全面地认识和理解"一带一路"倡议。另一方面,要尊重沿线国家公众习惯,增强认同受纳度和渗透力。要针对沿线不同国家公众实施贴近化传播策略,在信息传播过程中做到贴近实际、贴近信息需求、贴近公众的语言习惯和思维习惯。

4. 国际传播与国内传播相统筹

一般而言,"一带一路"文化互通体系中的信息传播是一种沿线国际传播,其主要是面向国际社会和国际公众。国际传播和国内传播从根本上说二者密切相关、不可分割。这是因为,国际传播不是孤立存在的,是国内传播的向外延伸部分,国内传播的相关因素都会对国际传播产生直接影响[①]。全球化、信息化时代使得国际传播和国内传播沿线的界限变得模糊,通信技术和手段的快速发展、人员往来和互动的日益频繁使得信息在全球范围内广泛传播,国内信息和国内舆论可能在短时期内就会演变为国际信息和国际舆论,国际信息和国际舆论也同样可能在短时期内就成为国内信息和国内舆论。因此,在"一带一路"文化互通体系的信息传播中要坚持国际传播与国内传播相统筹。一方面,要在加大对沿线国家公众信息传播的同时,加强对国内公众的舆论引导和宣传动员,营造良好的国内舆论环境,为国际传播奠定坚实的国内基础。另一方面,要牢固树立国际传播与国内传播相统筹的观念,国际传播工作和国内传播工作要密切合作、沟通协调、相互支持、相互促进,实现信息共享、沿线资源共用。

二、公共关系策略

一切由政府推动,以赢得人心、影响国际舆论、提升国家形象和国际

---

① 程曼丽:《国际传播学教程》,北京:北京大学出版社,2006年版,第5页。

声誉为目的而对国际公众开展的文化交流活动都属于"一带一路"文化互通体系的范畴,这其中就包括针对国际公众开展的公关活动。针对"一带一路"沿线国家公众的公关营销活动是"一带一路"文化互通体系的主要组成部分,开展和实施"一带一路"文化互通体系也需要制定出相应的公关营销策略。

1. 构建"官民一体、官民并举"的公关营销模式

公共关系实践的活动包括宣传、推广、调研、展示、广告、公共事务、市场营销、整合营销传播等,其目的在于获取公众对组织项目和政策的理解和支持。因而,"一带一路"文化互通体系中的公关营销活动也主要涉及倡议的宣传、推广、展示和营销等内容,其目的也主要在于获取"一带一路"沿线国家公众对"一带一路"倡议的理解和支持。需要充分调动一切力量参与到文化互通体系公关活动中来,构建"官民一体"公关营销模式。一方面,政府树立公关理念,通过采取演讲、组织参观活动等多种形式向沿线国家公众宣传和推介。对于影响"一带一路"沿线国家公众尤其是社会精英人物要争取其对"一带一路"倡议的理解和支持。另一方面,高等学校、智库、非政府组织需要积极发挥自身力量,利用自身开展对外交流的优势和特点与"一带一路"沿线国家社会各界建立广泛联系,通过研讨会、座谈会、联谊会、媒体见面会、参观访问活动等各种方式向其开展"一带一路"文化互通公关活动。

2. 借助国外公关力量开展"一带一路"公关营销

除了本国政府及社会民间力量之外,开展"一带一路"文化互通体系公关活动还可借助"一带一路"沿线国家国内的公关力量。对于一些"一带一路"沿线国家公众而言,他(她)们沿线并不希望他国政府或者组织来左右和影响自己国家内外政策的决策。在这种情况下,借助"一带一路"沿线国家国内的公关力量开展公关活动往往能够事半功倍,取得令人较为满意的效果。具体来说,这些公关力量主要包括:沿线国家国内的公关公司、利益集团、华人华侨、与中国建立友好关系的政府官员和社会人士、致力于对华友好的各类社会民间组织和机构等。沿线国家国内的公关力量拥有大量政治资源和人脉资源的优势,通常能够与沿线国家的政要及社会各界建立关系并展开积极的交流和对话。因此,在开展"一带一路"文化

互通体系公关活动时,可以通过聘请、委托"一带一路"沿线国家公关力量来就具体的公关议题和问题进行公关策划并负责组织实施,共同开展"一带一路"文化互通公关活动。

3. 利用互联网络推动文化互通公关营销

越来越多的人开始通过网络来表达自己的观点和看法,网络已成为思想文化信息的"集散地"和社会舆论的"放大器"。网络公关就是通过网络媒体和自媒体来加强与公众的沟通和交流,以此争取公众的信任、理解和支持。网络公关有四个组成部分:内容,到达,主客户,移情①。"一带一路"文化互通体系也要借助网络的力量对沿线国家公众开展网络公关。具体来说,在"内容"方面,要为沿线国家公众提供丰富多样的相关信息;在到达方面,要通过多种网络传播渠道和手段来确保所提供的内容在网上被沿线国家公众接收;在"客户"方面,要针对不同公众的特点和需求设定不同的传播内容和传播形式;在"移情"方面,要理解和尊重"一带一路"沿线国家公众的观点和兴趣,建立起值得信赖、心有灵犀、保持互动的友好关系。

4. 塑造和传播"一带一路"品牌工程和品牌项目

唐·舒尔茨认为,"品牌是为买卖双方所识别并能够为双方都带来价值的东西"②。科特勒认为,"品牌就是一个名字、称谓、符号、设计,或上述的总和,其目的是使自己的产品或服务有别于竞争者"③。在"一带一路"文化互通体系中引入"品牌"的概念是因为品牌与国家形象之间存在着种相互作用的关系,即一个国家在国际上的品牌声誉反映了该国的国家形象,而国家形象反过来又将扶持和强化品牌的国际地位④。为提升国家形象和国际声誉、获得更多国际公众的支持和信赖,越来越多的国家传播鲜明的国家品牌来参与国家营销,向国际公众推销自己。一般来说,国家品牌大致分为两类,即把国家整体作为一个品牌来进行塑造和传播以及把具有本国特色的产品、服务、价值、理念、制度等作为一个品牌来进行塑造和

---

① [英]大卫·菲尔普斯:《网络公关》,陈刚、袁泉译,北京:北京大学出版社,2005年版,第7~12页。
② [美]唐·舒尔茨:《论品牌》,高增安、赵红译,北京:人民邮电出版社,2005年版,第8页。
③ 吴友富:《中国国际形象的塑造和传播》,上海:复旦大学出版社,2009年版,第179页。
④ 赵可金:《软战时代的中美"一带一路"文化互通体系》,北京:时事出版社,2011年版,第213页。

传播。在"一带一路"文化互通体系中，为获取沿线国家公众对"一带一路"倡议的支持，必须塑造一批品牌工程和品牌项目。例如，将瓜达尔港项目、埃塞吉布提电气化铁路工程、马新高铁项目等工程和项目打造成"一带一路"品牌工程和品牌项目，通过对品牌工程和品牌项目的包装、宣传和传播来提升"一带一路"倡议在沿线国家公众中的知名度和认同度。

三、人文交流策略

人文交流是有效开展文化互通体系不可缺少的组成部分。随着全球化的推进，人文交流在国际关系中的作用和影响日益突出。"一带一路"文化互通体系通过开展人文交流活动赢得国际公众对其观念的理解、价值的认同及政策的支持。与国际公众稳定友好联系和关系需要较长时间的经营和培育，需要长时间的投入。虽然与国际公众稳定友好关系的建立和发展耗费时间和精力大，且回报和成效漫长，但人文交流是最为有效的手段和文化互通体系不可缺少的组成部分，"一带一路"文化互通体系也需要制定出相应的人文交流策略。

1. 由政府直接实施"一带一路"人文交流项目

政府具有巨大能力和资源优势。政府主导的人文交流项目往往也能够取得较为突出和明显的成效。"二战"后数十年间，美国政府所设立的文化和学术交流项目帮助、教育和影响了一大批杰出的政治家和世界领导人。美国前副国务卿夏洛特·比尔斯曾就此指出"这是政府做的最合算的交易"[①]。因此，由各类政府行为体直接实施的人文交流项目是人文交流的主体。政府可通过设立政府层面的教育学术交流项目、文化艺术交流项目、公众参观互访项目加强与"一带一路"沿线国家公众的交流和互动，影响"一带一路"沿线国家公众对"一带一路"倡议的认识和态度，增进沿线国家公众对"一带一路"倡议的理解、信任和支持。

2. 借助社会民间力量开展"一带一路"人文交流活动

由于政府具有的浓厚政治色彩，"一带一路"文化互通体系的人文交流项目和活动需要充分调动社会民间力量的积极性，借助社会民间力量来开

---

① [美]约瑟夫·奈：《软力量——世界政坛成功之道》，吴晓辉、钱程译，北京：东方出版社，2005年版，第120页。

展和实施。在国际社会中,借助社会民间力量开展人文交流活动也是常用做法。例如,日本每年都会邀请6000名青年人来日学习日语,并通过校友会来维系和发展学员的友谊①。对于人文交流活动来说,国内高等学校可通过与沿线国家高校设立校际留学和访学项目、学术交流和研究项目、人员互访和培训项目来影响沿线国家青年学生和学者;国内智库可联合沿线相关国家智库和研究机构共同召开国际会议和开展项目合作;各类非政府组织和公众个人也可发挥各自优势、在各自领域加强与"一带一路"沿线国家公众的人文交流。

3. 依托国际组织开展"一带一路"人文交流活动

可依托国际组织来推动"一带一路"人文交流。在全球化时代,各类国际组织成为国际关系中的重要行为体。越来越多的国际组织开始将人文交流作为其重要工作内容,更加注重通过教育、文化、科技等人文领域的交流与合作来促进国际间合作。联合国教科文组织、国际新闻工作者联合会等各类国际组织都设立了众多国际文化交流项目并开展了大量国际人文交流活动。通过参与、资助相关国际文化交流项目来开展和推动人文交流,借助国际组织自身的优势和影响力来引导沿线国家公众对"一带一路"倡议的态度和认知并建立持久稳定的友好关系。

四、危机管控策略

"一带一路"文化互通体系在开展和实施过程中随时都有发生危机和危机事件的可能,如何对危机和危机事件进行有效防范和控制是"一带一路"文化互通体系战略规划需要讨论和解决的重要问题。通常来说,文化互通危机主要是由突发负面报道和评论导致的舆论危机。突发负面报道和评论主要源自于三方面:一是观点性的批评文章;二是倾向性或者攻击性的报道②。负面报道和评论往往更容易影响到社会公众的情绪和态度,因而舆论危机将直接威胁到实施国的声誉和形象,处理不好甚至会演化为信任危机。对于"一带一路"文化互通体系而言,也面临着因"一带一路"建设和文

---

① [美]约瑟夫·奈:《软力量——世界政坛成功之道》,吴晓辉、钱程译,北京:东方出版社,2005年版,第120页。

② 欧亚、王朋进:《媒体应对——"一带一路"文化互通体系的传播理论与实务》,北京:时事出版社,2011年版,第264~265页。

化互通实施中发生的突发事件和工作失误、媒体及社会人士对"一带一路"倡议的观点性批评文章以及倾向性的报道等引发的舆论危机。因此需要制定出相应的危机管控策略。危机公关专家 W.佩奇（W.Page）曾提出了以下实践原则：①未雨绸缪，消除可能造成不良影响的潜在问题；②学会倾听，即了解公众的需求；③优良品质与素质，即保持冷静、耐心，当危机来临时能够有所准备、从容应对；④真实可信，即让公众知道发生了什么，创造良好信誉。

1. 要建立"一带一路"舆论危机管控和处置机构

舆论危机都是突然发生的，留给政府及相关部门反应的时间非常有限，舆论危机发生后需要尽快做出反应和部署，在短时间内争取对舆论危机进行有效的控制，而反应越慢则舆论危机的破坏力和冲击力就会越大，舆论危机处置的难度也就越大。危机公关中有"黄金 24 小时"的说法，即在危机发生的 24 小时内是进行危机公关的最佳时间，24 小时内应该迅速采取有效措施予以应对，否则负面的信息和报道就会占据舆论的主流，危机的管控和处置工作将陷入不利局面。因此，应对"一带一路"舆论危机，首先要建立"一带一路"舆论危机管控和处置机构，在舆论危机发生后的第一时间收集和分析舆论危机的有关情况并做出决策和部署，组织、协调相关部门和力量来共同应对和处置。

2. 要确定"一带一路"舆论危机新闻发言人

当舆论危机出现时，由新闻发言人及时对外发布信息、向媒体和公众通报相关情况。新闻发言人在舆论危机中是代表组织与媒体和公众之间沟通的桥梁，通过新闻发言人将正确的信息传达给媒体和公众能及时瓦解错误的解读和不利的舆论。因此，需要确定 1~2 名熟悉"一带一路"建设相关情况、具备良好危机公关专业知识和素质的舆论危机新闻发言人对外发布信息、通报情况、引导舆论。

3. 要提高"一带一路"舆论危机中的"舆论储备"

"舆论储备"是指涉及舆论危机的研究、报告、数据、资料以及应对舆论危机的观点、政策在不同语境中的多元表达。舆论危机一旦发生，就要求迅速公开发布信息、与不良舆论展开舆论交锋。要提高"一带一路"舆论危机中的"舆论储备",加强对"一带一路"舆论危机的政策研究和知识积累,在舆论危机发生后能够迅速发挥政府、媒体、学术界等对外传播力量的舆论动员和舆论引导能力,形成占据优势的舆论规模和"由我主导"的舆论态势,进而抵御和化解不良舆论对"一带一路"倡议造成的消极影响。

4. 主动和媒体展开沟通与合作

新闻媒体代表了公众,其在公众舆论形成的过程中扮演着重要角色。新闻媒体成为影响公众舆论的重要因素,抓住了媒体就抓住了影响公众舆论、控制舆论危机的关键。在"一带一路"舆论危机发生后,需要积极主动地和媒体展开沟通与合作,与媒体工作人员和记者建立和保持密切联系,对其关切的议题和问题做出积极的回应和解释,并向其提供正面的信息来阻止错误信息和不良舆论的传播和扩散。

第三节 "一带一路"跨文化沟通障碍应对体系的形式选择

"一带一路"文化互通体系是一项长期的系统工作,"一带一路"文化互通体系活动和项目在开展和实施之前都需要预期目标的设定、实施对象的特点、实施环境的状况来选择具体的开展形式,以提升活动和项目的针对性和有效性。通常情况下,"一带一路"文化互通体系活动和项目的开展和实施采取多种形式来全面推进。对于"一带一路"文化互通体系而言,根据其预期目标、实施对象、实施环境等因素的实际情况,可划分为媒体网络、文化宗教、跨国企业、对外援助、华人华侨文化互通形式。

一、媒体网络文化互通

媒体主要包括广播、电视、电影、报纸、新闻出版物等传统媒介手段和网站、手机、微博、网络社交平台、网络论坛等新兴媒介手段来向国际公众传递信息、塑造舆论、影响态度。在国际关系领域,国际新闻媒体以行为主体身份参与外交进程,成为国际关系的重要组成部分。而在"一带一路"文化互通体系中,新闻媒体则扮演着"传递信息、促进交流、增进了解"的角色。媒体天然地具有"一带一路"文化互通体系的功能。此外,随着互联网技术的飞速发展,互联网络因自身所具有的交互性、开放性、多元性、平等性等特质已成为公众获取信息和表达意见的重要平台。互联网络拓展了"一带一路"文化互通体系开展范围,也日益成为"一带一路"文化互通体系所重视的力量。媒体和互联网络已成公众观察、了解、认识各国内外政策以及各类国际事务的主要途径,在引导公众认知、塑造公众舆论、影响公众态度等方面发挥着不可替代的作用。需要注重发挥媒体和互联网络在引导"一带一路"沿线国家公众认知、塑造"一带一路"沿线国家公众舆论、影响"一带一路"沿线国家公众态度方面的作用,通过各类传统媒介手段和新兴媒介手段来传播好"一带一路"声音、讲好"一带一路"故事。

1. 整合媒体资源,构建"一带一路"媒体网络体系

推进与"一带一路"沿线国家在文化上的传播与融合,要整合国内媒体资源,构建由中央主流媒体、节点城市媒体共同参与的"一带一路"媒体网络,共同提升报道"一带一路"倡议和中国的能力和国际化水平。充分发挥媒体和网络的传播特色和优势、利用媒体合作网络及全媒体工具传播好"一带一路"声音、讲好"一带一路"故事,加强不同文明间对话和交流,消除知识和信息壁垒,消融沿线国家和公众间心理隔膜,塑造更多共识、凝聚更多力量,促进中外文化交流互鉴、增进国际互信与民心相通。

2. 拓展传播层次,丰富媒体网络文化互通实践维度

信息传播通常分为两个层次,即独白式的单向传输与对话式的双向交流。独白式的单向信息传输主要适合于向国际公众传播一国的政策或声明,这种信息传播形式突出了告知功能和权威发布作用;对话式的双向信息和思想交流则可以通过对话与互动突破不同人群政治立场和背景差异、跨越不同社会界限,有助于消除国际公众既有的成见和刻板印象,增进国与国之间的友谊。因此,开展"一带一路"媒体网络文化互通,既要独白式的单向信息传输,又要进行对话式的双向信息和思想交流。一方面,要通过发布政府公告和声明、召开政府记者招待会、国家领导人在国内国际重要场合发表讲话或演讲,向沿线国家公众传递清晰、权威的"一带一路"信息,影响沿线国家公众认知和态度及其政府决策。另一方面,要通过网络新媒体和网络社交平台来就"一带一路"相关议题与沿线国家公众展开互动,在互动中影响和引导其对"一带一路"倡议的看法和认知。

3. 加强国际合作，提升"一带一路"媒体网络文化互通体系实施空间

不能仅仅依靠本国媒体的力量，还应该加强与外国媒体的交流与合作，搭建"一带一路"信息海外传播平台，借助外国媒体的力量来讲好"一带一路"故事。一方面，要加强与国际主流媒体的合作。国际主流媒体通常具有强大的信息传播力和广泛的国际影响力，可以利用国际主流媒体的优势平台来为"一带一路"建设造势助力，实现国际传播从"搭台唱戏"到"借台唱戏"的转变。另一方面，加强与发展中国家媒体的合作。与"一带一路"域内发展中国家媒体进行联合采访报道、共同设置媒体议程、共同组织国际性活动，团结、引导和依靠广大发展中国家的媒体共同发声建设"一带一路"国际传播新格局，实现"一带一路"国际传播从借船出海到造船出海的转变。

二、文化交流互通

文化交流互通主旨在通过各种文化手段和途径来改善和提升国家形象、获取国际公众的理解与支持。文化交流是联通民心的桥梁、维系友谊的纽带。随着文化交流在改善国家间关系、增进人民间友谊方面作用的凸显，越来越多的国家开始通过对外文化交流来改善和提升国家形象、获取国际公众的理解与支持。例如，美国的富布赖特项目，法国的法语联盟项目，德国的歌德学院项目，沙特阿拉伯的伊斯兰文化推广项目等。改革开放后，中国政府加大了对外文化交流的力度，开展和实施了一系列丰富多样的对外文化交流活动和项目。如1990年开始实施的汉语水平考试项目、1999年在法国巴黎举办的"99巴黎·中国文化周"活动、2004年开始实施的孔子学院项目、2015年在非洲20余个国家开展的"2015中国文化聚焦"和南非"中国年"系列文化活动等。这些对外文化交流活动增进了国际公众和国际社会对中国的了解和认识、增进了中国与世界各国人民间的友谊、树立了中国良好的国际形象。鉴于文化和宗教在影响人们思想和感情方面的独特作用，文化交流互通需要依托中华悠久丰富的文化和宗教资源以及古丝绸之路深厚独特的文化和宗教积淀，通过文化与宗教的传播、交流与沟通来引发"一带一路"沿线国家公众的思想共识和情感共鸣，进而获得沿线国家公众对"一带一路"倡议的理解和支持。具体来说，文化交流主要包括以下三方面内容。

1. 保护和发掘优秀丝路文化

历史上，沿古代丝绸之路所传播、衍生和发展的文化逐步形成了特有的"丝路文化"。开展"一带一路"文化交流，一方面要传承好、保护好、利用好古丝路文化，发掘古丝路文化的"一带一路"文化互通体系价值。正如习近平主席所指出的，要系统梳理传统文化资源，让收藏在禁宫里的文物、陈列在广阔大地上的遗产、书写在古籍里的文字都活起来。通过保护、开发和传播古丝路文化来唤起"一带一路"沿线国家公众对古丝绸之路的历史记忆，增进"一带一路"沿线国家公众对"一带一路"倡议的情感认同。另一方面，要创新、发展、繁荣现代丝路文化，不断向丝路文化注入新的活力、赋予新的时代内涵和表现形式，实现丝路文化传统与现代的有机融合。通过创新、发展、繁荣现代丝路文化来增进沿线国家公众文化上的吸引力和感召力。

2. 构建丝路文化发展和传播体系

文化是活的生命，只有发展才能保持持久的生命力，只有传播才能享有广泛影响力，同时也在传播中得到发展。习近平主席指出，"要把跨越时空、超越国度、富有永恒魅力、具有当代价值的文化精神弘扬起来，把继承传统优秀文化又弘扬时代精神、立足本国又面向世界的当代中国文化创新成果传播出去"[①]。开展"一带一路"文化互通。要注重丝路文化内容的挖掘和提炼。要创作一批丝路文化作品和产品，打造一批丝路文化传播品牌项目，增强丝路文化表达内容上的思想性和感染力；要拓宽丝路文化对外传播渠道和传播方式。要综合运用大众传播、群体传播、人际传播等多种传播渠道来展示丝路文化的魅力；最后，要利用政策导向来推动丝路文化的创新和传播。要制定丝路文化对外推广计划和丝路文化产业政策，有计划、有目标、有步骤地推动丝路文化走向世界，要完善资助和激励措施，鼓励社会民间力量、非政府组织、宗教团体参与丝路文化的创新和传播，吸纳民间资本力量进入丝路文化产业。

3. 需要注重发挥宗教的作用

宗教是国际关系中不可忽视的重要软实力，其在人们的思想、价值观

---

① 中共中央宣传部编：《习近平总书记系列重要讲话读本（2016年版）》，北京：学习出版社、人民出版社，2016年版，第208~209页。

和情感层面产生着不可估量的影响。宗教领袖对信众具有非凡的影响力、感召力和说服力，不同宗教团体间的相互往来可以增加各国信众间的沟通和交流、增进彼此间的理解。宗教为开展"一带一路"文化互通体系提供了良好的平台和渠道。一方面，中国拥有得天独厚的丝路宗教资源。历史上，沿古丝绸之路传入中国的佛教、基督教、伊斯兰教等宗教对中国产生了深远的影响，古丝路沿线至今保留着众多与宗教相关的石窟、壁画、文物、古籍、古迹、遗址。因此，宗教也成为中国与欧亚非各国联系的强大文化纽带，玄奘西游与鉴真东渡至今被人传诵。另一方面，中国是传统意义的宗教大国，拥有丰富的宗教传统、典籍和思想，海外侨胞宗教信徒不计其数。开展"一带一路"文化互通体系尤其要注重利用中国丰富的宗教资源，发挥宗教的"亲缘"作用和文化纽带作用，通过积极开展宗教方面的国际友好往来和学术交流活动来增进"一带一路"倡议对"一带一路"沿线国家公众的形象亲和力和精神感召力。

三、跨国企业文化互通

跨国企业文化互通主要是指跨国企业直接或间接参与建立与外国公众建立友好关系、传播和提升国家形象为目的的文化互通。在全球化时代，经济的跨国网络逐步形成，企业也越来越具有跨地域、跨国界、跨文化的特质。随着企业跨国生产经营活动的不断增多、对外交往范围和领域的不断扩大，企业的生产、经营不可避免地对本国的国际形象以及他国公众对本国的认知和态度产生影响。跨国企业就是一个连接世界各国公众的天然文化互通平台，是开展文化互通的重要力量。对此，日本前首相中曾根康弘就曾用"索尼是我的左脸，松下是我的右脸"来形容企业对于传播和提升国家形象的重要作用。[①]

"走出去"企业及其产品和服务，不仅使全世界分享着"中国制造"的成果，也在向全世界人民讲述着中国故事，成为国际社会认识中国、了解中国的重要窗口。随着中国企业"走出去"步伐的加快，中国企业在传播和提升国家形象方面的作用不断提升，承担着更多文化互通的责任和使命。李克强总理指出，中国企业和公民都要遵守当地法律，尊重风俗习惯，尽已所能地履行好社会责任，维护好中国的形象，与驻在国融洽相处，当好

---

① 赵启正主编：《"一带一路"文化互通体系战略》，北京：学习出版社，2014年版，第67页。

中外友谊的使者。参与"一带一路"海外建设的中国企业是塑造中国国家形象的重要组成部分,企业在海外的行动和形象直接影响着中国国家形象和"一带一路"战略大局。

1. 推动"一带一路"文化互通与企业"走出去"战略相结合

一方面,政府要引导"一带一路"海外建设的中国企业作为重要的实施主体纳入"一带一路"文化互通体系总体安排。政府要加强对中国企业及其人员的培训教育,如宏观政策和外语方面的培训、对外生产经营业务方面的培训、文化风俗方面的培训、法律法规方面的培训,提升中国企业及其人员对外交往的能力和素养。中国企业要自觉遵守当地的法律、尊重当地人民的风俗和习惯,还要掌握当地语言和文化。政府还要严格规范"走出去"中国企业的行为,对中国企业进行资质审查,实行严格的"准入"机制。此外,政府将"一带一路"文化互通体系纳入企业"走出去"战略规划。参与"一带一路"海外建设的中国企业应该加强对"一带一路"文化互通方面的投入,在其内部设置专门负责文化互通体系事务的机构,给予资金、人员、专业培训等方面的保障。企业要遵守所在国当地法律、尊重当地风俗习惯,积极开展相关"一带一路"文化互通活动。中国企业还应该加强与政府部门的沟通与协调,并借助科研机构、公关广告公司、新闻媒体的力量提升其"一带一路"文化互通能力。

2. 创造优质工程、产品和效益,增进"一带一路"国际声誉

企业不可取代的技术、产品优势以及企业和企业领导者的信誉资本既是企业参与市场竞争的安生立命之本,也是企业开展"一带一路"文化互通体系的基础和前提。企业创造的相关工程、产品及经济社会效益不仅体现着企业的实力和形象,更体现着中国国家形象和"一带一路"形象,是中国国家形象有机组成部分和强有力支撑。因此,参与"一带一路"海外建设的中国企业应该通过创造优质的"一带一路"工程、产品、服务和良好的经济社会效益来赢得当地政府和公众的信赖和尊重、提升中国国家形象,积极与当地公众分享经济合作成果、改善其经济生活水平来提升"一带一路"倡议的国际声誉。

3. 履行企业社会责任,传播"一带一路"良好形象

在海外拓展业务的中国企业要努力赢得当地社会各界的尊重、认同和

支持，自觉遵循国际惯例守法经营、主动履行社会责任，树立正面的"企业公民"形象。相关调查结果显示，"一带一路"沿线相关国家受访公众认为中国企业在环境保护方面表现不足，并对中国企业在雇用本地员工方面评价较低。因此，参与"一带一路"海外建设的中国企业应该树立正确的社会责任观念、自觉履行社会责任，以赢得当地社会各界的尊重、认同和支持，传播好"一带一路"良好形象。具体而言，应该履行好以下社会责任：一要增进对当地文化、历史、民族、宗教的了解，积极与当地社团和民众开展交流活动以更好地融入当地社会；二要加大对所在国当地学校、医院等公益性基础设施的捐建力度，并积极参与当地的慈善捐赠、捐助活动；三要主动保护好当地自然环境和生态多样性，要尽最大可能减少对环境和生态的伤害；四要着力推行"一带一路"项目本地化运营，积极吸纳当地员工就业，为当地员工提供具有针对性的技能培训。

4. 提升企业"一带一路"文化互通能力，抢占"一带一路"话语制高点

"走出去"的中国企业通常缺乏对履行的社会责任进行有效的宣传和传播，使得东道国当地公众并不了解中国企业在当地所做出的贡献，加之西方媒体和非政府组织的片面报道和负面宣传，以致造成了当地政府和社会公众对中国企业存在一些不够客观和公平的认识与看法，令中国海外企业的形象塑造陷于被动。

走出去的中国企业要通过多种手段和途径来提高文化互通能力和对外宣传水平。在具体操作上，可从以下几个方面着手：

一是建立和完善社会责任报告制度。"走出去"企业可通过定期发布社会责任报告的形式，将企业为经济社会发展和人民生活水平提升所做出的努力和贡献，有计划地对外公布与宣传；二是加强与非政府组织和社会民间机构沟通与合作。中国企业应注重加强和他们的沟通与合作，并利用中国国家领导人访问、重大节庆等各种机会一起开展公共活动。三是着力做好企业的媒体传播工作。网络、电视、报纸、杂志、广播等媒介是"一带一路"沿线国家公众获取中国企业信息的主要渠道。"走出去"中国企业应该加强与主动加强同媒体的联系与合作，多向媒体提供一些权威信息和报道素材，通过媒体来展示中国企业在履行社会责任方面的努力以及"一带一路"建设对公众带来的经济利益和实惠，改善公众对"一带一路"倡议的认知。

四、华人华侨"一带一路"文化互通体系

华人华侨文化互通主要是指通过海外华人华侨来向所在国公众和主流社会全面、真实地介绍中国、增进住在国公众和主流社会对中国的理解和认知的文化互通活动。海外华人华侨是连接中国与文化互通的独特资源和重要载体。我国目前约有 6000 万海外华人华侨分布在世界各国。广大海外华人华侨对中国具有割舍不断的"母国"情结。华侨了解中外历史、政治、经济、民族、宗教等状况,熟悉所在国政治制度、法律环境、民风乡俗和文化心理,具有跨文化、跨国界的特殊地位和人脉网络,在传播中华文化、沟通中外思想方面具有独特优势,有利于向公众和主流社会介绍中国的发展状况,推介和塑造易为当地公众理解、主流社会接受的中国形象和当地话语体系。其中,华人社团、华文媒体和华文教育作为华人社会的三大支柱在文化互通上发挥着举足轻重的作用。各种性质和类型的华人社团是传播中华文化、凝聚华人华侨力量的重要形式,这些华人社团通常由各领域、各行业的社会精英组成,在住在国具有广泛的社会影响力,对社会舆论和政府决策往往能够施加影响。对于"一带一路"文化互通体系而言,"一带一路"沿线国家中分布着大量的华人华侨,是开展和实施"一带一路"文化互通体系的重要依靠力量。中国与全球化智库(CCG)发布的《中国国际移民报告(2015)》显示,目前居住在东南亚的华人华侨约占海外 6000 万华人华侨的四分之三,其中以泰国、印尼、新加坡和马来西亚居多。近年来随着中国企业国际化的推进,中亚和非洲的中国国际移民也在逐年增加。华人华侨已成为中国加强与"一带一路"沿线国家联系的桥梁和纽带,将在"一带一路"文化互通体系中扮演重要角色。实施"一带一路"文化互通需要积极发挥广大海外华人华侨在传播中华文化、促进中外交流、讲述中国故事、传播中国声音、塑造中国形象方面的重要作用,通过华人华侨来向住在国公众和主流社会全面、真实地介绍和展示"一带一路"倡议、增进住在国公众和主流社会对"一带一路"倡议的理解和认知。

1. 支持华人华侨参与"一带一路"建设

海外华人华侨具有突出的人才、资本和商业优势,在当地创立了企业,具有一定的产业基础。近年来,华人华侨从业更加多元,经济科技实力也有了很大的提升,尤其是在高科技领域,由华人华侨创办的企业表现尤为

突出。目前海外华人华侨专业人士人数已接近 400 万，普遍具备较高层次的知识结构和技能水平。因此，应该充分发挥海外华人华侨的人才、资本和商业优势，鼓励并积极创造条件参与"一带一路"的建设。通过海外华人华侨的参与，来带动中国与住在国政府和企业在"一带一路"建设中的相互合作，向沿线国家展示"一带一路"共建共享、互利共赢的良好风貌，提升中国的国际形象。

2. 鼓励华人华侨积极参政议政，营造"一带一路"良好社会氛围和政策环境

华人社会中的华人团体和华文媒体作为海外非官方的民间组织具有更加广泛的人脉关系和社会影响力、动员力，其通常与住在国的官方都保持着密切的联系，往往能够通过组织新闻报道和评论、开展民意调查、撰写调查报告和政策建议报告、与住在国官员会晤、与政府对话、配合中国驻当地使领馆开展活动等方式来影响住在国的社会舆论和政府决策。把海外华人华侨尤其是华人团体和华文媒体的力量组织起来服务于"一带一路"建设，为"一带一路"建设营造良好的社会舆论氛围和政策环境。要积极鼓励华人团体、当地华人媒体与住在国政府就"一带一路"相关议题展开对话和沟通，并围绕"一带一路"相关议题以组织新闻报道和评论、开展民意调查、撰写调查报告和政策建议报告等形式来影响住在国公众对"一带一路"倡议的态度和认知、塑造住在国关于"一带一路"倡议的社会舆论，为"一带一路"建设争取良好的政策环境。

第四节 "一带一路"话语体系构建

在当今世界，话语权是国际关系中权力的一种表现方式，世界各国越来越注重在国际交往中利用话语来获取认同。话语即权力，谁掌握了话语权，谁就在国际交往中掌握了主动。"一带一路"文化互通体系的核心就是竞争话语权，一方面，提升话语权是"一带一路"文化互通体系的内在要求；另一方面，"一带一路"文化互通体系是话语转化为权力的重要途径。当前，在国际传播格局和传播语境中，中国话语的影响力较为微弱，不利于传播"中国声音"。习近平指出，要努力提高国际话语权，精心构建对外话语体系，增强对外话语的创造力、感召力、公信力，讲好中国故事，传播好中国声音，阐释好中国特色[①]。"一带一路"倡议面对不良国际舆论的歪曲和国际社会的质疑，在对外展示、宣介和传播的过程中关键在于掌握和提升"一带一路"国际传播的话语权。因此，实施"一带一路"文化互通，要将"一带一路"国际传播的话语权建设放在重要位置，着力构建"一带一路"文化互通体系话语体系。具体来说，"一带一路"体系主要涉及"一带一路"国际话语战略、"一带一路"国际话语创新、"一带一路"国际话语传播以及"一带一路"意见领袖培养等方面的内容。

一、"一带一路"国际话语战略

话语权是一种通过话语表达的权力关系话语权，涉及五大基本要素，即话语主体、话语对象、话语内容、话语平台、话语认同。话语权的形成具体表现为话语主体制定和选择符合自身立场和利益的话语内容，并通过一定的话语平台向话语对象传播，最终得到话语对象接受和认同的过程。在掌握和提升"一带一路"国际传播话语权、构建"一带一路"文化互通体系话语体系的过程中，制定"一带一路"国际话语战略尤为重要。

1. 构建多元"一带一路"话语主体

从话语主体层面来看，一国的国际话语权是官方话语、媒介话语、学术话语、公众话语在国际场合和国际事务中话语能力和影响的表现。其中，官方话语主要是指政府人员、官方机构和思想库表达的话语；媒介话语主要是指大众媒体表达和传播的话语；学术话语主要是学界表达的话语；公众话语主要是指社会公众、非政府组织、社会民间组织通过大众传媒和在对外交往中表达的话语。目前，"一带一路"国际话语主体较为单一，过度依赖政府，官方话语占据了"一带一路"国际话语表达的绝大部分，媒体话语、学术话语、公众话语相对缺乏。这构建多元"一带一路"话语主体，实现多元话语主体间的相互支撑和相互配合。政府要引导大众媒体、社会公众、非政府组织、社会民间组织在"一带一路"倡议相关重点议题上积极发声。

2. 提升"一带一路"话语内容质量

话语内容和话语质量是国际话语权的基础。一国的国际话语权与其经

[①]《提高软实力　实现中国梦》，载《人民日报》（海外版），2014年1月1日，第1版。

济、军事实力之间并不存在必然的逻辑相关性，一国的国际话语获得国际社会的广泛认同并由此获得强大话语权的主要原因在于该国的国际话语中含有国际社会发展所需要和追求的价值理念以及其自身所包含的理论创新和严密逻辑。因此，在"一带一路"国际话语战略中，要注重"一带一路"话语内容质量的提升。

3. 主动掌控"一带一路"话语平台

话语平台是话语的表达渠道，是话语权形成的载体。高质量的话语内容只有在适当的话语平台上传播才能被话语对象所了解和接受。实践也证明，权威、多元的话语传播平台往往能够使话语内容得到话语对象更多的了解和认同，进而也更容易获得更多话语权。各类国际会议、国际对话与合作机制以及其他国际合作的制度性安排也都是表达和传播"一带一路"国际话语的有力平台。另一方面，要创新和拓展"一带一路"话语传播平台。"一带一路"国际话语想要获得更多了解和认同，除了利用好现有的国际话语传播平台，还需要创新和拓展新的话语传播平台，构建"官方话语平台、媒介话语平台、学术话语平台、公众话语平台"四位一体。

4. 增进"一带一路"话语认同

话语权形成的关键在于认同，即高质量话语内容的权威合理表达要有人信，获不到认可的话语将无法产生话语权。在增进国际话语认同方面，需要国际话语传播主体具有较强的国际议程设置能力和国际传播能力。当前，我国在"一带一路"国际话语传播方面的议程设置能力和传播能力都较为有限，沿线国家公众对"一带一路"倡议的了解和认识主要来源于世界知名媒体和本国媒体的报告和评论。在这种情况下，"一带一路"国际话语往往难以得到正面有效的传播和扩散，也较难获得国际社会和"一带一路"沿线国家公众的认同。

二、"一带一路"国际话语的内容创新

国际话语内容通常体现着一国的核心价值、政治特色以及文化传统与思维方式。"一带一路"倡议要被沿线国家公众更好地理解和支持，就应该创新"一带一路"国际话语。首先，要在"继承"的基础上创新"一带一路"国际话语。"一带一路"国际话语内容的创新需要立足中国实践、根植

中国文化、运用中国智慧，因而要在继承中华历史文化传统、发掘中华历史文化资源的基础上创新"一带一路"国际话语内容。在这方面，丰厚历史积淀的"丝路文化"本身就是最具感染力的"一带一路"国际话语。其次，要在"包容"的基础上创新"一带一路"国际话语。"一带一路"国际话语需要尊重不同文化传统、不同的思想观念和价值取向，在包容的基础上提出更具囊括性的国际话语，如"利益共同体""命运共同体""责任共同体"等。最后，要在"融通"的基础上创新"一带一路"国际话语。"一带一路"国际话语内容创新一方面要考虑到国际社会和沿线国家公众的思维方式、语言习惯和知识结构，确保"一带一路"国际话语能够听得懂，另一方面又要保持中国特色、展示中国思想、体现中国立场。三是"一带一路"国际话语的表达创新。一国的国际话语只有被"外界"所理解，才能获得认同度，进而获得话语权，"一带一路"国际话语要获得国际社会和"一带一路"沿线国家公众更好的理解也离不开表达方式的创新。一方面，要促进"宏大叙事"与"个体叙事"相结合。注重通过鲜活的个体叙事方式来表达"一带一路"国际话语，使"一带一路"国际话语更好地融入"一带一路"沿线国家公众的心灵、为国际社会所理解。四是"一带一路"国际话语的规则创新。话语有自己的规则，这些规则包括参与沟通和对话的各方彼此承认、所有需求均通过语言形式加以表述和诠释、各方必须有平等接近话语的权力和机会。"一带一路"倡议国际传播中，需要创新"一带一路"国际话语规则。创新"一带一路"国际话语规则首先要熟悉和掌握西方话语游戏规则。其次，要在熟悉和掌握西方话语游戏规则的基础上通过一系列多边和双边制度性安排融入中国立场和主张、与西方既有国际话语规则不同且又受到世界普遍认可的"一带一路"国际话语规则。

三、"一带一路"国际话语传播

1. 改变议程设置

国际话语的传播是实现国际话语权的必要手段和重要保障。媒介传播充当着国际话语的传播工具。媒介传播则以其海量的信息、迅捷的传播、广泛的受众成为国际话语传播的主流方式，而媒体的议程设置能力和国际传播能力更是决定着国际话语传播的效果，影响着话语对象对国际话语的理解和认同。国际话语传播的关键在于媒介传播。西方发达国家长期主导着国际话语体系的一个很重要的原因就在于西方媒体强大议程设置能力，其引导着国际公众对国际事件和国际议题的关注点和认知。相比之下，我国媒体的议程设置能力相对较弱。因此，要获得良好的"一带一路"国际话语传播效果，就必须提升我国媒体对"一带一路"国际话语传播的议程设置能力。

具体来说，可从以下方面入手：一是要从传播对象的需要出发设置议程。从国际社会和"一带一路"沿线国家公众的需求出发设置"一带一路"话题和议程，二是要利用"主场外交"的优势主动设置议程。"主场外交"对于我国媒体设置"一带一路"新闻议程具有得天独厚的优势，在"主场外交"上主动抛出"一带一路"话题、抢占话语高地、引导国际舆论。三是要寻求联合"发声"来共同塑造议程。在国际社会中，一个国家媒体发出的话语、设置的议程往往影响力有限，因而需要通过联合世界其他国家媒体以联合"发声"的方式来共同塑造议程。

2. 改进"一带一路"国际话语传播方式

从国际传播学角度来看，国际话语传播效果的产生是基于传播者和传播对象双方具有一定共同意义空间的基础之上的，而这个共同意义的空间主要是指传播话语的客观性、公正性、均衡性以及在此基础上形成的媒体公信力。从这个意义上说，"一带一路"国际话语传播效果的产生需要我国媒体在传播"一带一路"国际话语时秉持从中国视角出发且与世界视角不冲突的立场，采取客观、均衡的话语传播方式。一方面，我国媒体在涉及"一带一路"倡议的基本立场、政策主张等方面与党和国家保持高度一致。另一方面，我国媒体在传播"一带一路"国际话语时还要坚持客观传播、均衡传播的专业性原则，避免情绪化、夸张的表述和言辞，向国际社会和"一带一路"沿线国家公众展示一个全面真实的"一带一路"倡议，进而增进其对"一带一路"国际话语的认同、获得"一带一路"国际话语良好传播效果。

3. 运用网络新媒体手段推动"一带一路"国际话语传播

随着网络技术和信息传播技术的深入发展，网络新媒体凭借其传播的全球性、传播的快捷性、传播的交互性、内容的多样性、反馈的准确性等优势已成为国际话语传播的重要手段，世界各国媒体都开始积极运用网络新媒体在虚拟空间进行新一轮的话语争夺战。BBC、CNN新媒体在乌克兰危机、叙利亚内战、南海问题等一系列重大国际问题上的跟踪报道，脸书（Facebook）、推特（Twitter）等社交媒体在西亚北非大动荡中的组织动员无一不彰显出网络新媒体在传播西方价值和话语的巨大能量。相比之下，我国媒体在利用网络新媒体手段传播国际话语方面还与西方媒体存在一定的差距。因此，在"一带一路"国际话语传播中，我国媒体要积极运用网络新媒体传播手段来推动"一带一路"国际话语的传播。可通过微博、博客、多语种网站、网络电台、网络电视台、网络论坛、手机广播电视、APP新闻终端等网络新媒体的建设，推动形成视听互动、资源共享、多语集合、形态融合的"一带一路"国际话语传播格局。

作者简介

朱雷，男，1978年4月生，现为天津师范大学政治与行政学院博士研究生，浙江工商职业技术学院教师，宁波海上丝绸之路研究院、中东欧研究院特聘研究员。先后主持完成省部级课题一项，厅级课题七项，出版专著《中国外语教育规划与国家战略》(中国书籍出版社)，发表核心期刊论文两篇，有两篇咨询报告被天津市政府采纳。

致 谢

本专著得到浙江工商职业技术学院科研发展项目的支持，特此感谢！